广东高校思政课区域协同创新中心（佛山科学技术学院）2020年协同创新建设成果之一

九州文库

价值重拾与校本实践

——中学生劳动教育的德育分析

杜环欢　范君　王卫　著

九州出版社
JIUZHOUPRESS

图书在版编目（CIP）数据

价值重拾与校本实践：中学生劳动教育的德育分析 / 杜环欢，范君，王卫著．--北京：九州出版社，2021.12

ISBN 978-7-5108-7640-0

Ⅰ.①价… Ⅱ.①杜… ②范… ③王… Ⅲ.①劳动教育—关系—德育—教学研究—中学 Ⅳ.①G633.932

中国版本图书馆 CIP 数据核字（2022）第 005122 号

价值重拾与校本实践：中学生劳动教育的德育分析

作　者	杜环欢　范君　王卫　著
责任编辑	古秋建　周弘博
出版发行	九州出版社
地　址	北京市西城区阜外大街甲 35 号（100037）
发行电话	（010）68992190/3/5/6
网　址	www.jiuzhoupress.com
印　刷	唐山才智印刷有限公司
开　本	710 毫米×1000 毫米　16 开
印　张	17
字　数	287 千字
版　次	2022 年 4 月第 1 版
印　次	2022 年 4 月第 1 次印刷
书　号	ISBN 978-7-5108-7640-0
定　价	95.00 元

目　录

CONTENTS

第一章 01

引言

情境导入：直面新时代劳动教育问题的破局理路[①]

在“德智体美劳全面培养的教育体系”中，劳动教育是以劳动相关知识与实践为切入，引导新时代青少年树立正确劳动观，进而引导青少年树立和养成正确“三观”的重要教育维度。近年来，同步于劳动教育“被淡化、弱化”[②]的状况，“青少年中出现了不珍惜劳动成果、不想劳动、不会劳动的现象”[③]，成为新时代劳动教育必须直面的闭环型问题。情境导入的理论框架与实践体系，是一种匹配现代教育逻辑且具备强操作性的教育功能强化机制；将情境导入的理论与方法引入新时代劳动教育的操作和创新体系，经由告知、估价、促动、系统化的劳动教育形式创新与结构优化，引导青少年在确立正确劳动“认知—评价”体系的基础上，将劳动观念付诸实践并在实践中佐证和强化的业已形成的正确劳动观，成为破局新时代劳动教育问题的科学理路。

1. 新时代劳动教育的内涵廓清与问题阐明

作为人类维系自身生存、实现自身发展的唯一手段，“劳动”在马克思主义的论域内指向物质资料的生产过程；当它“不仅在范畴上，而且在现实中都是

---

① 作者简介：范君，博士，佛山科学技术学院特聘青年研究员，硕士研究生导师，主要从事认同建构和中华民族共同体意识研究。

基金项目：教育部人文社会科学研究项目“新时代中华民族共同体意识文化养成研究”（项目编号：20YJC710015）；中山大学广州市青年马克思主义理论人才培养研究重点基金项目。

② 中共中央国务院关于全面加强新时代大中小学劳动教育的意见［M］.北京：人民出版社，2020：2.

③ 中共中央国务院关于全面加强新时代大中小学劳动教育的意见［M］.北京：人民出版社，2020：2.

创造财富一般的手段，它不再是一种特殊性上同个人结合在一起的规定"①，而是人类社会得以存续和发展的基础，并成为一种诠释和展示人类本质的特殊运动形式。基于此，马克思和恩格斯在《共产党宣言》中号召全世界无产者们"把教育同物质生产结合起来"②，将劳动教育的问题域置于构建"自由人的联合体"的高度，为我们理解和落实劳动教育奠定了价值基调。在如何理解劳动教育的问题上，马克思指出"把有报酬的生产劳动、智育、体育和综合技术教育结合起来，就会把工人阶级提高到比贵族和资产阶级高得多的水平"③，这不仅将劳动教育确立为与智力教育、体育和技术教育相并列的无产阶级教育的四大维度之一，而且彰显了劳动教育对提高无产阶级能力素质与发展水平的重要意义，成为我们探讨新时代劳动教育之结构框架、目标归旨与方法策略的理论依据。

在马克思主义劳动教育理论的中国化进程中，曾出现过多种顺应时代需求而诠释劳动教育的概念定义。20 世纪末出版的《中国百科大辞典》，将劳动教育划归为劳动技术教育的从属概念，借由劳动技术教育概念对全面发展教育概念的从属关系，实现劳动教育在"教育"这一宏观概念中的位置确定，指出"劳动教育是以劳动实践为主，结合进行思想教育"④；在 2009 年出版的《中国大百科全书（第二版）》中，编写组的专家团队将劳动教育定义为"使学生树立正确的劳动观点和劳动态度，热爱劳动和劳动人民，养成劳动习惯的教育，是德育的内容之一"⑤，很大程度上进一步明确了劳动教育概念的内涵与定位，却也将劳动教育列为德育的下位概念和从属活动，一定程度上忽视了劳动教育所具备的"树德、增智、强体、育美的综合育人价值"⑥。

随着中国特色社会主义进入新时代，劳动教育的内涵与定位顺应社会发展的需要，成为"纳入人才培养全过程，贯通大中小学各学段，贯穿家庭、学校、社会各方面"，培养担当民族复兴大任时代新人的育人要件。作为"德智体美劳

---

① 马克思恩格斯全集：第 12 卷［M］. 北京：人民出版社，1998：755.

② 马克思恩格斯全集：第 4 卷［M］. 北京：人民出版社，1958：490.

③ 马克思恩格斯全集：第 16 卷［M］. 北京：人民出版社，2007：219.

④ 中国百科大辞典编委会 . 中国百科大辞典［M］. 北京：华夏出版社，1990：460.

⑤ 中国大百科全书总编委会 . 中国大百科全书（第二版）第十一卷［M］. 北京：中国大百科全书出版社，2009：438.

⑥ 中共中央国务院关于全面加强新时代大中小学劳动教育的意见［M］.北京：人民出版社，2020：2.

全面培养的教育体系”中的重要内容，劳动教育在功能上直面青少年劳动能力的提高、正确劳动观念的树立和正向劳动状态的形塑，其具体效果往往显现为青少年综合素质的提升、对劳动人民感情的增强、对劳动崇尚程度的加深。现实性上，劳动教育在教育体系中的功能发挥密切影响着青少年的正确“三观”形成；在历史演进与民族发展的宏大视野中，这种效果的发挥与新时代教育体系作用下的青少年能否担当起民族复兴的历史重任高度相关，亦与中华民族伟大复兴的“中国梦”能否实现高度相关；使得劳动教育成为引导青少年认识、领会和认同“人世间的一切幸福都需要靠辛勤的劳动来创造”①，“人民创造历史，劳动开创未来，劳动是推动人类社会进步的根本力量”② 等新时代劳动观的核心教育向度。

然而，作为引导新时代青少年树立正确劳动观，进而树立和养成正确“三观”的重要教育维度，劳动教育却“正在被淡化、弱化”③；这种淡化和弱化不仅表现为劳动育人的独有价值没有在现实的教育体系中获得应有重视，而且引致了青少年中“不珍惜劳动成果、不想劳动、不会劳动”④ 等现象的出现。由于在新时代“德智体美劳全面培养”的教育体系中，劳动教育的实施重点在于“让学生动手实践、出力流汗，接受锻炼、磨炼意志”⑤，以正确劳动观念的形成带动学生正确道德观念的树立、以科学劳动价值判断的形成带动学生科学知识观的确立、以健康劳动惯习的养成带动学生生命健康意识的强化、以“劳动最美丽”观念的涵濡带动学生审美能力与审美格调的提升；以上劳动教育的综合育人价值，决定着淡化和弱化劳动教育所产生的影响将不仅局限于劳动教育的效能释放，它还将很大程度上动摇综合育人体系中德育、智育、体育、美育的功能实现，并深刻影响综合育人体系“培养担当民族复兴大任时代新人”的目标达成。

现实性上，青少年“不珍惜劳动成果、不想劳动、不会劳动”现象的出现，

---

① 习近平．习近平谈治国理政［M］．北京：外文出版社，2014：4.

② 习近平．习近平谈治国理政［M］．北京：外文出版社，2014：44.

③ 中共中央国务院关于全面加强新时代大中小学劳动教育的意见［M］．北京：人民出版社，2020：2.

④ 中共中央国务院关于全面加强新时代大中小学劳动教育的意见［M］．北京：人民出版社，2020：2.

⑤ 中共中央国务院关于全面加强新时代大中小学劳动教育的意见［M］．北京：人民出版社，2020：4.

是青少年正确“三观”形成所面临的现实问题在劳动范畴内的聚焦与显现。其一，青少年“不珍惜劳动成果”现象的出现虽然与生产力发展所带来的物质资料充盈紧密相关，但也直观地反映着消费主义弥散对青少年世界观形成所带来的深度影响，这种影响促使青少年脱离劳动的实践活动看待劳动成果，所引致的不仅是对劳动成果本身的不珍惜，还指向对劳动实践和作为劳动主体的人的不尊重，继而将“拜物教”、消费主义意识形态的价值观念潜隐地植入青少年的世界观体系内，从而影响青少年拔节孕穗期的正确“三观”形成。其二，青少年“不想劳动”现象的出现直观显现着其正确价值观养成中所面临的尖锐挑战，恩格斯曾深度探讨过劳动意愿的问题，指出“如果说自愿的生产活动是我们所知道的最高享受，那么强制劳动就是一种最残酷最带侮辱性的痛苦”①，换而言之，青少年“不想劳动”的原因在于其参与劳动并非出于自愿；事实上，当享受劳动成果与生产劳动成果之间发生关系模糊甚至背离，这种进行生产劳动的不自愿就变得顺理成章且符合人性，而这种模糊与背离恰好是资本家在剥削劳动者时所惯用的“障眼法”；这使得青少年“不想劳动”的问题不再是单纯的劳动教育问题，而成为青少年科学社会主义教育所必须解决的问题。其三，青少年“不会劳动”在逻辑上是青少年“不珍惜劳动成果”和“不愿劳动”所引致的必然结果，同时也反映出当前的全面培养教育体系依然存在将劳动教育贴附于“智育”和“德育”的问题，即使是在2020年3月发布的《中共中央国务院关于全面加强新时代大中小学劳动教育的意见》中，劳动教育依然被要求“在系统的文化知识学习之外”② 重点实施；这种“不会劳动”和劳动能力培养的缺失，又在逻辑上反过来降低着青少年的劳动意愿和对劳动及劳动成果的尊重程度，形成一个“不珍惜”“不想”和“不会”现象间首尾相衔的嵌套型问题闭环。

2. 破局劳动教育问题的情境导入理论体系

通常而言，闭环型问题只有在内生机制迭代和外部刺激引入的双重作用之下才能被系统地解决。直面近年来出现的闭环型劳动教育问题，如果仅以劳动

① 马克思恩格斯全集：第2卷［M］. 北京：人民出版社，2005：404.

② 中共中央国务院关于全面加强新时代大中小学劳动教育的意见［M］.北京：人民出版社，2020：4.

教育系统中既定框架与机制的自我强化加以应对，虽然能很大程度上迅速整理出一条直击突出问题的方法路线，但却难以实现对劳动教育问题闭环的系统化、结构性解决。依据“紧密结合经济社会发展变化和学生生活实际，积极探索具有中国特色的劳动教育模式”① 的现实要求，借助于切实将青少年引入新时代劳动教育情境的情境导入理论，实现劳动教育的“体制机制”创新，既能在系统内部带动劳动教育内生机制的范式迭代，又能在劳动教育问题的闭环之外实现系统性问题的结构式破局，成为全面构建体现时代特质的劳动教育体系的重要抓手。

作为理论体系的情境导入，在符号学范畴内被定义为“受众通过某个中介符号而考虑到另一物”② 的“指号行为”；在以行为调控为功能与意义的目标定义上，情境导入与现代意义上的教育目标高度关联，并强调将具体的教育实践“寓于知识性、趣味性之中，寓于可读性、服务性之中”③，是一种匹配现代教育逻辑且具备强操作性的教育功能强化机制。相关研究领域中，美国符号学家莫里斯是首位将符号学从内部再分为符形学、符义学和符用学的学者。他将符号学的研究与实践纳入具体的符号使用情境中，并“研究了人类行为的各个方面，有助于符号的、逻辑的、行为的、心理的和认识论知识的统一”④。

在莫里斯的指号行为理论体系内，情境导入具备指号行为的四种机能，即“信息的、估价的、促动的、系统的”⑤，情境导入在这四种机能的逐步展开中实现目标效果的达成。在具体的情境导入过程中，开展教育活动的主体首先应通过对相关信息的传播与宣扬来引导教育客体知悉情境的特性，借助于情境自身的属性使教育活动的开展更具中立性与客观性；随后，主体可基于已被客体接收并接受的信息导入，对情境本身和情境中人们的思想和行为进行“估价”，使得教育行为背后的意识形态以伦理规范、行为准则、民众共识等形式合理出场，引导教育客体认可和赞同主流意识形态所倡导的价值评判体系；进而，在

① 中共中央国务院关于全面加强新时代大中小学劳动教育的意见[M].北京：人民出版社，2020：2.

② 冯契、徐孝通．外国哲学大辞典［M］. 上海：上海辞书出版社，2000：602.

③ 童兵．新闻传播学大辞典［M］. 北京：中国大百科全书出版社，2014：34.

④ 殷杰．美国哲学传统中的语用思维［J］. 科学技术与辩证法. 2004（04）：33—37.

⑤ ［美］莫里斯．指号、语言和行为［M］. 罗兰、周易译，上海：上海人民出版社，2011：100.

教育客体认同主流价值评判体系的基础上，引导教育客体基于这样的价值体系做出符合主流意识形态的行为，并在一个个具体情境的操演与强化之中形成行为习惯，从而经由客体的实践活动实现观念引导到行为外化的教育目标达成。在具体的情境导入完成之后，还需要对以上流程进行结构性的复盘与强化，以便这种业已完成的情境导入能够作为一种模因而植根于教育客体的内心深处，也即，通过多轮而系统的囊括信息、估价、促动机能的情境导入，实现教育客体对教育背后主流意识形态的价值认同和高度沉浸，并最终引导教育客体成为教育的发起主体与外扩基点。

聚焦于新时代劳动教育情境导入的逻辑进路，将青少年导入劳动教育情境的信息告知，展开对马克思主义劳动观的阐明。劳动教育的信息告知立足于对劳动的概念、作用、意识形态属性等客观信息的挖掘与明示，将劳动与人类本质、人类社会发展、全人类的解放事业间的关联以确切而公认的知识形式告知于青少年，从而在引导其正确形成“劳动”认识的基础上，初步建立起劳动在道义上具有崇高性、中华民族的发展源自历代先辈的不懈劳动、参与劳动等同于报效国家与社会等关于劳动的正确认知框架。

在引导青少年对劳动形成正确认知后，需要引导其对劳动行为、劳动人民、劳动产品做出正确的估价。需要强调的是，这种估价并非指向将劳动或劳动力视为生产要素而进行价值与价格上的评判，而是对作为概念的抽象劳动进行符合新时代特质与需要的价值评判。对劳动价值的正确评判延展于对劳动产品的珍视、对劳动行为的崇尚和对劳动人民的尊重，它直面当前出现的青少年“不珍惜劳动成果”“不愿劳动”的突出问题，能够直观地实现正确的劳动价值观对错误、扭曲的劳动价值观的批判与覆盖。同时，由于这种劳动评价教育开展于劳动信息教育所搭建的青少年劳动认知基础之上，能够更周延地确立青少年对劳动的“认知—评价”体系，并提升青少年对西方意识形态贬低劳动、拔高物质，进而将人物质化的渗透模式的鉴别与免疫能力。

教育青少年确立对劳动的“认知—评价”体系，其目标不仅指向观念层面上引导青少年形成周延的劳动观与劳动价值观，而且落脚于实践层面上青少年积极投身劳动、自觉创新劳动形式的行为促成和习惯养成。对青少年劳动行为的促进和带动直面当前青少年“不会劳动”的突出问题，基于正确的劳动“认知—评价”体系对青少年进行劳动行为引导，鼓励青少年将观念中的劳动图式付诸实践，既能在青少年的劳动实践中以实践引导认识，从而提升青少年对劳动教育所给定的告知信息和价值标准的理性认识，更能助推青少年在开展劳动实践的过程中边做边学，引导青少年的劳动观念与劳动技能由抽象到具体、经感性到理性、从生涩到熟练，是一种以结构性劳动教育解决青少年“不珍惜劳动成果、不想劳动、不会劳动”的闭环型问题的落地环节。

在莫里斯的指号行为理论体系中，当告知、估价、促动的指号行为结束后，还需要通过系统性的引导来增强情境导入的周延性与牢固性，即“应用指号来组织其他指号所有助于唤起的那些行为”①。青少年劳动教育的情境导入亦如此，在完成青少年劳动“认知—评价”体系构建并基于此指导其开展劳动实践之后，还需要对以上的情境导入流程进行整体性的复盘，以促成接受劳动教育的青少年对劳动理论和实践的“知其所以然”。在技术上，可将新时代劳动教育所秉持的目标立意的崇高性和功能性与其他意识形态指引下的劳动教育进行横向对比，在进一步地凸显新时代劳动教育在价值上追求“所有人的自由而全面发展”的同时，揭露西方意识形态对劳动进行虚无化解构背后所掩盖的资本对人的异化的本质，从而在劳动教育的框架内实现青少年“拔节孕穗期”内“四个自信”与“五个认同”的初步奠基。

3. 助推劳动教育问题解决的情境导入方略

情境导入的理论体系虽然能够周延地切入新时代劳动教育所面临的突出问题，但我们仍然需要在实际的劳动教育创新中更进一步地探讨情境导入如何助推相关问题的解决，并梳理出既匹配新时代中国特色社会主义劳动观，又能够在具体的劳动教育过程中指导实际操作的方法与策略。

在劳动教育的情境告知导入上，直面青少年“不珍惜劳动成果”的现实问题，围绕以劳动观教育为切入点的青少年正确世界观形塑，第一步需要将人民与劳动、劳动与人类社会发展之间的关系告知青少年，也即以“人民创造历史，劳动开创未来，劳动是推动人类社会进步的根本力量”② 的客观论断覆盖青少年的信息接收空间，这一步的操作基于历史唯物主义对劳动所做出的科学定义，触发和唤起青少年对劳动知识与观念的思考，并使之认识和领会到劳动是将理

---

① ［美］莫里斯．指号、语言和行为［M］．罗兰、周易译，上海：上海人民出版社，2011：109.

② 习近平．习近平谈治国理政［M］．北京：外文出版社，2014：44.

想转变为现实的唯一路径，进而理解“开创我们的美好未来……必须依靠辛勤劳动、诚实劳动、创造性劳动”① 的时代命题。第二步需要将劳动创造人类社会的历史观和社会观映照入现实的生活情境之中，以“劳动创造了中华民族”为发端，经由劳动“造就了中华民族的辉煌历史”的信息回顾，落脚于劳动“必将创造出中华民族的光明未来”的逻辑判定，以宏观历史发展规律的揭示带动青少年对自身理想愿景的思考，引导青少年在理解劳动宏观意义的基础上，明晰“生命里的一切辉煌，只有通过诚实劳动才能铸就”②。第三步需要将劳动对集体和社会发展的影响聚焦于包括青少年在内的现实社会成员身上，引导青少年在了解“要倡导勤劳俭朴、努力奋进的社会风气，让所有人的劳动成果得到尊重”③ 顶层设计的基础上，理解汇聚个体的劳动能量与劳动成果对国家建设和民族复兴的重要意义，促进青少年形成将个体劳动实践并轨于爱国主义和民族复兴伟业的理念体系。

在劳动教育的情境估价导入上，直面青少年“不想劳动”的现实问题，以劳动价值论教育为关键引领青少年形成正确的价值观。第一步引导青少年对劳动驱动国家、民族发展的现实价值进行评价，在明确“任何一个民族，如果停止劳动，不用说一年，就是几个星期，也要灭亡”④ 的历史必然的基础上，推导出“一个健康向上的民族，就应该鼓励劳动”的时代命题，促使青少年在受教育过程中做出劳动创造价值、劳动创造共同体、劳动是民族成员义务的判断。第二步引导青少年对与劳动相关联、相对应的概念进行科学判断，以对应参与劳动相关的物质享受为例，习近平总书记教导青少年：比吃穿、比有没有车接车送、比父母的职业地位，“这样就比偏了”，应该比“谁更有志气、谁更勤奋学习、谁更热爱劳动、谁更爱锻炼身体、谁更有爱心”；⑤ 在比较中，一方面引导青少年对物质消费和身份符号做出超越现象、触及本质的评价，另一方面促成青少年以参与劳动的程度作为参照系评价社会成员和社会行为，并将马克思主义劳动价值观引入青少年对具体社会现象的评价机制。第三步促成青少年做

① 习近平．习近平谈治国理政［M］. 北京：外文出版社，2014：44.
② 习近平．习近平谈治国理政［M］. 北京：外文出版社，2014：46.
③ 习近平．习近平谈治国理政（第二卷）［M］. 北京：外文出版社，2017：482.
④ 马克思恩格斯全集：第 32 卷［M］. 北京：人民出版社，1998：541.
⑤ 习近平．习近平谈治国理政［M］. 北京：外文出版社，2014：183.

出劳动“最光荣、最崇高、最伟大、最美丽”① 的明确宏观价值认定，并在自我评价和对他者的评价中确立“以辛勤劳动为荣，以好逸恶劳为耻”② 的具象荣辱观，引导青少年树立以劳动参与状态和参与程度评价社会现象的价值观念。

在劳动教育的情境促动导入上，直面青少年“不会劳动”的现实问题，以引导青少年将劳动观念付诸实践并形成习惯为核心。第一步引导青少年“从做好小事、管好小节开始起步，‘见善则迁，有过则改’”③，通过鼓励型的劳动情境导入，促进青少年在验证和评判劳动观念的过程中少说多做、在做中学，借助其劳动行为深化他们对马克思主义劳动观的理解，并在经验层面将青少年对劳动的抽象感知具体化，从而以其行动的确证反向助推观念层面对马克思主义劳动观的认同。第二步借助典型和榜样的作用，一方面将青少年观念中模糊的正确劳动行为精确化，消除青少年的劳动经验盲区和面对未知情况时的畏难情绪；另一方面通过劳动模范的行为示范与精神指引，促成青少年在劳动实践的过程中探寻自我价值、实现理想追求、确证生命意义，进而在成熟后的生活工作中“以平凡的劳动创造不平凡的业绩”④，将青春融汇于劳动、奉献于人民。第三步立足于青少年参与劳动的片段整合，编制出匹配青少年思考方式、兴趣爱好和潮流动向的劳动惯习，促使青少年在认定劳动实践具备高尚、自由、先进等品质的同时，将养成劳动习惯视为一种感人且酷炫、伟大且前卫、自由且自律的非凡品质，在青少年劳动实践开展的过程中形成积极、主动、敢为人先的精神面貌。

在劳动教育情境导入的系统性强化上，围绕青少年“不珍惜劳动成果”“不想劳动”“不会劳动”的问题闭环，引导青少年将初步建立的马克思主义劳动观、劳动价值观和已然开展的劳动实践拔高至理性和理论层面。第一步通过明示党和国家“排除阻碍劳动者参与发展、分享发展成果的障碍，努力让劳动者实现体面劳动、全面发展”⑤ 的态度，明确新时代中国特色社会主义理论体系公平分配劳动成果、高度尊重劳动者的立场，鼓励青少年更积极、大胆地将青春倾注于劳动实践和劳动创新的事业中。第二步针对西方意识形态通过对劳动

---

① 习近平．习近平谈治国理政［M］．北京：外文出版社，2014：46.
② 习近平．习近平谈治国理政［M］．北京：外文出版社，2014：46.
③ 习近平．习近平谈治国理政［M］．北京：外文出版社，2014：173.
④ 习近平．习近平谈治国理政［M］．北京：外文出版社，2014：46.
⑤ 习近平．习近平谈治国理政［M］．北京：外文出版社，2014：46.

和劳动成果价值的虚无化解读，揭露其借助潜隐性渗透影响青少年劳动观的手段，指出这种手段背后的目的是要操控和扭曲青少年“三观”的健康形成，从而增强青少年在应对相关风险时的免疫力；同时，于劳动教育系统内部增强观念教育与实践教育间的联系，以相互补益、良性循环的教育方略应对闭环型的劳动教育问题。第三步基于劳动教育所获致的教育成果，以马克思主义劳动观和习近平总书记关于劳动教育的重要论述为内容，对青少年进行更具理论深度的理想信念教育，明确青少年肩负“同自己从事体力劳动的工人兄弟在一个队伍里肩并肩地在即将来临的革命中发挥巨大作用”① 的历史使命。

4. 结语

在新时代劳动教育所面临问题已逐渐形成闭环的情况下，选择一种既能在结构上匹配劳动教育既有模式，又能提供足够外部刺激的理论框架，是系统性破局这种闭环型问题的应然思路。本文以情境导入的理论框架和操作方法为抓手，尝试将其“告知—估价—促动—系统化”的要件、架构、机制引入劳动教育的问题解决，以期改善近年来青少年“不珍惜劳动成果、不想劳动、不会劳动”的现象，并在一定程度上，形成一种借助前沿而可操作的教育理论优化新时代劳动教育的范式。在操作层面上，以情境导入破局新时代劳动教育问题的效果，尚需大量教育实践加以验证，这成为作者及所在团队今后深耕拓殖的一个重要向度，我们将在佛山市各类中学开展相关实验与实证相结合的探索，以期将理论构想最大限度地转化为现实案例和教学范式。

在全书系统上，本文所进行的理论分析和对策探讨与本书五大模块内的文章形成“顶层设计解读——基层实践探索”的结构性呼应，一定程度上为后文的布局与展开提供着一种指导性的政策研判与文本解读，为将后文内容基于《中共中央国务院关于全面加强新时代大中小学劳动教育的意见》中“把握育人导向、遵循教育规律、体现时代特征、强化综合实施、坚持因地制宜”的基本原则做出矩阵式重构，提供了理论依据。

同时，本文作为一篇更偏重于理论探讨的文章，放置于本书的前段，意在为本书对新时代劳动教育做出更为精细化和经验化的探讨呈现一种理论风格；基于此，本书紧密围绕《意见》所明确的“坚持因地制宜”要求，结合佛山市

① 马克思恩格斯全集：第 22 卷［M］. 北京：人民出版社，1965：487.

历史人文、经济区位、发展定位等条件，深度挖掘、创新佛山中学劳动教育的可用资源，以“佛山最高学府”——佛山科学技术学院内教育硕士（思政）硕士点为基地，打造具有佛山特点、内蕴佛山风格、彰显佛山气派的中学劳动教育研究范式与实践机制，为构建新时代德智体美劳全面培养的教育体系添砖加瓦。

勤俭节约精神的培育与当代中学生劳动教育[①]

2020年8月11日，习近平总书记对制止餐饮浪费行为做出重要指示，明确强调："要进一步加强宣传教育，切实培养节约习惯，在全社会营造浪费可耻、节约为荣的氛围。"[②] 勤俭节约本是中华民族的传统美德，然而近些年来，各类浪费现象尤其是餐饮浪费现象仍是令人触目惊心。中学生作为祖国的未来，生活在新时代，他们中的绝大多数没有体验过繁重体力劳动的艰辛，从而存在着较为普遍的浪费现象，这也在一定程度上反映出我国劳动教育的缺失。2020年3月，中央在《关于全面加强新时代大中小学劳动教育的意见》中也明确指出，要"培养勤俭、奋斗、创新、奉献的劳动精神"，明确地将勤俭节约作为中学生劳动教育的基本理念之一。在倡导勤俭节约，反对浪费再次成为社会新风气的今天，以培养节俭意识为契机，有助于推动中学生劳动教育走向深入。

1. 理论依据：节俭精神与劳动教育间的内在逻辑

劳动教育本质上就是价值观教育，对青少年的全面发展有重要意义。在马克思主义看来，劳动是一切财富的源泉，"劳动创造了人本身"[③]。并在此基础上提出了政治经济学中著名的"劳动价值论"，将价值界定为"凝结在商品中的无差别的人类劳动"。而中华民族作为勤劳勇敢的民族，对于"勤劳致富""勤俭持家"的理念更是身体力行。只有亲身体验过劳动辛苦的人、努力用双手创造了财富的人，才会把"劳动"视为宝贵的财富，进而也更会珍惜劳动创造的成果，并催生"勤俭节约"的理念和社会责任感。正如古诗所云："谁知盘中

---

① 作者简介：王卫，博士，副教授，佛山科学技术学院马克思主义学院副院长。

② 习近平做出重要指示强调 坚决制止餐饮浪费行为切实培养节约习惯 在全社会营造浪费可耻节约为荣的氛围［EB/OL］. 新华网，2020-08-11.

③ 马克思恩格斯全集［M］. 北京：人民出版社，2012：988.

餐，粒粒皆辛苦。”《朱子家训》也说道：“一粥一饭，当思来处不易；半丝半缕，恒念物力维艰。”《增广贤文》中也提到“勤俭持家富”。

习近平总书记在2018年全国教育大会上指出：“要在学生中弘扬劳动精神，教育引导学生崇尚劳动、尊重劳动，懂得劳动最光荣、劳动最崇高、劳动最伟大、劳动最美丽的道理，长大后能够辛勤劳动、诚实劳动、创造性劳动。”① 对青少年而言，如何让他们认识到劳动的伟大？如何才能尊重劳动？其中最重要的就是勤俭节约。节俭首先保证对物质产品的充分利用，尽最大可能延长物品的使用寿命或范围，这首先是对“物”本身的尊重，否则就是“暴殄天物”。其次，节俭也是“主动尊重人与自然关系、尊重生命的精神品质”，这对人类的生存与进步具有关键的意义。② 可见，勤俭节约无论是对“物”本身还是其创造者“人”，都是一种最大的尊重。纵观中国历史，那些生活奢靡浪费的人，往往都是不事稼穑、远离劳动的人，对他人劳动成果的无代价占有使他们在满足个人欲望时缺乏制约，从而缺乏对劳动和劳动者最基本的尊重。因此在中华民族的话语体系中，勤俭节约已不仅仅只是一种个人的美德，更是上升到了社会责任和政治美德的高度，正如《左传》曰：“俭为德之恭，奢为恶之大。”李商隐也曾诗云：“历览前贤国与家，成由勤俭破由奢。”它不仅关系到一个家庭的兴旺，更是关系到国家的兴衰存亡。可见，“勤”和“俭”本来就是二位一体的。对个人而言，“劳动是幸福的左手，节俭是幸福的右手”，要想实现对美好生活的向往，一方面要靠“勤”，另一方面也要靠“俭”。对国家和民族而言，也正是因为有了这种吃苦耐劳、勤俭节约的传统，才使中华民族在几千年里生生不息，长盛不衰。

2. 当前中学生劳动教育存在的问题

然而，在当代社会，节俭的意识在青少年学生中正被逐渐淡化，劳动教育也在校园中被弱化，在新时代复兴节俭精神，重新激发劳动教育的活力，已是当务之急。之所以会出现这些问题，主要有以下原因。

一是由于当代中学生在物质生活大幅度改善的同时远离劳动。自进入新世纪以来，我国就已初步实现小康，历年人均收入稳步快速提升。因此就当代的

---

① 张烁. 人民日报人民时评：在学生中弘扬劳动精神［N］. 人民日报，2020-04-02（05）.

② 王恋. 大学生节俭教育的实践进路［N］. 贵州日报，2020-09-24（006）.

中学生而言，他们生长于物质水平并不欠缺的时代。“再穷不能穷教育，再苦不能苦孩子”，出于这种朴素的信条，即使是条件不那么优越的家庭，为了子女的未来，也会尽量为其营造更为宽裕的物质环境。良好的物质条件再加上繁重的课业压力，也使得中学生自然而然地远离了家庭与社会劳动，他们的一切消费几乎均由家长承担，而他们的主要任务则是努力提高学习成绩。因此在广大中学生的印象中，劳动不仅不是生活的必需，反而还可能会成为影响学习的累赘。在这种环境和心态下，“广大青少年容易形成大手大脚的习惯、滋生攀比享乐的心理，勤俭精神有所缺失”①。远离劳动、缺乏节俭意识，也使得中学劳动教育难以达到其目的。

二是市场经济的发展和消费主义的泛滥。随着市场经济的发展，扩大内需、促进消费成为必然，传统的消费模式也受到极大的冲击。市场经济对中学生的影响就是他们对金钱和消费的片面和错误认知。青少年会错误地认为，资源与金钱是联系在一起的，只要给了钱就可以毫无节制地滥用资源，因此没有必要去节俭。② 金钱给人带来的快感可能会促进消费主义的泛滥，使得中学生中追求精致生活的享乐式高档消费、寅吃卯粮的超前消费，甚至炫耀攀比型消费的现象也越来越突出。金钱观的错位还会带来价值观的错位。在不少青少年看来，努力学习很大程度上也是为了挣更多的钱，明星、网红这种“来钱快”的职业成为不少青少年羡慕的对象，这种心态也使得他们对通过辛勤劳动、踏实进取的生活方式产生不屑。

三是新时代也折射出传统节俭精神的局限性。我国之所以有提倡节俭的传统，有一个非常直接的原因，就是长期的生产力水平不足，物质文明不够发达。因此，“传统节俭思想是物质短缺时人们的一种无奈的选择，只为满足生活的基本需求”，当人们解决生存问题以后，这种传统的节俭思维习惯对满足人的需求的全面性和丰富性会存在一定的阻碍。③ 而在物质生产日益丰富的今天，也迫切需要对节俭精神注入新的时代内涵。因此在党的十九大报告中，我们虽然也明确地提出了要把“人民对美好生活的向往”作为党的奋斗目标，但这并不是鼓励贪图享乐和过度消费，十九大报告中六处重申“节约”一词，是将节俭问

---

① 刘向兵．教育引导青少年培养劳动精神［N］．人民日报，2020-06-16（09）．

② 陈馨、周序．管窥校园浪费现象［J］．福建教育，2013（Z4）：13—15．

③ 张立新、高道才．美好生活对传统节俭思想的继承、发展和超越［J］．青岛农业大学学报（社会科学版），2019（03）：79—83．

题放到了更加重要的位置，坚持“节约资源和保护环境的基本国策”，明确“倡导简约适度、绿色低碳的生活方式，反对奢侈浪费和不合理消费”。这也是对传统节俭思想的继承和发展。

3. 以培养节俭意识为契机推动中学生劳动教育走向深入

习近平总书记强调：“过去我们党靠艰苦奋斗、勤俭节约不断成就伟业，现在我们仍然要用这样的思想来指导工作。不论我们国家发展到什么水平，不论人民生活改善到什么地步，艰苦奋斗、勤俭节约的思想永远不能丢。艰苦奋斗、勤俭节约，不仅是我们一路走来、发展壮大的重要保证，也是我们继往开来、再创辉煌的重要保证。”① 在勤俭节约精神在神州大地蔚然成风的今天，我们有必要以培养青少年节俭意识为契机，推动中学生劳动教育走向深入。

首先要培养中学生以人为本的理念。以人为本，就是要以人为中心，强调人的平等性和自由而全面的发展。因此中学的劳动教育要摈弃功利主义、实用主义的思想，引导学生由对劳动的尊重转向对人的尊重，即对劳动者本身的尊重。教育的目的，也是为了培养新时代的劳动者，任何劳动者在通过劳动创造价值的维度上都是平等的。社会由人类所创造，而人类本身由劳动来创造，因此劳动并非是为了让人过得更痛苦，而是为了完善人本身，为了开创美好的未来。比如，当我们为维持了校园、家庭的干净整洁而感到愉悦，这体现的就是劳动对人本身的回馈；当我们为开动脑筋解决了学习上的难题而欢欣鼓舞，这体现的是更高层次的创造性劳动促进了人的智力的发展。因此，劳动具有成就幸福人生的个体价值。

当中学生有了这样的理念，他们就会更尊重社会上各行各业的劳动者，这种尊重并非仅仅出于礼貌或修养，而是源于对劳动者平等理念的认可和对劳动成果的肯定。秉承以人为本的理念，当中学生们把目光投向更宽阔的世界时，就更能理解“人类命运共同体”的思想。比如，党中央今年提出制止餐饮浪费、倡导节约，就是出于全球化形势下对人类整体命运的考量，因此此时提倡节约教育，更是超越了个人品德问题，而有了更为普遍性的意义。在这种理念的指引下，中学生也会认识到，尽管我们所使用、所消耗的一切物品都是通过金钱购买所得，但这一切并非理所当然，这都是他人劳动的凝聚，是无数劳动者的

---

① 李贞．习近平总书记两会金句［N］．人民日报，2019-03-1（09）．

汗水的结晶。当然他们对某些物品肆意浪费时，损耗的不仅仅是他人的劳动，也影响了其他人对这些物品的使用。因此对劳动和劳动者的尊重，就也会延伸至对劳动者劳动成果的尊重，那么中学生就不会认为随意消耗他人的劳动成果是理所当然的，从而也使节俭的理念更加入脑。

其次，要正解理解对美好生活的追求，倡导中学生适度消费。为何对青少年的节俭教育有时并不能实现目的？在很大程度上就是源于青年学生对节俭的误解，认为节俭就是要抑制个人消费，影响自己追求更加美好生活的权利，从而对节俭教育产生抵触心理。因此对教育者而言，不仅要理解国家通过促进消费、扩大内需来促进经济发展的政策，更要正确理解新时代人民群众对美好生活的追求内涵。对美好生活的追求不能等同于对享乐的追求，消费也是以人为本，其目的并不是为了购买更多的物品，而是为了满足人的需要，促进人类本身自由而全面的发展。在马克思主义看来，美好的生活应当是在创造性劳动的基础上肉体生活和精神生活的统一。① 因此，实现美好生活并不需要广大青少年去刻意过度的克制和节俭，是要让自己身心健康，生活幸福。过度消费、超前消费、炫耀式消费，不仅不利于个体的身心健康，也不利于整个人类社会的持续发展。那么新时代的节俭精神，就不只是为了节约费用支出，而是奉行必要原则，不超量，减少自然资源的损失浪费，保护人类的身心健康和长期可持续发展。② 比如，我们反对餐饮浪费，并不是让广大中学生吃得更少一点或更差一点，而是在保证健康、科学饮食的基础上将饮食的率益最大化。因此，我们评价消费是否适度，并不只是看它花费了多少金钱，而是要以个体的发展和整个人类社会的发展作为衡量的标准，从而实现勤俭节约和美好生活的平衡。

再次，中学生的劳动教育需要有良好的环境熏陶。教育作为一门科学，教育工作者的潜移默化对教育的效果影响深远。任何教育要落到实处，不仅要内化于心，还要体现在外化于行。无论我们如何向中学生宣传勤俭节约、尊重劳动、适度消费，无论青少年学生对此书面理解有多么深刻，都不如现实中鲜活的案例教育更有效果。对中学生来讲，他们的社会阅历较浅，理论的灌输显得过于抽象，而历史上或新闻中的例子又显得过于遥远。在一些学校，劳动教育

---

① 武潇斐．“美好生活”的构成要素、内在规定与创造路径［J］．中共福建省委党校学报，2018（04）：19—24.

② 孙希有．简洁主义与健康幸福生活［J］．吉林大学社会科学学报，2017（11）：192—198，208.

常常被边缘化，往往是“说起来重要，做起来不要”①。中学生接触的主要人群是家庭成员、老师、同学，如果家长和教师不能给他们做一个良好的榜样，不能对勤和俭身体力行，那么劳动教育的效果就会严重受限。习近平总书记多次强调勤俭节约，他自己也是用实际行动以身作则。外出考察调研时经常住的就是普通房，吃的是简简单单的家常菜，食堂自助餐、大盘菜更是屡见不鲜。②近期一则新闻引起了轰动，一名女校长在新学期之初当着学生的面，把孩子们吃剩的早餐全部吃光，用自己的实际行动生动地诠释了什么叫“光盘”，为学生上了生动的第一课，这使广大学生受到了极大的触动，也引发了社会热烈讨论。尽管这种行为在一些人看来有些剑走偏锋，但仍不失为一种有效的教育方式，引人深思。虽然我们没有必要都去效仿这名校长的做法，但如果在家庭里，家长能将房屋收拾得干干净净，随手关电源，碗里不留剩饭菜；在校园里，教师都能勤勤恳恳地完成工作，节约水电、节约办公用品，相信这一切学生们都会看在眼里，记在心里。现实生活的教育和理论教育的有机结合，方能收到劳动教育的最佳效果。

---

① 陈超凡．深刻理解新时代劳动教育的三重逻辑［EB/OL］．人民网理论频道，2020-05-01.

② 以身作则、综合政策，看习近平如何狠刹“舌尖上的浪费”［EB/OL］．人民网时政频道，2020-08-12.

第二章 02

导向把握：聚焦新时代中学劳动教育的价值追求

坚持党的领导，围绕培养担当民族复兴大任的时代新人，着力提升学生综合素质，促进学生全面发展、健康成长。把准劳动教育价值取向，引导学生树立正确的劳动观，崇尚劳动、尊重劳动，增强对劳动人民的感情，报效国家，奉献社会。

坚守与超越：浅析新时代中学劳动教育的价值意蕴[①]

中学劳动教育的价值意蕴，超出了人们对它的特殊理解。它的价值不仅体现于某种具体的价值或特殊价值，而更重要的是表征为最一般的、最普遍的抽象价值。它作为一种“社会素质”“基本素质”与“精神素质”的统一体内存于学生的生命体系之中，具体体现为社会价值、育人价值与发展价值的内在和谐，从而使学生获得促进其自身全面发展的内在品质与外在条件，并最终表征为在“服务他人”与“价值实现”的统一体中揭示了促进其个人全面发展的“无条件的和不自觉的前提”。

2020年3月26日，中共中央、国务院印发了《关于全面加强新时代大中小学劳动教育的意见》（下文简称《意见》），并在《意见》中明确提出“充分认识新时代培养社会主义建设者和接班人对加强劳动教育的新要求”，为“全面构建体现时代特征的劳动教育体系”指明了方向。在该《意见》发布之后，中学劳动教育的重要性更是不言而喻，而其内隐的价值意蕴亦在涌现。因此，进一步深化人们对中小学劳动教育的价值意蕴的认识与内化，对于更进一步深入贯彻落实《意见》具有重要的现实意义。

1. 中学劳动教育的“社会观”

要理解中学劳动教育的价值，首先需要理解何为价值，也就是回答价值是什么的问题。马克思指出：“价值这个普遍的概念是从人们对待满足他们需要的

---

① 作者简介：吴选红，佛山科学技术学院马克思主义学院研究生，主要从事科技哲学与中学思想政治教育创新研究。

外界物的关系中产生的。”① 而《中国大百科全书》的哲学卷进一步指出，“价值在本质上是现实的人同满足其需要的客体的属性之间的一种关系”②。一言以蔽之，价值是指客体满足于主体的某种需要的动态关系。那么，中学劳动教育的价值自然是在诠释它所指向的教育对象的满足程度的动态关系中呈现的。

从人类的起源来看，劳动在其中扮演的角色与功能就是将人类从庞大的动物群体中分离出来，作为一个独立的“类存在物”而存在——人类得以诞生。而这种“类”的诞生与延续，从其根本上来说，不仅巩固了劳动本身的价值与地位，更是将劳动所指向的人类的身体与形态逐渐地塑造成了一个越来越能适应大自然的“状态”。无论是哪种类型的人类劳动，最终都在不断地提升人类的运动能力、生存能力与思考能力，这是因为得益于劳动，人们的肢体变得更加协调与健康，大脑的脑容量也在随之增大的缘故。也就是说，人类只要通过参与特定的劳动，一般都能够在其中获得某种身体的和谐状态。

众所周知，身体是一个人生命存在的载体，同时也是“装载知识和存放道德的”③ 载体，所以作为肉体与感性的身体，如果出现不和谐的情形，自然会导致消极的生命体验与道德的飘零。那么，通过借助特定的劳动方式保证身体的和谐状态便成为人们最为关注的任务，至于需要选择哪种劳动方式进行体验与参与，则是劳动教育所要完成的一种任务之一。回归到当下的中学劳动教育，我国学制本身的特征和属性，决定了广大中学学生群体大多数的时间都不得不待在学校，从而造成他们与各种劳动和实践的环境相分离的情形。因此，学校在对学生进行德智体美等方面的教育的同时，还应该关注学生的劳动教育，以便于促进学生树立正确的劳动观，以及掌握正确的劳动知识。更重要的是，通过劳动教育，要让学生明白劳动对于生命成长的重要性——“劳则不衰，动则延年”，它不仅能够在特定的领域维持中学生生命载体的和谐，而且还能使他们的身体素质得以提升，进而达到维持自身身体运行秩序的有序状态。

当然，仅从身体的维度探讨中学劳动教育的价值，似乎与体育教育有些重复之处，但这并不妨碍它成为劳动教育的价值所在。更重要的是，教育者应该引导学生从这种“身体观”中跳脱出来，转而思考劳动教育对于中学生而言的

---

① 马克思恩格斯全集：第 19 卷［M］. 北京：人民出版社，1963：406.

② 中国大百科全书：哲学 I［M］. 北京：中国大百科全书出版社，2009：345.

③ 毛泽东. 体育之研究［M］. 北京：人民体育出版社，1979：21—22.

社会意义。为何如此？这主要是源于“人是社会存在物”，每个人的存在都将是社会中的一分子，广大中学生群体也不例外。无论他们的年龄大小和身体状况如何，都必须在一种社会秩序中活动。所以，他们必须考虑社会对他们的行为的反应，并不断根据社会的期望校正自己行为的方向。① 通常情况下，劳动教育所要传达给学生的劳动观，是让他们理解劳动有利于自身身体健康和谐的同时，要让学生打破“不劳而获”的思想观念，让他们知道自己如今身处的和谐校园，是他们的父母和其他社会成员共同构筑起来的“精神家园”，他们必须尊重这份劳动成果。此外，也要让他们能明白“劳动分配正义”的真正内涵，劳动是幸福的唯一源泉，劳动的多寡与自身的未来幸福息息相关。并且，这种有序的“劳动分配正义”还能在最大程度上促进一个社会的稳定与和谐发展。

马克思指出，人的“全部社会生活在本质上是实践的。凡是把理论引向神秘主义的神秘东西，都能在人的实践中以及对这个实践的理解中得到合理的解决”②。马克思在这里所指出的实践，在哲学层面其实可以与劳动通约，那么，对广大中学生开展劳动教育，自然有利于让学生从具体的劳动与实践中获得正确的世界观、人生观和价值观。但凡是遇到困难，都应该在各种劳动与实践中寻找答案，而不是将这种困难上升到某种“神秘主义的东西”。那么，在这个劳动与实践的过程中，广大的中学生自然容易获得关于融入这个世界的观点与方法，也就能够进一步栖身于自身的本质规定性之中而获得社会的承认与认可。玛克辛·格林（Maxine Greene）在其《释放想象：教育、艺术与社会变革》一书中指出：“如果一个人要真正了解人们的意图，感受他们的主动性，体验他们面临的不确定，就必须作为一名参与者深入事件发生的过程中。”③ 因此，对于广大的中学生而言，如果通过劳动教育让他们懂得在面临“不确定性”的处境时应该主动采取相应策略参与到劳动过程中去，并试着在其中寻找到自己想要的答案，这是一种多么难能可贵的生命体验与道德风尚。

总而言之，中学劳动教育的“社会观”，在微观层面表现为维持个体生命的最佳状态与促成其正确劳动观的形成，并在劳动教育的过程中形成一种主动适

---

① ［美］多尔·罗杰斯．青年心理学［M］．谢圣明、李普群，等译．北京：光明日报出版社，1991：9—10.

② 马克思恩格斯选集：第 1 卷［M］．北京：人民出版社，1995：56.

③ ［美］玛克辛·格林．释放想象：教育、艺术与社会变革［M］．郭芳，译．北京：北京师范大学出版社，2017：12.

应的个人品质；而在宏观的社会层面，则表现为个体生命和谐与正确劳动观、道德观在社会领域的延伸。应通过劳动教育让广大中学生明白自身与社会的关系，再引导其为将来投入社会劳动生活而做好充分的准备，进而从一个长远的维度实现促进一个社会的稳定与和谐发展的目的。

2. 中学劳动教育的“育人观”

劳动作为主客体与价值的统一体，在人类社会生活与发展的过程中扮演着非常重要的角色，它不仅能够输出人类最基本的物质生存资料，还能维持人类自我的生存与发展。与此同时，当劳动对人而言还有特殊的教育价值，特别是对广大中学生开展劳动教育，就能够培养学生多方面的品德与能力。

在厘清中学劳动教育的育人价值之前，有必要先集中探讨“劳动—身体—精神—他人”之间的关系。在劳动中获得相应的劳动分配与报酬，并将这部分分配到的“对象”作为基本的生活资料。这是劳动在维持个人生命状态中的底层逻辑，它在这个过程中不仅能使得劳动者的身体更加健康与和谐，更能在劳动的过程中获得身体新陈代谢所必需的基本营养物质。那么，劳动对于劳动者的身体而言的意义就上升到“力量之源”与“营养之源”的高度。但是，我们仅仅讨论劳动与身体的关系，未免贬低了劳动的价值，特别是将身体承载之上的精神放置一旁是很不值得的。

身体作为感性与肉体的载体，在严格意义上也承载着人类的精神。关于劳动、身体与精神的关系，从一个广义的维度进行理解，可以借鉴毛主席在《体育之研究》一文中所陈述的论点，他说：“文明其精神，野蛮其体魄。此言是也。欲文明其精神，先自野蛮其体魄；苟野蛮其体魄矣，则文明之精神随之。”① 换言之，通过特定的教育方式对中学生开展劳动教育，引导中学生积极参与劳动实践，在一方面能够充当体育之功效，起到“野蛮其体魄”的作用；另一方面，亦能发展学生的劳动精神。在身体得以康健与和谐的基础上，承载于其之上的精神文明将随之而发展起来。那么，具体的精神文明将如何在劳动中得以塑造呢？在对中学生开展劳动教育时，通常是能够使得学生形成尊重劳动、崇尚劳动、热爱劳动、诚实劳动与创造劳动的劳动精神。这种劳动精神的形成，对于中学生的道德品质的养成与后期的能力培养具有非常重要的价值与

① 毛泽东．体育之研究［M］．北京：人民体育出版社，1979：7—8.

意义。

得益于中学的劳动教育让学生保持对劳动的热爱与向往，这可以算是劳动教育的一大成功，同时若能在劳动教育之基础上让学生形成更宏大的劳动精神世界，这应该是中学劳动教育要追求的更高境界。“吃水不忘挖井人”要培养的应该是学生的感恩精神；共同劳动要培养的应该是学生的团结协作精神；劳动中的分工与协作要培养的应该是学生的责任精神……易言之，积极参与劳动能够培养学生的良好道德品质，更重要的是在这个过程中能够使学生形成关于“他人”的概念，对于共同劳动的成果有你我之分。而这个“你我之分”所要指称的是你自己的劳动成果属于你自己，而他人的劳动成果也只属于他人，不属于任何的其他人，你不能通过任何其他的手段去“巧取豪夺”。当然，你可以通过勤劳的双手创造更多的劳动成果，将之作为交换的条件，并去正当的途径换取他人的成果，这是为世人所提倡的，也是世世代代被肯定的最佳行为。

由此可见，通过对中学生进行劳动教育，所要培养的劳动精神，在某种程度上来说，其实可以简单地解释为一种自我的责任，而这种责任则关乎每个人的幸福与社会秩序的和谐与稳定。阿尔伯特·爱因斯坦（Albert Einstein）就曾指出：“我的精神生活和物质生活都依靠着别人的劳动，我必须尽力以同样的分量来报偿我所领受了的和至今还在领受着的东西。”① 毫无疑问，爱因斯坦所要表达的就是一种劳动观与责任观，每个人在享受着的一切都是全体社会成员共同劳动的成果，那么我们个人也只有以同样的方式去劳动，才能算得上是负责任的劳动。为什么柏拉图（Plato）的理想国中的人要“各安其分，各守其职”？为什么马克斯·韦伯（Max Weber）在《新教伦理与资本主义精神》中要倡导兢兢业业的劳动精神？从某种意义上说，都是源于劳动精神本身作为一种责任的化身，它在教导我们，不仅要通过诚实劳动犒劳自己，更重要的是，它在劝导世人要通过诚实的劳动反哺那些将其劳动成果奉献出来的人。

如此看来，对中学生的劳动教育，在培养其劳动精神的同时，具体的层面应该将劳动拆解为一种关于责任、奉献与美德的维度去理解与教育。《中华人民共和国宪法》第四十二条规定：“中华人民共和国公民有劳动的权利和义务。”也就是说，劳动对于每个人而言，既是自己的一项权利，当然也是自己的一项

---

① ［德］阿尔伯特·爱因斯坦．爱因斯坦文集：第 3 卷［M］．许良英，等译．北京：商务印书馆，1979：42—43.

义务，所以每个人都有权利与义务去开展劳动与实践活动。所以在中学开展劳动教育，应该将感恩、责任、义务与美德等方面的知识与内容纳入其中，最重要的是培养中学生能够真正具备这些劳动品质。而这些劳动品质则又具体表征为科学知识水平、思维能力、劳动技能、协作精神等，将来会成为他们认识自然、改造自然、生存发展的基本素质；而高度的政治觉悟，富于组织性和献身精神，也是改造社会、使之适合他们自身发展的社会素质；文化知识水平、高尚的道德情操与审美观、完善的人格，是他们获得协调发展的精神素质。① 因此，中学劳动教育，从某种程度上来说，它的价值超越了原始的某种关于它的刻板印象，而是作为一种“基本素质”“社会素质”与“精神素质”的统一体内存于学生的生命体系中。

3. 中学劳动教育的“发展观”

中学劳动教育，“立德树人”作为其根本的育人价值不可置否，而其社会价值同样值得深入回味，但其实对于广大中学生群体而言，还应该从发展观的维度探讨其发展价值——促进人的全面发展。马克思指出：“动物不把自己同自己的生命活动区别开来。它就是这种生命活动。人则使自己的生命活动本身变成自己的意志和意识的对象。”② 而这个“生命活动”在其本质上就是人类有意识的劳动实践，最终的劳动产品将会作为一种对象化的存在而“使自己的生命活动本身变成自己的意志和意识的对象”③。相反，如果人不从事以劳动为基础的生命活动，通常就会迷失自己，不能将自己作为一个“对象”进行思考和批判。自然而然，个人的历史对他而言将变得没有意义——他不是在历史的经验中循环往复，就是在循环往复着今天的生活。于个人而言，完全不利于自身的成长与发展。因此，中学劳动教育的价值，不仅要从培养什么样的人的角度进行思考，还应该从促进学生实现什么样的发展的角度进行思考。

经典马克思主义认为，劳动不仅能够进行抽象的人类劳动，创造商品价值，而且还能在特殊的具体的领域创造商品的使用价值。当然，这是对劳动者将劳动产品作为独立的存在物而言的，如果反过来思考劳动对于劳动者的价值，则

---

① 傅治平、曹成杰．教育与人［M］．北京：知识产权出版社，2013：276.

② 马克思恩格斯全集：第 42 卷［M］北京：人民出版社，1979：95—96.

③ 马克思恩格斯全集：第 42 卷［M］北京：人民出版社，1979：95—96.

是等同于在思考劳动对于劳动主体在满足程度上是何种动态关系。这对于广大的中学劳动教育者而言，应该可以算作是一个难题。因为在之前的劳动教育实践活动中，劳动对于教师、学生而言的价值，大多数时间是从特殊的领域进行的理解，甚至将劳动与劳动者这两者作为一种“一体化”的概念与劳动所生产的对象对立起来，这样做的目的其实是在从特殊化的情境中思考劳动的具体价值，也就是思考关于劳动的使用价值的问题，而不是思考凝结在劳动中的最一般的价值。严格意义上来说，中学劳动教育应该突破和超越这个局限，否则很容易将其教育对象陷入“功利主义”与“消费主义”的文化怪圈之中难以自拔……

那么，如果从最一般、最普遍的维度去关注中学劳动教育，其价值而不是使用价值和具体价值又该表现为什么？答案是促进人（学生）的全面发展。换言之，中学劳动教育最一般、最普遍的价值应该是促进学生的全面发展，或者更确切地说，它是为促进学生的全面发展而做准备的。“五育并举”是促进人的全面发展的观点一直备受教育学界推崇，但劳动教育作为“五育”中排名最后的教育，德、智、体、美的教育很容易抢占劳动教育的时间和空间，进而造成劳动教育与其他教育相脱节的情形。事实上，这并不是在谈劳动的重要性与否，而是谈劳动教育应该要贯穿于整个教育体系的各个阶段，更要将之贯穿于学生发展与成长成才的各个阶段，而不是只将之作为某个阶段的独立性的任务。这就要求，中学劳动教育的价值与目的，不能仅限于从某个阶段来观察，而是应该超越这个阶段站在学生的长远发展角度去考量；也不应该仅仅限于某种能力的发展，而是应该将学生作为一个整体的、独立的人去对待，并关注在劳动教育的基础上如何提供促进学生全面发展的各种可能与条件。

劳动是促进人的全面发展的“无条件的和不自觉的前提”，是新时代任何欲成为社会主义建设者和接班人的“炼金石”，只有那些能够经受住劳动考验并将劳动作为服务人民群众的唯一手段的人才能最终脱颖而出——成为真正的全心全意为人民服务的英雄。因此，中学劳动教育，自然要在教育的过程中为学生的发展创造可能的条件，在其中伸展出学生的智慧与创新能力，助力学生发展出关于发现美、判断美、欣赏美与创造美的能力与素养，只有这样，才能最终有利于培养学生的完整人格，进而促进学生的全面发展。

中学劳动教育，应该将学生投入到集体中去进行劳动实践。因为“只有在集体中，个人才能获得全面发展其才能的手段，也就是说，只有在集体中才可能有个人自由"①。中学劳动教育作为一种集体的劳动教育，应该发挥集体的优势将个体的劳动价值凸显出来，让中学生深切地体会与感悟劳动价值的真实存在，而不是仅停留于劳动教育者的言行之中。如此一来，中学生对于劳动教育的内化，自然容易为他们将来的外化做好充足的准备。当然，马克思认为："个人的全面发展，只有到了外部世界对个人才能的实际发展所起的推动作用为个人本身所驾驭的时候。"② 这就说明，这种集体的劳动实践其实是在检验学生的劳动能力的同时，在直接或间接地"促逼"学生朝着更加完善的方向去发展。在这个过程中，或许学生才会真正明白，一个人只有真正在劳动中成为一个全面发展的人，才可能真正达到外在于自身的各种对象为己所用的程度。而当这种对象开始表现为某种私有形式的时候，这种形式通常只有"在个人得到全面发展的条件下才能消灭，因为现存的交往形式和生产力是全面的，所以只有全面发展的个人才可能占有它们，即才可能使它们变成自己的自由的生活活动"③。只有如此，个人才能真正地获得自由。并且，这种自由具体表现为"价值实现"与"服务他人"的统一，这个时候的任何自由而全面发展的个人，也就成为其他人的全面发展的条件，个人也就摆脱了各种俗世的困扰，他的"生命不能承受之重"与"生命不能承受之轻"之危机便开始不断地消失了。

① 马克思恩格斯全集：第3卷［M］. 北京：人民出版社，1960：84.
② 马克思恩格斯全集：第3卷［M］. 北京：人民出版社，1960：329—330.
③ 马克思恩格斯全集：第3卷［M］. 北京：人民出版社，1960：516.

教材与教学：《道德与法治》课程中渗透劳动教育理念①

中共中央、国务院发布的《关于全面加强新时代大中小学劳动教育的意见》中提到，劳动教育是中国特色社会主义教育制度的重要内容，直接决定社会主义建设者和接班人的劳动精神面貌、劳动价值取向和劳动技能水平。针对劳动教育的紧迫性和现实性要求，编写者们也在初中道德与法治教材的编写中多处渗透了劳动教育的内容。本文主要对初中《道德与法治》课程中渗透劳动教育的内容加以理解。

近年来，一些青少年中出现了不珍惜劳动成果、不想劳动、不会劳动的现象，劳动的独特育人价值在一定程度上被忽视，劳动教育正被淡化、弱化。中共中央、国务院发布的《关于全面加强新时代大中小学劳动教育的意见》中提到，劳动教育是中国特色社会主义教育制度的重要内容，直接决定社会主义建设者和接班人的劳动精神面貌、劳动价值取向和劳动技能水平。针对劳动教育的紧迫性和现实性要求，编写者们也在初中道德与法治教材的编写中多处渗透了劳动教育的内容。②

1. 对教材中渗透劳动教育指导思想的认识

以习近平新时代中国特色社会主义思想为指导，全面贯彻党的教育方针，落实全国教育大会精神，坚持立德树人，坚持培育和践行社会主义核心价值观，

---

① 作者简介：魏盛宝，佛山市顺德区道德与法治教研员，高级教师，主要从事道德与法治学科教研工作。黄昌丽，任职于佛山市十四中学，担任科组长职务，主要从事初中政治教学教研工作。

② 中华人民共和国教育部，共青团中央，全国少工委．关于加强中小学劳动教育的意见[EB/OL]. 2019-07-15.

把劳动教育纳入人才培养全过程，贯通大中小学各学段，贯穿家庭、学校、社会各方面，与德育、智育、体育、美育相融合，紧密结合经济社会发展变化和学生生活实际，积极探索具有中国特色的劳动教育模式，创新体制机制，注重教育实效，实现知行合一，促进学生形成正确的世界观、人生观、价值观。

2. 对劳动教育基本内涵的把握

劳动教育是国民教育体系的重要内容，是学生成长的必要途径，具有树德、增智、强体、育美的综合育人价值。实施劳动教育重点是在系统的文化知识学习之外，有目的、有计划地组织学生参加日常生活劳动、生产劳动和服务性劳动，让学生动手实践、出力流汗，接受锻炼、磨炼意志，培养学生正确劳动价值观和良好劳动品质。

3. 初中《道德与法治》教材中渗透劳动教育的要点分析

（1）劳动教育为孩子的幸福人生奠基，是现代教育的主旨之一

习近平总书记说："生活靠劳动创造，人生也靠劳动创造。"① 劳动教育是提高中学生综合素质、成就幸福圆满的人生的有效途径。苏联教育家马卡连柯曾指出，"劳动永远是人类生活的基础，是创造人类文化幸福的基础"。劳动教育通过以劳树德、以劳增智、以劳强体、以劳育美，为成就青少年学生的幸福人生奠定坚实基础。

八年级下册第三课《公民权利》中提到，一切有劳动能力的公民有劳动就业和取得劳动报酬的权利，这是公民赖以生存的基础。我国宪法规定，公民有劳动的权利和义务。人们通过劳动，参与社会生产与服务活动，获得劳动报酬和其他收益，既可以保障合理的生活水平，实现自身价值，也为国家和社会做出贡献。劳动既是公民的权利，也是公民的义务。人类社会发展到今天所创造的财富，都是通过劳动获得的。提高对学生进行劳动教育重要性的认识，学习基本的劳动技能和方法尤其重要。鼓励学生参加一些劳动，但也要避免违反法律、使用童工等现象的发生。

八年级下册第五课《我国基本制度》中提到，现阶段，我国坚持按劳分配为主体、多种分配方式并存。

---

① 习近平：让孩子们成长得更好［N］. 人民日报，2013-05-31（01）.

按劳分配的基本内容是：有劳动能力的社会成员必须参加劳动；在作了必要的扣除后，以劳动者所提供的劳动（包括劳动数量和质量）为尺度对个人进行分配，多劳多得，少劳少得。在现阶段，要着重保护劳动所得，增加劳动者劳动报酬。

有些青少年认为劳动是成年后的事情，一直享受着父母和家人所创造的劳动成果，自己却不愿意劳动。我们要告诉他们，劳动是一件光荣的事情，生活中要养成我要劳动的好习惯，避免好逸恶劳思想的产生。

九年级下册第六课《我的毕业季》中提到，人的一生多数时间要在工作中度过，在工作中服务他人、服务社会。一个人只有热爱自己的职业，才能全身心、富有激情地投入工作，创造出物质财富和精神财富。劳动创造价值，只有热爱本职工作，脚踏实地、勤勤恳恳、刻苦钻研、精益求精、不断创新，才能成就一番事业，实现自己的人生价值。①

钱学森、袁隆平、屠呦呦、南仁东、黄旭华、钟南山等老一辈科学家们数十年如一日在各自的工作岗位上，兢兢业业，用自己的劳动为国家做出了重大的贡献。在未来的工作中，我们也要学会处理职业与兴趣的关系，在工作中培养兴趣，履行好工作职责，爱岗敬业。

（2）家庭要发挥在劳动教育中的基础作用

注重抓住衣食住行等日常生活中的劳动实践机会，鼓励孩子自觉参与、自己动手、随时随地、坚持不懈进行劳动，掌握洗衣做饭等必要的家务劳动技能，每年有针对性地学会一两项生活技能。鼓励学校（家委会）和社区等组织开展学生生活技能展示活动。学生参加家务劳动和掌握生活技能的情况要按年度记入学生综合素质档案。鼓励孩子利用节假日参加各种社会劳动。家庭要树立崇尚劳动的良好家风，家长要通过日常生活的言传身教、潜移默化，让孩子养成从小爱劳动的好习惯。

七年级上册第七课《亲情之爱》中提到，家务我分担。幸福美满的家庭需要全体家庭成员共同创建。家庭成员共同分担家务劳动、共同协作有助于营造良好的家庭氛围。我们要积极参与家务劳动，养成劳动习惯，不断提高自我管理能力，增强家庭责任意识，为建设和谐家庭做贡献。

家庭对劳动教育在人的全面发展中的重要意义，也存在认识不足。推动全

---

① 朱小蔓．道德与法治［M］．北京：人民教育出版社．2018：434.

社会重视劳动教育，就要使家庭劳动教育日常化。家长可以安排子女做一些力所能及的家务劳动，传授一些基本的劳动技能和方法给子女，和子女一起劳动，共同完成任务。

（3）学校要发挥在劳动教育中的主导作用

学校要切实承担劳动教育主体责任，明确实施机构和人员，开齐开足劳动教育课程，不得挤占、挪用劳动实践时间。明确学校劳动教育要求，着重引导学生形成马克思主义劳动观，系统学习掌握必要的劳动技能。根据学生身体发育情况，科学设计课内外劳动项目，采取灵活多样的形式，激发学生劳动的内在需求和动力。统筹安排课内外时间，可采用集中与分散相结合的方式。组织实施好劳动周，可适当走向社会，参与集中劳动。

七年级下册第八课《美好集体有我在》中提到，勇于担责，体现在实际行动中，落实于具体的事情里。职责不管大小，事情无论巨细，都要主动作为，使集体活动得以有序开展。勇于担责，不是为了获得奖赏或避免惩罚，而是出于内心的责任感。勇于担责可以为自己赢得信任，可以让自己被赋予更大的责任，从而拥有更多发展的机会。

在学校课程的实施中，存在“口头上重视、课程上忽视”等情况，劳动教育内容大多以活动的方式呈现。推动全社会重视劳动教育，就要使学校劳动教育常规化。

学校可以通过加强管理、制定措施、值日安排、开展竞赛、出台评价方案等方式把劳动教育和劳动活动落到实处，培养学生在校劳动习惯，承担责任。

（4）社会要发挥在劳动教育中的支持作用

充分利用社会各方面资源，为劳动教育提供必要保障。各级政府部门要积极协调和引导企业公司、工厂农场等组织履行社会责任，开放实践场所，支持学校组织学生参加力所能及的生产劳动、参与新型服务性劳动，使学生与普通劳动者一起经历劳动过程。鼓励高新企业为学生体验现代科技条件下劳动实践新形态、新方式提供支持。工会、共青团、妇联等群团组织以及各类公益基金会、社会福利组织要组织动员相关力量，搭建活动平台，共同支持学生深入城乡社区、福利院和公共场所等参加志愿服务，开展公益劳动，参与社区治理。

八年级上册第七课《积极奉献社会》中提到，服务和奉献社会，需要我们积极参与社会公益活动。环境保护、社区服务等都是社会公益活动的具体形式。我们可以在社区、公园、车站等公共场所纠正不文明行为，可以到科技馆、博物馆做志愿者。无论参加哪种形式的社会公益活动，我们都要从实际出发，讲求实际效果。

服务和奉献社会，需要我们热爱劳动，爱岗敬业。我们要努力学习，增强劳动观念，培养敬业精神，学会全力以赴、精益求精、追求卓越，为将来成为合格的社会主义建设者做好准备。

九年级上册第八课《中国人　中国梦》中提到，实现中华民族伟大复兴，体现了中华民族和中国人民的整体利益，是国家的梦、民族的梦，也是每个中国人的梦。实现伟大梦想，需要我们凝心聚力、坚忍不拔、锲而不舍，奋力开启时代新征程。

此外，社会对劳动教育在人的全面发展中的重要意义，也存在认识不足。推动全社会重视劳动教育，就要使社会劳动教育多样化，形成劳动树人、协同育人的格局。

在推动树立辛勤劳动、诚实劳动理念的基础上，更应倡导创造性劳动。当前，日益激烈的国际竞争，归根结底是人才特别是创新型人才的竞争。这就要注重生活实践、社会实践、劳动实践的锤炼，培养孩子们的实践能力、批判性思维和创新思维。近年来在全面深化教育领域综合改革中，全面提高义务教育质量、推进普通高中育人方式改革、出台《中国高考评价体系》等，就是着眼于适应科技发展和产业变革的需要，培养创新型人才，强化诚实合法劳动意识，培养科学精神。一切劳动者，只要肯学肯干肯钻研，练就一身真本领，就能在劳动中体现价值、展现风采，更能在劳动中拓宽个人成才、国家发展的广阔天地。①

马克思说："劳动已经不仅仅是谋生的手段，而且本身成了生活的第一需要。"② 中华民族是勤于劳动、善于创造的民族。广大青少年是社会主义的建设者和接班人，要推动他们从小接受劳动教育、感受劳动之美，养成崇尚劳动、尊重劳动、辛勤劳动、诚实劳动的习惯，从而以劳动教育树时代新人，用劳动之手创造幸福生活。

---

① 吕文利．以劳动教育树时代新人［EB/OL］．人民日报，2019-07-15.

② 马克思恩格斯全集：第 19 卷［M］．北京：人民出版社．1973：22.

重建与创新：新时代劳动教育的价值延展与实践逻辑[①]

2020年3月26日，中共中央、国务院发布《关于全面加强新时代大中小学劳动教育的意见》。为了更好地理解新时代的劳动教育价值取向和顺应时代开展劳动教育，本文梳理了新中国成立初期、改革开放时期、21世纪初期和新时代的劳动教育内容，得出我国的劳动教育价值取向从以培养学生劳动基本的工农劳动技能为主到着重培养学生德智体美劳全面综合素质。并以新时代为背景，从深挖劳动蕴含的精神品质、构建时代特征的劳动课程体系、多方合力拓宽劳动渠道和途径以及多维视角健全劳动评价机制方面做出实践探究。

1. 劳动与劳动教育

2020年3月26日，为构建德智体美劳全面培养的教育体系，发挥劳动教育在育人中的综合作用，中共中央、国务院发布《关于全面加强新时代大中小学劳动教育的意见》（以下简称《意见》）。《意见》从国家和民族的高度提出劳动教育是中国特色社会主义教育制度的重要内容，并把劳动教育纳入人才培养全过程，全面构建体现时代特征的劳动教育体系。2017年，十九大报告提出中国发展进入了新时代。进入新时代，也意味着人民的生活水平又上了一个新台阶，而以智能化为浪潮的第四次工业革命也正在爆发。新时代的劳动教育，以新时代为背景，从深挖劳动蕴含的精神品质、构建时代特征的劳动课程体系、多方合力拓宽劳动渠道和途径以及多维视角健全劳动评价机制方面做出实践

① 作者简介：王铮，顺德光正实验学校政治学科一级教师，东莞市骨干教师，市政治课题组核心成员。
李汶励，法学学士，顺德光正实验学校政治学科教师，主要从事中学政治学科教学与研究。

探究。

马克思认为："劳动首先是人和自然之间的过程，是人以自身的活动来引起、调整和控制人和自然之间的物质变换的过程。"① 劳动在人类进化的过程中起着根本性的作用，促进了人四肢和脑容量的发展。劳动也帮助人们形成了社会关系，是基本的实践活动。

劳动教育，顾名思义，就是把劳动纳入教育体系，有目的、有计划地组织学生参加日常生活劳动、生产劳动和服务性劳动，从而培养学生正确劳动价值观和良好劳动品质。而劳动教育需要社会、学校、家庭等组织多管齐下形成合力，整个社会要建设知识型、技能型、创新型的劳动者大军，弘扬劳模精神和工匠精神，营造劳动光荣的社会风尚和精益求精的敬业风气，让学生明白劳动者是光荣的；对于家庭教育来说，也要形成正确的育儿观，而不能一味地宠溺，应培养孩子适应社会的劳动能力；对于学校，要重视素质教育，不能一味地追求高分数，以免陷入"高分低能"的误区。可见，劳动教育的内涵实质在于学生的发展。

2. 基于不同时期劳动教育对比的价值重建

历史唯物主义对于价值的定义为：外部客观世界对于满足人的需要的意义，简单地说就是事物的有用性。在社会变革中，事物对人的价值会历史地发生改变。劳动教育作为中国特色社会主义教育制度的重要组成部分，从新中国成立至今，在不同的历史阶段有着不同的价值取向。本文通过纵向时间对比分析，立足不同历史阶段，以求逐步探讨新时代劳动教育的价值重建。

过去，劳动教育以教授学生产生技巧为主，以生产劳动为主要内容，强调劳动教育为工农业服务。新中国成立初期，国家一穷二白、满目疮痍，国家以建设和恢复工农业发展为主要任务。1954 年 5 月，中共中央宣传部颁发《关于高小和初中毕业生从事劳动生产的宣传提纲》要求，人们在完成义务教育之后，除了少部分优秀毕业生可以继续升学外，绝大多数都从事工农业和其他生产性劳动。② 这个阶段，就有了上山下乡的活动。这个时期的劳动教育更追求形式

---

① 马克思恩格斯全集：第 23 卷［M］. 北京：人民出版社，1973：201.

② 高维、于善萌 . 我国中小学劳动教育研究的回顾与展望［J］. 现代基础教育研究 . 2017（12）：104—110.

上与普通大众紧密结合，让学生到真正的劳动一线去锻炼。

改革开放后，劳动教育进入学校教育系统，教授内容以劳动知识和劳动技术为主，旨在培养学生掌握生产技术知识和劳动技能。1982 年 1 月，教育部颁布的《关于普通中学开设劳动技术教育的试行意见》，提出了开设劳动技术教育课的要求。① 中学劳动技术教育课的内容，包括工农业生产、服务性劳动及公益劳动等。有些内容与职业技术教育结合进行。这时的劳动教育开始走向专业化的道路。

进入 21 世纪，劳动教育成为综合实践课的重要部分，更加重视培养学生的综合素质。2001 年 6 月，教育部颁布《基础教育课程改革纲要（试行）》要求，劳动教育纳入综合实践课程中，并且贯穿于小学到高中。由此可见，该时期，劳动教育的价值取向由关注劳动技能转向更关注劳动对于学生素质的作用，即从工具理性到价值理性的转变。

进入新时代，劳动教育在树德、增智、强体、育美方面发挥着综合育人价值。随着新中国的发展，人们生活水平的提高，劳动教育存在被淡化和弱化的现象，一些青少年得不到应有的劳动涵养而出现不会劳动、不想劳动、不珍惜劳动成果的现象。当前，我们面对的客观世界发生了巨大的变化，“互联网+”、人工智能化、大数据、“云计算”、区块链等新兴的社会生产业态使得传统的劳动教育不能很好地适应社会需要。新时代的劳动教育不能仅停留于单纯的“劳动实践”，更需要创新劳动教育的内容和方式，满足学生全面综合发展的需要。

3. 新时期劳动教育的实践创新

劳动教育是一个历久弥新的课题。在劳动实践创新方面，我们除了继承原有的劳动核心价值，更要适应科技的发展和产业的变革。在新时代的背景下，劳动教育可以从以下几个方面进行实践创新。

（1）深度挖掘劳动蕴含的精神品质

培养学生正确的劳动价值观。劳动是人类社会生存和发展的基础。中华民族是勤劳的民族，广大劳动者用智慧的双手创造了五千多年的灿烂文明。因此，劳动教育要从思想上培养学生正确的劳动价值观和劳动态度，可以通过宣传学

---

① 郑程月、王帅．建国 70 年我国劳动教育的演进脉络、时代内涵与实践路径［J］. 当代教育科学．2019（05）：14—18.

习典型劳动先进人物、举办劳动小能手评比活动等，在耳濡目染中增强对劳动的内涵认知、对劳动人民的尊重和对劳动价值观的践行。

培养学生团结协作的劳动意识。在经济全球化的今天，社会分工越来越细、专业化程度越来越高、产业链条不断延伸，劳动的综合性和整体性不断增强，这说明要完成一件产品，时间和空间的跨度会加大，这无形中增加了不同部分甚至不同国家之间的紧密度。因此，新时代的劳动教育应重视培养学生团结协作的精神品质。小学阶段，在家庭，可以与家人共同完成家务劳动，在学校，可以通过小组或班级在班级劳动事务中创先争优，激励学生以团队的形式参与劳动事务，体验“共同体”的强大力量；中学阶段，可通过组织开展校内志愿者服务活动、校外综合实践活动、社区服务等公益活动，培养学生以团队为整体的思考方式和行动策略；大学阶段，劳动教育可与专业结合，通过大学生科研立项或专业实习，鼓励大学生自主策划、自主分工、自主管理，明确团队与个人的关系，在劳动教育中体悟团结协作的精神品质。

培养学生诚实合法的劳动意识。有信者，行天下。市场经济是信用经济、法治经济。习近平主席在多个场合提出“用勤劳的双手和诚实的劳动创造美好的生活”。新时代，依法治国的基本方略触及人们生活的方方面面，劳动教育要培养学生诚实合法的劳动意识。小学阶段，可以在劳动实践中让孩子明白哪些事可以做，哪些事不可以做，比如垃圾应放到指定位置，要爱护花草树木，指定学生督导员监督学生劳动等；中学阶段可以引导学生制定劳动规则，比如班级值日安排、校内清洁区值日安排、宿舍内务整理安排等，通过量化管理记录学生的加分和扣分项目，奖优惩劣，让学生感悟诚信和规则在劳动中的重要性；大学阶段，可以开设有关劳动法律的通识课程，比如《劳动法》《劳动合同法》，还可以结合专业，开设职业道德课程、主题活动等。

（2）构建时代特征的劳动课程体系

生活即教育。劳动教育贯穿于人们的生活之中。学校作为教育的主阵地，要优化学校课程设置，形成具有综合性、实践性、开放性、时代性的劳动教育课程体系。

一方面，在系统的文化知识学习中，深入剖析在各学科中所蕴含的劳动教育要素并加以强化，比如人文学科中的关于财富的创造、关于歌颂劳动者的论述，自然学科中关于定理来源的探究、科技发明创新背后的原理等。让学生在学习文化知识的同时，感知背后所付出的辛勤劳动。中小学阶段，可以通过学习语文教材中歌颂劳动者的文章，学习政治历史教材中关于社会发展的论述，学习自然科学中科学家发现规律的故事，弘扬勤劳勇敢、艰苦奋斗的优秀品质。职业院校和大学生可以结合专业特色开展专业实习劳动实践活动，增强职业认同感和劳动素养。

另一方面，在系统的文化知识学习之外，可以分学段有目的、有计划地组织学生参加日常生活劳动、生产劳动和服务性劳动①，比如吃穿住行的家务劳动、工农业生产类劳动、社会志愿服务类劳动，也可以选择新型服务性劳动，比如网络知识传授、共享经济体验、线上店铺管理等。学校还可以开设劳动教育的校本课程，比如园艺种植体验课程、陶艺制作手工课程等。

（3）多方合力拓宽劳动渠道和途径

劳动教育是一个系统工程，需要家庭、社会综合实施，保障劳动教育形成完整闭环。学校除了开展劳动教育课程外，应布置一些延伸到家庭的劳动任务，如一些学校开展的“家庭美德”活动——“为父母做一顿饭”“打扫一次房间”等，引导家长在日常生活中放手让孩子做好生活自理，鼓励孩子参与家庭事务，在家务劳动中养成热爱劳动的习惯。在劳动教育中，社会力量可以助力开拓劳动教育的广阔空间。当地的教育部门、社区、妇联等单位可以搭建劳动实践平台，利用好青少年宫、爱国主义教育基地，为学生参加劳动教育提供机会。政府部分鼓励企事业单位开放劳动实践场所，让学生参观体验一线劳动、感受劳动者的职业荣誉感。新闻媒体利用线上线下的方式大力宣传先进人物和普通劳动者的事迹，营造热爱劳动、关爱劳动者的氛围。总之，劳动教育要整合家庭、学校、社会各方力量，形成协同育人的格局。

4. 多维视角健全劳动评价机制

评价机制是检测劳动教育是否落实的重要环节。要更加客观全面地衡量劳动教育的成功，需要从多个维度进行评价。对学校的评价，要重点关注学校劳动教育是否落实到位，劳动教育课程是否开足开够，劳动实践是否实实在在，学校有无与家庭、社会组织建立长效联系机制。对于学生的评价，可以制定劳动过程量化评比表，记录每天或每次劳动实践的表现，每月一小结，每学期一

---

① 教育部有关负责人就《中共中央国务院关于全面加强新时代大中小学劳动教育的意见》答记者问［ED/OL］. 中国政府网，2020-03-27.

大结。量化考核记录在学生档案，作为升学和评优的依据。

总之，劳动教育在新时代的背景下必须与时俱进，既源于时代的需要，又服务于时代的发展，我们要不断寻找劳动教育的价值取向，引导我们创新劳动教育的内容与形式，把劳动教育渗透在教育教学和生活的全过程，把德育、智育、体育、美育、劳动教育有机结合起来，培养综合素质全面发展的人才！

主体与结构：聚焦劳动教育对当代中学生的重要意义①

习近平总书记在2018年全国教育大会上的讲话，再一次突显了劳动教育对当代中学生的重要性。习近平总书记强调道："要在学生中弘扬劳动精神，教育引导学生崇尚劳动、尊重劳动，懂得劳动最光荣、劳动最崇高、劳动最伟大、劳动最美丽的道理，长大后能够辛勤劳动、诚实劳动、创造性劳动。"② 劳动教育作为学校德育的重要组成部分，是中学生成长的补修课，也是当代中学生的短板。

1. 劳动教育的必要性

劳动作为人与动物最根本的区别，是人在自然界生存发展的根本。教育作为一种有目的地培养人的社会活动，主要通过文化知识的传递来培养人。关于教育与劳动的关系问题，马克思曾指出："未来的教育对所有已满一定年龄的儿童来说，就是生产劳动同智育、体育相结合，它不仅是提高社会生产的一种方法，而且是培养全面发展的人的唯一方法。"③ 劳动教育的开展不仅能够促进学生自身的发展，而且对于家庭乃至整个社会都有着积极的作用，因此，劳动教育的开展势在必行。

（1）对个人而言

作为新时代的中学生，"劳动最光荣""劳动创造世界""劳动使人忘忧"等口号似乎已经远离学生们的生活，取而代之的是"不劳而获"等成为学生乃

---

① 作者简介：周颖，佛山科学技术学院学科教学（思政）方向教育硕士。

② 张烁．在学生中弘扬劳动精神［N］．人民日报，2020-04-20（05）．

③ 马克思恩格斯选集：第23卷［M］．北京：人民出版社，1972：530．

至家长们崇尚的“真理”，这种片面性的认知导致学生离劳动已经越来越远。劳动作为人的类本质，对学生而言不仅可以强身健体，培养肢体的协调性，而且可以开拓学生的智力，让学生手脑并用，懂得支配自己的身体。

改革开放以来，我国的经济水平有了巨大的提升，GDP 水平大幅度增长，综合国力有了质的飞跃，但是，中国青少年的平均身体综合素质却明显下降。在过去 20 年中，我国儿童的近视率不仅大幅增加，而且儿童的肥胖率也已超过 1.2 亿，由社会存在与社会意识的辩证关系来看，当代学生健康状况不容乐观。

古代养生家有“人欲劳于形，百病不能成”之格言，劳动可以锻炼肌肉筋骨，经常劳动会使肌肉逐渐变得结实，关节灵活，体魄健全。劳动教育的开展，可以让学生在学习文化课之余，走出教室，亲近自然。中学阶段的学生正处于身心发育的良好时期，适时开展劳动教育可以帮助学生增强身体抵抗力，培养学生支配自己身体的能力。

劳动的过程不仅仅是学生身体方面的锻炼，也是智力方面的拓展。在学生的整个劳动过程中，关乎学生劳动的方式、时间、效率等问题，这是学生在课本上学不到的知识，必须经过实战才能得到属于自己的一套理论。相对于跑步这种简单机械的运动，劳动更能促进学生的手脑并用，如，在家务劳动中，需要孩子动脑子、想窍门、科学分配时间，思考如何能把衣服叠得更整齐，怎样才能更快地收拾好杂物，在煮饭、等水烧开的期间还能做些什么。

劳动教育中的劳动不是靠蛮力，而是通过科学的劳动方式，让学生在劳动的过程中手脑结合，既锻炼了身体，又活跃了大脑。苏联著名教育实践家和教育理论家苏霍姆林斯基曾说过：“儿童的智慧在他的手指尖上。”通过基本的劳动训练，可以使孩子的双手和大脑协调发展。

（2）对家庭而言

孩子作为家庭的希望，承载着一个家庭对未来美好生活的向往和追求，孩子的一言一行在长辈眼里都至关重要。孩子平时在家庭生活中如果经常帮助妈妈做家务、帮助爸爸修剪植物、陪爷爷遛狗或者陪奶奶买菜等等，孩子的一个小小的、简单的动作都会让大人非常开心，长此以往，有利于家庭整体的和谐相处。

家庭作为孩子的一个学校，父母作为孩子的第一任教师往往会对孩子的人生起着至关重要的作用和影响，从孩子身上可以折射出一个家庭的家风。因此，家长要对孩子进行劳动教育，首先就要以身作则，为孩子树立榜样和示范作用，家长的举止也会日益影响孩子。如此一来，整个家庭就会处于一种勤于劳动、乐于动手的良好氛围当中，家庭文化也就会在无形中显露出来。

（3）对社会而言

当今，大数据、人工智能、物联网、5G已经铺天盖地席卷而来，科技的日益发展为当代人的生活提供了无限便利，同时，也弱化了人的劳动能力。学生在日常生活中所需的劳动被缩减到最大化，加之学习压力的增加，辅导班的增多，社会竞争的增大，在劳动方面所花费的时间和精力就更少。在这种情况下，劳动对于学生而言更是被忽略的一环。

对学生进行劳动教育，有利于在全社会形成勤劳、奋斗的风气。正如国家主席习近平在2017年12月31日发表的2018年新年贺词中所提到的："幸福都是奋斗出来的"一样，民族的幸福、社会的团结就是一代又一代的青年们奋斗出来的。

在构建服务型社会的大环境下，全民服务、全面服务的需求更加突出。学生作为社会一大群体，同时也是知识分子的代表之一，更是国家的未来、民族的希望。习近平总书记在党的十九大报告中指出："青年兴则国家兴，青年强则国家强。青年一代有理想、有本领、有担当，国家就有前途，民族就有希望。"因此，青年学生担任着兴国的使命，就更要求学生要综合平衡德智体美劳的全面发展、平衡发展。

良好的社会秩序需要每一位公民的用心构建，学生正在受教育时期，社会就是检验学生对知识的内化程度的场所。中学生在打造动态有序平衡的社会状态中扮演者重要的角色，倘若中学生平常衣来伸手饭来张口，那么社会将到处充满着萎靡不振的现象，社会秩序的构建就无从下手。因此，实施劳动教育可以督促中学生有一个勤奋向上的状态、乐于动手的心态、身强体健的美态。

2. 当今中学生劳动教育的缺失

（1）家庭弱化

家庭对于很多学生而言是相对来说比较安逸的地方，尤其如今，很多家庭的孩子不仅有爸爸妈妈爱，还有爷爷奶奶姥姥姥爷宠。此外，很多家庭长辈对于劳动教育又有一定的误解，认为所谓的劳动教育就是扫地、洗碗、擦桌子等，所以劳动教育在家庭方面面对着很大的阻力。在智能化时代的背景下，一些家庭中，扫地机器人、洗碗机、自动洗衣机、家庭小助手等样样齐全，不仅孩子不用动手劳动，就连大人的劳动时间也大大减少了。

（2）学校窄化

如今，辅导班、家教、网课等课外教学资源层出不穷，学生的起步与以往相比要高很多，很多家长认为学习要从娃娃抓起，甚至在孩子没出生时就已经在进行所谓的“教育”了。面对这种竞争，学校对学生的成绩也是越抓越严格，劳动教育也只是停留在教室的值日方面。一些中学虽排有劳动课，但也只是流于形式，实际上被主课老师占去给学生补课，劳动教育只是停留于课表上。

（3）社会略化

一方面，劳动在社会中有一种无形的偏见，从孔子的“学而优则仕”到后来的“劳心者治人，劳力者治于人”在社会的广为流传，在学生的认识中就形成了一种“不好好学习就要去做苦力”的偏见；另一方面，社会中成年人居多且比较成熟，中学生这一群体，既是未成年又还处于学习文化知识阶段，所以，学生群体的劳动在社会上很多也被直接忽略掉，社会对学生在劳动方面比较宽容。

3. 如何优化中学生劳动教育

优化中学生劳动教育需要家庭、学校、社会的合力，相互作用、相互监督。

（1）家庭方面

在家庭方面，对于家庭中溺爱孩子的老人，要普及劳动教育的真正概念，让老人们消除对劳动教育的偏见，不能把劳动教育仅仅当作是让孩子洗洗衣、做做饭、打扫打扫卫生，这些家务方面的劳动虽属于劳动的应有之义，但并不是全部。劳动教育还可以有更多的解释，比如让孩子参与生产劳动、参加社会实践、进行实训操作等等。

（2）学校方面

一方面，学校不仅要开好劳动课，而且要开足劳动课，将劳动课融入学校教育教学的各个环节，让劳动教育贯穿学生学校生活的全过程；另一方面，马克思主义劳动教育论的基本原理要求教育与生产劳动相结合，应当将劳动教育与时代发展相结合，与生产劳动相结合，与各学科教学相结合，与每一位学生相结合，让学生体验劳动的多种形式，提高学生对劳动的认识和兴趣。

（3）社会方面

中共中央、国务院印发的《关于全面加强新时代大中小学劳动教育的意见》（以下简称《意见》）清晰地表明，劳动教育已经作为中国特色社会主义教育制度的重要内容，正式纳入了整个国民教育体系。这是我国教育发展史上的一个重大战略安排，必将对新时代教育发展以及整个社会人才培养全要素过程产生长久而深远的影响。

劳动教育虽然是教育体系的一个分支，但它绝不仅仅是教育领域的任务，而是需要整个社会共同努力。社会各机关、企事业单位、军营警营等单位应适当对中学生开放，让学生身临其境，以第一视角去感知一线劳动，亲身经历劳动所带来的成就感、创造感，感受劳动者的风采，培养学生的劳动意识、劳动情怀和创新能力。在一些公共场合中可以贴上宣传劳动的标语，积极宣传先进人物事迹和普通人的奋斗故事，形成关爱劳动者的社会氛围。

（4）家、校、社会共同合力

《意见》明确提出，要广泛开展劳动教育实践活动，调动家庭、学校和整个社会尤其是社区的积极性，共同推动劳动教育的深入开展。家庭、学校和社会包含了学生所有的生活场合，只有三者形成合力，才能从根本上对学生开展劳动教育，有效培养学生的劳动意识，让学生对劳动教育根深蒂固。

家、校、社会的共同合力体现了新时代劳动教育不能仅停留在学校教育范围内。家庭、学校和社会相互分工、相互合作，共同促进劳动教育的有效推进。《意见》特别强调："家庭要发挥在劳动教育中的基础作用"，"学校要发挥在劳动教育中的主导作用"，"社会要发挥在劳动教育中的支持作用"。很显然，这是把劳动教育作为一个大格局来抓，是《意见》的一个重大亮点，也是一个实践难点。

4. 结语

总而言之，新时代中学生劳动教育要以习近平新时代中国特色社会主义思想为指导，在社会劳动教育的依托下，把学校劳动教育作为主体，把家庭劳动教育作为基础，培育中学生的劳动素养。在家庭、学校和社会的通力合作下，向着把学生培养成德智体美劳全面发展的社会主义建设者和接班人的目标共同迈进。

境遇与途径：全面发展背景下的中学劳动教育实践①

我国中学劳动教育一直在努力完善，但是效果并不理想，劳动教育仍然是全面发展教育体系之中的短板，严重影响中学生的全面发展。因此，新时代要解决中学生的劳动教育缺失问题，发挥劳动教育对于中学生发展的重要意义，探索中学劳动教育实践的实施途径，促进中学生德智体美劳的全面综合发展。

培养德、智、体、美、劳全面发展的学生是我国教育一直以来努力的方向，五育中的任何一育都不是孤立发展的，是构成全面发展教育的部分。马克思、恩格斯在其论人的全面发展中表明，人的全面发展要兼顾智力方面和体力方面的融合，使智力、体力各个方面都能够得到充分发展，来实现体力劳动和脑力劳动的发展。近些年，劳动教育薄弱，在不同程度上被家庭和学校忽视，影响了中学生的健康全面发展。劳动教育与其他四育之间的整合，形成了一个科学的整体的教育观念，在增强学生综合素质方面发挥重要作用。良好的教育不仅要丰富学生的知识储备，而且更应该关注学生实现自我价值，树立正确人生观、世界观、价值观，获得成就感的精神需要。教育需要关注实际的现实生活，劳动是人类得以生存和发展的基础，如果脱离了劳动，幸福的生活将无法实现。作为培养适应社会的人的教育，其主要任务就是要培养人的劳动技能和劳动创新能力。

1. 中学劳动教育的现实境遇

劳动创造了人本身，使人成为社会意义上的人，没有劳动生命就失去了存

---

① 作者简介：邴杰，佛山科学技术学院学科教学（思政）研究生，主要从事思想政治教育研究。

在的意义。马克思认为，生产劳动与智育、体育的融合，不仅仅提高了社会生产的发展，而且是培育全面发展的人的唯一方法。① 苏霍姆林斯基认为"离开劳动，就不可能有真正的教育"，劳动教育是实施素质教育的重要内容，是提高中学生综合素质的有效途径。习近平总书记对培养广大青少年深厚的劳动情怀抱有殷切期待，"要在学生中弘扬劳动精神，教育引导学生崇尚劳动、尊重劳动，懂得劳动最光荣、劳动最崇高、劳动最伟大、劳动最美丽的道理，长大后能够辛勤劳动、诚实劳动、创造性劳动"②。习总书记从劳动创造的功能角度强调了要从小对学生进行劳动教育培养的需要。教育部联合共青团中央和全国少工委印发的《关于加强中小学生劳动教育的意见》明确提出，"以劳树德、以劳增智、以劳强体、以劳育美、以劳创新"来促进学生综合素质的发展，从劳动教育的价值层面阐述了劳动教育与德智体美劳五育之间的辩证统一关系，力求改变劳动教育被忽视的境遇。近些年，中学的劳动教育在不同程度上被忽视，劳动教育薄弱，我国中学劳动教育的缺失问题已经到达了令人忧虑的地步，中学生自理能力和劳动意识淡薄的现象普遍存在。

劳动教育不是一个新问题，热爱劳动是我国的优秀传统美德，劳动教育再次受到重视是一种价值回归，是为了推动国家创新，实现民族复兴。劳动教育具有它特有的作用，将劳动教育贯穿学校教育当中，学校得到健康发展，师生们朝气蓬勃，各方面素质会得到明显提高。现代对中学生进行劳动教育，其实就是让他们真正清楚，不劳而获是可耻的，劳动最伟大，培养中学生以劳为荣的价值认知品质。现在的社会环境，家长往往只关注孩子的学业成绩，只要学习成绩优秀，就可以不干活。在体力劳动和生产劳动方面，家长过于溺爱孩子，一点点日常的家务劳动都需要家长来做，学校劳动教育大多数流于形式，劳动课程内容、师资、场所无法满足，社会转型期不良文化、价值观的影响，独生子女问题等种种因素，导致学生连一点劳动观念都没有。不想劳动，不会劳动，不珍惜劳动成果的不良现象出现，致使学生在集体生活中缺乏必要的责任感和独立性。

2. 中学劳动教育的实施途径

针对中学劳动教育存在的实际问题和客观诉求，要科学地选择与制定有效

① 马克思恩格斯文集：第9卷［M］. 北京：人民出版社，2009：340.

② 习近平：坚持中国特色社会主义教育发展道路［EB/OL］. 央广网，2018-09-10.

的措施，构建德智体美劳全面发展的教育体系，突破劳动教育思想理念与实践之间的疏离，加强中学劳动教育，转变劳动观念，培养劳动精神，我们需要构建家庭、学校、社会一体化的劳动教育，形成教育合力，结合德育、智育、体育、美育，推动学生劳动素养整体化的形成。

偶然性的劳动教育对于中学生来说帮助并不大，需要对他们进行经常性的劳动教育，家庭教育中的家务劳动就可以很好地践行经常性的劳动教育。家庭的劳动教育旨在培养中学生作为家庭一员的日常生活劳动观念、劳动习惯和劳动精神，注重学生的个人自理能力和生活技能的培养，家长向孩子传递正确的劳动观，让孩子从小认识到劳动对于人生的重要意义，比如在家中，妈妈负责煮饭买菜，爸爸负责家务劳动，这些本身并不完全属于爸爸妈妈的事情，当孩子成长到某一年龄段时，作为家庭的一员同样可以完美地完成这些劳动，在家庭中承担起应有的责任。这不仅能够提高孩子的自理能力，也帮助孩子形成乐于助人、勇于承担的良好品质。这就是家长应该传递给自己孩子的正确的劳动观，家务劳动正是孩子承担责任的一种很好的表现方式。四五岁的孩子已经具备了做简单家务劳动所需要的动手能力、集中力等基本能力，家长要充分信任孩子，放手让孩子自己做一些力所能及的家务劳动，鼓励孩子独立完成某项任务，让孩子明白他的付出给家庭带来了帮助，增强孩子的自信和成就感，锻炼孩子的良好协调能力和时间管理能力。

中学在劳动教育课程设计、教学管理方法上都要根据弘扬中学劳动精神和适应学生全面发展的目标来制定，切实将劳动教育放入五育全面发展体系中，学校劳动教育课程内容的科学合理编制起着至关重要的作用。要遵循教育教学规律和中学生身心发展规律，为不同年龄阶段的学生制定相应的劳动教育内容和计划，如：将学校劳动课程分成三个阶段：一、二年级为一个阶段，学习一些生活基本技能，穿衣服、叠被子、系红领巾、系鞋带等等；三、四年级为一个阶段，可以适当加强学生的生活实践，学习做饭、洗碗、洗衣服、打扫房间等，同时对学生进行相关的劳动理论教育；五、六年级为一个阶段，不仅要学会必要的基本生活技能和相关劳动教育理论，还应参与一些社会实践，诸如植树节植树等。对于初高中学生的劳动教育，可以适当设置有关劳动技能创新方面的学习内容，社会公益劳动、志愿者服务等等。读书是学习，实践是更为重要的学习，要坚持手脑并用，知行合一，满足新时代对于人才培养的质量标准要求。

学校的劳动教育旨在切实落实劳动课程的实施，提供所需的专门进行劳动教育的师资、场地和经费，根据自身实际情况开发劳动创新课程，考核劳动教育成果，完善立德树人的劳动教育体系，向学生传递劳动知识和热爱劳动的理念，培养学生的劳动创新精神、公共服务意识和良好的社会公德，如关爱弱势群体，面对国家重大灾难、疫情时主动担当的奉献精神。

社会的劳动教育旨在充分挖掘校外的劳动教育资源，为中学生提供参加劳动、志愿服务的实践场所，让广大青少年从身边事做起，亲身体验农业生产、工业、商业、服务业实习等劳动实践，在亲身参与实践中认识我国国情，了解社会发展状况，在增长技能和强化意志中感受劳动带给他们的幸福感和获得感，改变学生一夜暴富、不劳而获的思想，进而让学生明白劳动只存在方式的不同，但绝对没有高低贵贱之分，培养学生热爱劳动、尊重劳动的情感和科学的劳动态度，完善人格、培养人才，着力增强中学劳动教育的可行性和适宜性。

健康的劳动教育，不是单纯让中学生干体力劳动，而是要在劳动中渗透对学生进行德育的教育，突出学生全面发展，培养学生对待劳动的科学态度、形成健全的人格和正确的人生观、世界观、价值观。劳动教育不能停留在空洞的说教上，让中学生在少年时期就进行劳动教育实践，让学生的思维能够有实践的土壤，让学生回归生活，在生活中发现问题，而不是在抽象的书本知识中脱离实际生活，使中学生明白一个人应该依靠自己的劳动来换取生活报酬，培养中学生正确的价值观，明白劳动不分贵贱，劳动最光荣，就算自己本身学习成绩比较薄弱，也可以通过学习一门手艺，实现自己的价值，成为对社会有用的人。突出以学生为中心的宗旨，发挥劳动教育的综合育人功能，要切实做好以劳动树品德，以劳动增智力，以劳动强体魄，以劳动育美感，从而促进中学生的身心健康和全面发展，完善德智体美劳全面发展的教育体系。

知·信·行：劳动教育融入政治课堂教学的文化理路[1]

——以高中思想政治必修4《生活与哲学》为例

劳动是人类获得一切物质和精神财富的根本途径，也是实现自身全面发展的必要路径。新时代，党中央十分重视劳动教育的育人价值，而高中思想政治课堂是劳动教育的主阵地。本文从教学实践出发，思考高中政治课堂中渗透劳动教育的措施，促进学生劳动素养的提高，实现劳动教育知、信、行的统一。

2020年3月，中共中央、国务院印发了《关于全面加强新时代大中小学劳动教育的意见》，文件就全面贯彻党的教育方针，加强大中小学劳动教育进行了系统设计和全面部署，并且明确指出家庭、学校、社会都要肩负起劳动教育的责任，主动发挥好各自的作用。[2] 那么，作为高中思想政治课教师，如何在思想政治课中进行劳动教育，成为劳动教育的优秀“播种机”呢？笔者认为，应从知、信、行上下功夫。

1. 众里寻他千百度，挖掘劳动教育的资源

在物质条件如此充分、人工智能高速发展、社会服务如此便利的背景下，现在的学生很容易轻视劳动价值，形成劳动淡漠。作为一位思想政治教师，要认真贯彻中央和教育部的文件及讲话精神，弄懂习近平总书记关于劳动教育的重要论述，在此基础上深入挖掘劳动教育的资源。

---

① 作者简介：张东灵，法学学士，狮山高级中学政治学科一级教师，主要从事中学政治学科教学与研究。

② 中共中央国务院关于全面加强新时代大中小学劳动教育的意见［N］. 人民日报 . 2010-03-20（A1）.

（1）教材资源

思想政治教材蕴含着丰富、典型的显性或隐性劳动教育资源，教师应该做个有心人，仔细梳理教材，挖掘教材知识和劳动教育的结合点，将劳动教育渗透到教材知识中，在潜移默化中做到以理服人、以情感人、以德化人。

《生活与哲学》有关劳动的意义和价值的知识点有“劳动和社会交往促进了意识的物质器官的生成，促进了意识的表达手段”，“实践具有直接现实性”，“劳动是区别人与动物的根本，是人立足于自然生存和发展的基础”，“劳动创造价值”，“在劳动中实现人生价值”，“劳动是人的存在方式”，“劳动是创造美好生活、促进人的自由全面发展的重要手段”等等内容。

有关劳动者的知识点有“人民群众是历史的创造者，劳动群众是人民群众的主体部分”，“人民群众是物质财富的创造者”，“人民群众是精神财富的创造者”等等。

其他看似与劳动无关的内容，也可以注重围绕生活与实际的指导，阐述“劳动精神”的内涵、意义，做法，引导学生崇尚劳动、热爱劳动、尊重劳动人民。

教师在挖掘教材中的劳动教育内容时，应将劳动教育与学生的日常生活内容紧密相连，让学生在体验和感受中获得价值认同。

（2）社会资源

家长和学校职工从事各种工作，都是劳动者，所在的省市区也有很多劳模，这些都可以成为我们的教育资源。组织学生通过看、听、赞等不同学习体验方式，设计、开展学习体验活动。“看”是让学生走进劳动者，学习劳模先进事迹；“听”是请先进劳动者走进校园，让学生听他们讲述自己爱岗敬业、艰苦奋斗的故事，让学生体会劳动精神；“赞”是指观察身边的普通劳动者，为这些身边的普通劳动者点赞，学习新时代劳动者身上的优良品质。

在备课过程中，充分挖掘劳动教育资源，一方面可以很好地进行劳动教育，另一方面可以促进学生更好地理解知识、运用知识，培养学生的思维能力和劳动素养。

2. 春风化雨沐桃李，提高劳动教育的接受度

知道是前提。高中生有着较强的自主性和独立意识，如果靠灌输和说教，我们会发现很难让学生接受，甚至让学生产生抵触情绪。为此，教师应该坚持以学定教、巧妙设计、自行体验，实现润物细无声。

（1）巧设计，让教学自然流淌

心理学家德西曾经说过一个故事，故事中的老人面对门前嬉闹、令人心烦的孩子，他没有呼喝赶走，而是巧妙将孩子的内部动机“为自己快乐而玩”变成了外部动机“为得到钞票而玩”，随着钞票越来越少，他们自己选择离开了。

教师在进行课堂设计时，应该利用巧妙的设计，追求润物细无声的效果，让学生不知不觉感受到劳动的价值和意义。

例如：哲学第七课“系统优化”知识，看似跟劳动教育毫无相关，其实不然。课堂上可以让学生学会用系统优化的方式进行收纳，整理自己的书柜。学生体验了系统优化将书柜变得更漂亮合理的那种喜悦，在掌握系统优化知识的同时，也会发现：收纳其实就是一种劳动，锻炼了自己分类、整理的过程，同时也提高了取舍能力，并锻炼了思维能力。

（2）巧于言，让知识生动鲜活

有一句通俗的话：脑袋是圆的，道理是方的。要将方的道理，装进圆的脑袋，这需要巧于言，将道理“包装”成圆的。巧于言，绝不是花言巧语的意思，而是讲究说话的技巧和方式，做到通俗易懂，生动鲜活，切中要害。

例如：很多学生体验不到劳动的价值，把劳动等同受苦受累，甚至有的人把不劳而获视为追求。那么这就给我们在讲解哲学12课“在劳动和奉献中创造价值，奋斗是幸福的”的知识点带来难度。大学老师蒋刚在阐述这个知识点的时候，没有直接抨击这种价值观，而是信手拈来，举了个例子：男生追求一个女生，写了一封情书，对方立即答应了，感觉一拍即合，但是少了些成就感。但若是另外一种情况，男生写了一封情书，对方不回，男生不停地写，不停地追求，终于追到手了，那样就会有巨大的成就感和喜悦感。安静的教室里，立即传出学生的“啧啧”声，四五十名学生连连称“有道理”。此时，蒋刚老师顺势提到了关于奋斗的金句，“奋斗本身就是一种幸福。只有奋斗的人生才称得上幸福的人生”①。

严谨的论证、雄辩的表述，有时候学生并不认可，讲解巧妙则可以赢得学生关注。用例子、用故事是一种不错的方式，能激发学生的兴趣，又能促进学

① 方秀芬．这位老师把“高大上”的课程讲成“超级故事会”［N］．杭州日报．2019-04-12（A1）．

生理解、思想转变和升华。

3. 拨开迷雾见晴天，增强劳动教育的信度

相信是关键。由于受社会负面消息的冲击，加上已有知识水平、年龄、心理等限制，学生对劳动有着这样那样不成熟甚至偏激、错误的观念，这需要教师对接学生当前生活，关联他们困惑点和怀疑点，加以引导、点拨，以辨是非。

（1）对接现代生活，澄清疑点

现代社会正在经历深刻的变化，劳动教育也应该与时俱进。高中政治教师要想学生信任自己的观点，就得紧跟时代变迁的步伐和潮流，对接现代生活，首先自己承认一些变化，更新自己的观念，然后才能澄清学生的疑惑点。

例如，随着社会经济的进步，劳动的形式在变，越来越多的简单体力劳动，已经被机械化、智能化替代。学生肯定普遍存在着“都智能时代了，为何还要提倡劳动”，“劳动有什么必要和意义”等等这些类似的疑问。教师则应该把握学生的问题指向，对接现代生活，通过课堂对话直面矛盾，因势利导，而不是一味包装或回避。

扫地机器人、擦玻璃机器人、洗碗机等进入千家万户，省时又省力，不需要手动清扫、洗碗，但是制造以及操作机械设备，也是一种劳动形式。传统的体力劳动和脑力劳动被部分机器取代之后，未来也一定还会产生新的劳动形式。

其次，要跟学生强调劳动的内涵：劳动可以是务实、做事、操作、实践，不仅意味着劳动技能，更意味着劳动精神。时代在变，劳动形式也会发生改变，但劳动的精神内核始终未变。我们大力提倡劳动，就是要让全社会崇尚劳动，培养不懈奋斗的精神，劳动教育是帮助学生全面发展的育人活动。①

同时，教师在组织劳动活动的时候，应该把科技引进校园，否则学生很容易会理解为劳动就是低端的、原始的体力劳动。

（2）评议生活热点，打通堵点

从古至今，脑力劳动和体力劳动的界限泾渭分明，有些人在崇尚脑力劳动的同时轻视体力劳动，进而轻视体力劳动者。很多学生受到“万般皆下品，唯有读书高”，“不好好读书，你只有扫大街的命”等轻视体力劳动的观点影响，不愿意体力劳动。

---

① 徐长发．劳动教育是人生第一教育［J］．中国农村教育．2015（10）：4-6.

如果学生已存在这样的观点，那么这个观点是他们在长期生活、成长经历下形成的，很难因说教而改变。而且，人只要察觉到外部的事物与自己的观念冲突，就会在“潜意识”中产生排斥的本能反应。这就使得一切“说理”，都不能产生任何作用。这是我们在实行劳动教育的一个堵点。

教师可以引导学生阅读、观看、思考、评议相关的时政热点，打通堵点。思政课与其他课程的最大区别也在于时代性与实效性，时政热点资源对于思想政治教学而言，是不可或缺的资源。例如，利用最近网上大热的新闻“一辈子都不可能打工的周某出狱，拒绝网红公司百万签约，放言回家种地”，让学生思考：靠炒作、靠博眼球这一条路能走多久？如果靠炒作就可以获得巨额财富，这个社会又该拿什么去奖赏兢兢业业努力工作的人？如何看待他最终选择在家务农的行为，他怎样才能做出自己的成绩？

在热点中没有你和我，没有说服对象，既然没人要说服你什么，自然也就不会被“潜意识”所排斥。让学生自己在生活热点话题评议中受到启迪、得出结论：辛勤劳动、诚实劳动创造美好生活。每一种劳动形式，其实背后都体现着思维和语言的修养。他们没有高低贵贱之分，区别在于从事这种劳动的人员数量和专业程度，以及从业人员的敬业程度。

4. 纸上得来终觉浅，提高劳动教育的效果

践行是目的。学生或许脱口就可背会了“崇尚劳动、尊重劳动者，始终重视发挥工人阶级和广大劳动群众的主力军作用”的知识点，知道了“劳动光荣是永恒的主题，不劳而获是可耻的”，但这并不等于理解了劳动的艰辛。要让劳动教育从纸面走向现实，提高劳动教育的效果。

（1）因地制宜，不必强求

“世界上没有完全相同的两片叶子”，矛盾具有特殊性，教师要结合当地当校的现实情况和具体特点，针对学生的接受力，适当设计有针对性的劳动实践。

工业、服务业密集的地区可以选择工厂或企业进行生产认知体验、对劳动模范和先进人物进行采访；农业密集地区可以组织高中生帮助农民收割、种植，进行现代农业的社会实践等；经济发达地区可以让学生学习各类机器操作；经济落后地区受条件限制，可以考虑家务劳动、垃圾分类、社区公益性服务、志愿者服务等；另外根据学生的年龄、个性和兴趣差异，在高中不同年级的课程引入相关劳动，比如烹饪、插花、园艺等。

劳动形式因时因地因人进行调整，劳动也并非一味地艰辛，选择与学生的实际生活密切相关而又力所能及的实际操作即可。

（2）更新形式，拒绝僵化

有数据表明，64.7%的中学生认为所谓劳动教育就是社会实践活动课，而社会实践活动就是春游、秋游和参观；70%的学生认为劳动技术就是信息技术。① 面对这样的现实，我们应该与时俱进、发散思维进行内容和形式的创新。

高中可以组织学生开展相关社会调查活动，访谈当地的劳动者等等，让学生感受经济、政治、文化等各个领域劳动的价值，了解社会职业的基本知识，在实践中锻炼语言表达、社会交往、分析和解决问题的能力；还可以开展生涯规划教育，通过学业规划、职业规划、职业体验、公益活动、志愿者服务等，将个人发展融入社会发展中，储备为社会创造财富的基本技能、知识和能力。

精心组织开展内容丰富、形式新颖、吸引力强的实践活动，才能激发学生的学习乐趣，使学生自觉将书本上的理论进行内化，并落实在点点滴滴的行动中。

劳动教育对于高中生树立正确的劳动观、择业观，形成正确的世界观、人生观、价值观具有重要意义。作为一位思想政治教师，要认真贯彻中央和教育部的文件及讲话精神，弄懂习近平总书记关于劳动教育的重要论述，挖掘劳动教育资源，把“教书育人”切实装到心里，在课堂教学中传播知识的同时，注意有技巧、有方法地加强对学生进行劳动教育，促进学生养成良好的劳动习惯和技能，形成奋斗、创造、奉献的劳动精神，实现知、信、行的统一。

① 学习公社．曾经被你忽视的劳动教育，原来藏着这么多学问［EB/OL］．看点快报，2019-03-27.

目标与方法：新时代劳动教育的内涵阐明与策略探讨①

劳动教育作为我国教育体系的重要组成部分，新时代对高素质人才的需求更加迫切。因此，在各中学贯彻劳动教育，通过加强学校与家庭、社会的合作，提升学生综合劳动素养；创新课堂教学方式，形成独特的劳动教育模式；调整课程结构，创建劳动教育体系；建立健全教育评价体系，为劳动教育提供保障机制等策略提升中学生的劳动意识和技能，对落实立德树人的根本任务，培养合格的社会主义建设者和接班人具有战略性意义。

2020 年 3 月中共中央、国务院印发的《关于全面加强新时代大中小学劳动教育的意见》（以下简称《意见》）指出，劳动教育是中国特色社会主义教育制度的重要内容，直接决定社会主义建设者和接班人的劳动精神面貌、劳动价值取向和劳动技能水平。② 这是党中央顺应时代发展趋势，对新时代劳动教育做出的顶层设计和全面部署，提出了构建新时代德智体美劳全面培养的劳动教育体系，明确了新时代劳动教育的育人目标，认识到了劳动教育对促进我国发展的重要性，把劳动教育提到了我国发展的战略高度。

1. 劳动教育的内涵

马克思主义的劳动价值观揭示了只有劳动才是人类社会赖以生存和发展的基础。新时代通过劳动教育培养学生吃苦耐劳、艰苦奋斗的优秀品质，引导学生形成正确的劳动价值观成为新时代对高素质人才的迫切需求，切实落实新时

---

① 作者简介：张艳，佛山科学技术学院教育硕士，主要从事中学政治学科教学与研究。

② 中共中央国务院关于全面加强新时代大中小学劳动教育的意见 [N]. 人民日报. 2020-03-27 (1).

代育人的实效性。

新时代的劳动教育就是通过教育和劳动的深度结合引导学生认同劳动最光荣的价值理念。劳动教育是在一定教育思想的指导下，树立学生正确的劳动观和劳动态度、传授科学的劳动知识和技能、开展有效的劳动实践、养成良好的劳动习惯、提高实践能力和创新精神、促进个体全面发展的育人活动。① 劳动教育的本质是将教育与生产劳动相结合，核心目的是通过恰当的劳动手段达到良好的育人目的。② 新时代通过劳动教育让中学生清楚地认识到只有通过劳动才能创造价值，只有通过劳动才能获得成就感、幸福感、快乐感，并树立贡献社会、造福人类的劳动价值取向。

在我国教育发展过程中，劳动教育在教育体系和教育改革中存在缺失的现象。劳动教育的缺失主要由以下几个方面造成：首先，虽然我国在教育改革中一直提倡素质教育，但分数仍然是衡量教学工作的重要标准，迫于升学的压力，智育课程在整个教育体系中所占比重较大，相应地就会忽视劳动教育；其次，随着人们物质生活水平的提高，家庭教育和劳动教育相脱节，家长对孩子的溺爱以及衣食无忧的成长环境，导致大多数学生缺乏劳动意识和劳动技能；再次，大数据、人工智能等智能媒介对学生的思想观念和行为方式产生了一定的冲击，“不劳而获”“一夜暴富”的思想正在腐蚀着中小学生的心理。

新时代贯彻落实劳动教育，是实现中华民族伟大复兴的必然要求，是实现德智体美育与劳动技术教育五育并举的重要举措，对培养新时代高素质创新型人才具有建设性意义。立德树人作为我国教育的根本目标，提升中学生的劳动技能和素养成了对高素质人才需求的当务之急。

2. 中学劳动教育的实现策略

新时代中学生获得良好的劳动体验、习得劳动技能、创造劳动价值、享受劳动带来的幸福感和成就感，是中学生学习和成长的重要基石。劳动教育既是“立身”之本，也是“修心”之径，尤其在基础教育阶段，劳动教育的重要性毋庸置疑。③ 新时代中学劳动教育不仅要体现时代特征，还要遵循教育规律和

---

① 志峰．夯实新时代高校劳动教育［N］．甘肃日报．2020-05-12（005）．

② 靖庆磊．劳动教育的新时代高校立德树人之维［J］．学校党建与思想教育．2020（08）：52—54．

③ 车晓丹．让劳动教育“回归”学生生活［N］．本溪日报．2020-05-07（002）．

中学生身心发展规律。

（1）加强学校与家庭、社会的合作，提升学生综合劳动素养。

学校、家庭和社会作为学生学习和生活的重要场所，应加强学校与家庭、社会的合作，提升学生综合劳动素养。学校作为培养学生的主要阵地，应发挥教育在劳动中的主导作用，通过理论知识的传授、实践活动的开展以及校园文化的熏陶培养学生的劳动意识和劳动创造力；家庭的基础教育功能也不容忽视，家长作为孩子的第一任老师应注重言传身教，在日常生活中家长要转变劳动教育观念，督促学生进行家务劳动，并向其传授基本生活劳动技能，帮助学生养成良好的劳动习惯；社会要积极发挥其支持作用，为学生创设劳动实践基地，提高多元化劳动实践平台，以劳动实践为导向，增强中学生的劳动意识，组织学生进行公益劳动，增强学生的劳动体验感，培养学生的志愿服务和奉献精神，有助于全社会养成“尊重劳动、热爱劳动”的新风尚和社会氛围。

（2）创新课堂教学方式，形成独特的劳动教育模式。

随着新时代人工智能技术的快速革新，教学活动与智能媒介的结合对创新课堂教育教学方式和形成独特的劳动教育模式具有重要价值。传统的教学方式已很难适应新时代的时代需求，因此，新时代的劳动教育应使学生走出课堂，加强课内与课外、体力劳动和智力劳动的结合，充分利用互联网学习平台等新型媒介进行“线上指导+线下实践”相结合的教学方式对劳动教育进行创新。同时，还可以通过网络直播的形式分享学生个体或集体的劳动成果，从而调动学生的积极性和主动性。此外，教师应充分挖掘其他各科知识中的劳动要素，整合各科目的学习资源，增强劳动价值的感染力，促进劳动教育资源的最大化共享和利用。互联网为劳动教育提供了一个新颖的教学手段，对互联网的充分利用有利于教学方式的创新，探索出一个符合我国实际情况的劳动教育模式。

（3）调整课程结构，创建劳动教育体系

课程结构的调整、劳动教育体系的创建是新时代落实劳动教育的基础和前提。学校领导要高度重视劳动教育的育人价值，做好劳动教育在制度保障、经费投入、课程实践等方面的后勤保障工作，促进劳动教育的顺利实施。各中学通过调整课程结构、优化课程设置，把劳动教育纳入中学必修课之中，并制定切实可行的课程表和教育教学目标，整合优质劳动教育资源，保证每一周至少有一节劳动教育课，确保劳动教育课程的有序开展。同时，学校应设定相应的考核机制，促进劳动教育的制度化、常态化和专门化，加强教师和学生对劳动教育的重视。将理论知识与社会实践相结合，用劳动精神去培育和发展学生，用社会实践去引导学生，提升学生对于劳动精神价值意味和劳动对于自身全面发展的重要性，最终自觉做到知行合一。①

（4）建立健全教育评价体系，为劳动教育提供保障机制。

新时代将中学生的劳动素养纳入评价体系中是促进学生全面发展的必然要求。劳动教育是否取得良好的成效需要以劳动教育评价为标准，学校应建立健全教育评价体系，为劳动教育提供保障机制。教师和学生作为教育活动的主要参与者，教育评价应主要包括对教师的评价和对学生的评价。对教师的评价主要包括对劳动教育目标、内容、方式、资源等多方面的评价；对学生的评价不仅包括对劳动教育理论知识的评价，还包括学生在劳动实践过程中表现出来的劳动技能、意识、价值观、态度等多方面的评价。教育评价体系的建立和落实，能为新时代劳动教育的发展和促进保驾护航。

新时代积极探索劳动教育新路径，对落实立德树人的根本任务，培养合格的社会主义建设者和接班人具有战略性意义。各中学力求通过加强学校与家庭、社会的合作，提升学生综合劳动素养；创新课堂教学方式，形成独特的劳动教育模式；调整课程结构，创建劳动教育体系；建立健全教育评价体系，为劳动教育提供保障机制等策略，把中学劳动教育打造成一门集专门性、科学性、针对性为一体的学科和实践课程。

① 付瑶．新时代劳动教育的理论基础与实践路径［J］．沈阳师范大学学报（社会科学版）．2020，44（03）：46—51.

结构与地位：新时代教育体系构成中的劳动教育[①]

劳动教育作为中学生全面发展的重要组成部分，对促进中学生的健康成长具有重要作用，劳动教育同时还是中国特色社会主义教育制度的重要内容，直接决定社会主义建设者和接班人的劳动精神面貌、劳动价值取向和劳动技能水平。但长期以来，各地区学校对于劳动教育的重视不足，教师更加注重学生的学习成绩，而忽视了对于劳动教育的培养，学生养成了不爱劳动，爱偷懒的坏习惯。显然这是不利于学生的全面发展，不利于培养学生成为德智体美劳全面人才和经受得住考验的青年接班人。所以学校要重视劳动教育的重要性，并开设相应的劳动课程丰富学生的学习生活，并培养学生热爱学习的习惯，为以后的全面健康发展打下一定的基础。

1. 劳动教育是全面构建新时代教育体系的重要组成部分

实施劳动教育是国民体系教育的重要内容，是学生通过自主实践的一个重要途径，学生可以通过劳动教育发现知识，运用自身所学知识，在劳动中找到解决问题的方式方法，以培养学生的动手实践能力，让学生出力出汗，锻炼他们的意志力，提高接受挫折的能力，不轻言放弃，培养学生正确的劳动价值观，形成一种热爱劳动、尊敬劳动者的良好品质。现代教育体系已不仅仅只有单纯的学科教学知识，我们同时还需要融入更多的劳动教育，学校可以设置劳动周，然后选出劳动小标兵。培养学生以热爱劳动为荣的价值观，形成一种劳动风尚。我们要明白的是劳动不仅仅是谋生的手段，更要内化为一种行为，一种内在驱

---

① 作者简介：王志，佛山科学技术学院马克思主义学院硕士研究生（在读），主要从事中学思政教育研究。

动力，这样的劳动价值观和劳动教育才能深入人心。意识到劳动教育还是中国特色社会主义教育制度的重要内容。时刻把握劳动教育和现代教育体系之间的联系是密不可分的，一个从来不劳动的学生的科学文化成绩通常是不理想的，因为他没有从日常的劳动中学会坚持、学会吃苦、学会等待等优良品质。所以他们也很难在学习中获取一定的优势和方法。综上所述，我们需要明确劳动教育是教育体系的重要组成部分。

2. 劳动教育推进人的全面发展

首先可以肯定的一点就是劳动教育对人的个性发展起到了不可或缺的作用，苏霍姆林斯基有一个重要的思想理论："人的发展有赖于实践、有赖于劳动。"①学生通过在日常的活动中不断学习和发展自己的个性化，在劳动中形成自己的兴趣爱好、学习习惯等。其次劳动不仅能创造物质财富，满足人的日常的生活物质资料的层次，还能丰富人的精神世界，在劳动的过程中我们可能会遇见各种各样的困难，而不断克服这些困难的过程中会形成一种美德和满足感，劳动也使人能认识美、发现美，提高审美能力。最后劳动还对学生的体质方面的提高起到了重要作用，通过在日常的合理的劳动安排，学生可以养成一种锻炼身体的习惯，身体是革命的本钱，有了强壮的身体也就有了学习的前提条件。比如学校推出的有规划有目标的植树活动，植树活动是一个需要同学们团结协作的一个集体活动，对于中学生来说意义重大。植树活动主要包括寻找合适的树苗，进行挖坑，最后同学合作进行树木的栽植，这就是一个协作分工的过程，需要同学们开动小脑筋，发挥主观能动性，这些劳动不仅塑造了人的体格，也培养了学生集体意识，最后还养成了学生热爱自然、保护自然的一种美德，学生在以后的社会生活中同样会形成保护环境、爱护生态的意识。这都是劳动对人的全面发展所起的作用，劳动可以使人道德纯洁、"精神丰富""体魄完美""审美需求和趣味丰富""个人兴趣多样"、成为社会进步的参与者，这也是苏霍姆林斯基确定的教育目标。②

---

① 王吉吉．苏霍姆林斯基劳动教育对个性全面和谐发展的作用研究［J］．黑河学刊，2017（01）：113—114.

② 杜莹君．苏霍姆林斯基论劳动教育在全面发展中的作用［J］．河北大学学报，1994（03）：19—24.

3. 劳动教育对社会发展的作用

习近平总书记提出的“实干兴邦”“都是奋斗出来的”“撸起袖子加油干”这些都体现了要实现伟大的中国梦都需要劳动，不断辛勤工作，脚踏实地，认真做好属于自身的工作，完成自己的任务。而要做到这些，也就需要劳动教育。新时代的劳动教育源于教育，但更应放置在“教育与社会的关系”命题中去审视。① 教育的目的也是为社会服务的，所以教育应该随着社会的需要而随之进行相应的改变。教育需要转型，对劳动教育提供一定的体系支撑。这样才能更好地发挥劳动教育对建设富强民主的社会主义国家提供相应的上层建筑支撑。还有就是劳动教育的深入可以让学生从小养成一种劳动光荣的价值观，这样能在一定程度上减少以后一些人为了获得更多的经济利益而不择手段挣快钱的行为。这些行为往往导致企业空心化，消费者的利益极大地受到侵害。中学劳动教育在一定程度上可以改变劳动意识淡漠、不愿劳动、不会劳动、不珍惜劳动成果的行为。为以后社会的和谐安定奠定了基础。同时我们还需认识到马克思劳动观的重要性，劳动创造了人本身，劳动创造了世界。所以我们要坚信马克思主义劳动观，不断发展劳动教育，培养德智体美劳全面发展的人才，为社会主义的建设出力。更要意识到劳动教育在教育转型中的基础性和全局性作用，把好基础教育关，这才是劳动教育的全局性的作用。

4. 家庭劳动教育重要性

习总书记指出，办好教育事业，家庭和学校都有着重大的责任，家庭是人生的第一所学校，家长是孩子的第一任老师，要给孩子上好“人生的第一节课”，帮助扣好人生第一粒扣子。② 劳动教育具有独特的作用，学校的劳动教育科研促进家庭的劳动教育的发展，他们相辅相成，互为补充，家长教育孩子自己的事情自己做，通过言传身教，使学生在很小的时候就能形成自己的价值观，为学生以后步入学校接受劳动教育提供了前提条件。在日常生活中可以形成劳动认同感，这样的劳动教育具有日常化、生活化、终身化的特点。这样的劳动

---

① 任强．重申劳动教育的时代意义与复归路径［J］湖州师范学院学报，2020（1）：52—55.

② 习近平：坚持中国特色社会主义教育发展道路　培养德智体美劳全面发展的社会主义建设者和接班人［J］. 教育科学论坛，2018（30）：7—9.

教育具有内化性，也是最不容易弱化的。家庭劳动教育科研培养孩子自主完成自己的事情，培养独立的意识，这样不仅可以减轻父母的负担，而且可以促成学生德智体美劳的全面发展。研究还发现热爱劳动的学生更加健康和聪明，因为在日常的劳动中他们会发现更多的问题，这就需要开动脑筋，进行思考。所以他们的思维比较活跃。最后就是劳动促进亲子关系的发展，在日常的劳动生活中家长和孩子的交流增多，亲情升温。再加上学生养成了热爱劳动的习惯，这样的情况下学生会主动劳动，帮助父母做家务活，这些都是亲子之间感情升温的细节所在。

5. 结语

中学生教育可以培养学生形成正确的劳动观，可以让中学生在劳动中培养人的素质，正如马克思说的劳动促进人的全面发展，所以我们要重视中学生的劳动教育，健全劳动教育体系，改变当代教育一直以学科知识培养为主的模式。形成德智体美劳全面发展的人才，就需要用劳动教育来塑造人。我们要重视劳动教育在家庭、学校、社会上的重要作用。建构好劳动教育的体系，充分发挥学生的主观能动性，为社会的发展提供源泉。

第三章 03

规律遵循：提升新时代中学劳动教育的实际效果

符合学生年龄特点，以体力劳动为主，注意手脑并用、安全适度，强化实践体验，让学生亲历劳动过程，提升育人实效性。

教学设计：渗透劳动教育的初中《道德与法治》教学[①]

——以“我对谁负责　谁对我负责”一课为例

新时代，为了推进学生德智体美劳全面发展，劳动教育必不可少。然而，在中学教育中，劳动教育并未得到足够的重视和有效的落实，一些学生中存在不热爱劳动、不会劳动，甚至不尊重劳动成果的现象。本文先是分析初中道德与法治课程教学现状，并以“我对谁负责　谁对我负责”一课教学为例，主要探究在初中道德与法治学科中渗透劳动教育的有关教学策略，以促进学生劳动意识和劳动能力的提高。

劳动创造了人本身。[②] 人正是通过劳动，创造出物质财富和精神财富，实现自身的价值，推动社会的发展。2020 年 3 月 20 日，中共中央、国务院印发的《关于全面加强新时代大中小学劳动教育的意见》指出，劳动教育是中国特色社会主义教育制度的重要内容，直接决定社会主义建设者和接班人的劳动精神面貌、劳动价值取向和劳动技能水平。在坚持“五育”并举，推进素质教育的过程中，劳动教育有着至关重要的地位。劳动教育不是孤立的，为了更好地在中学中落实劳动教育，就必须加强劳动教育在学科教学中的渗透，使劳动教育具有联动性。因此，对于从事道德与法治教学的工作者来说，探究如何渗透劳动教育的教学策略就显得十分必要。

---

① 作者简介：杨奕镕，法学学士，佛山市第十四中学道德与法治学科初级教师，主要从事中学道德与法治学科教学与研究。

② 马克思恩格斯文集：第 9 卷［M］. 北京：人民出版社 . 2009：550.

1. 初中道德与法治课程教学现状

中共中央、国务院印发的《关于全面加强新时代大中小学劳动教育的意见》中指出，初中要注重围绕增加劳动知识、技能，加强家政学习，开展社区服务，适当参加生产劳动，使学生初步养成认真负责、吃苦耐劳的品质和职业意识。这是针对不同学段确定的劳动教育的内容要求，也是初中阶段具体的劳动教育目标。通过开展劳动教育，使学生收获劳动知识，提高劳动实践能力，逐渐培养起美好的道德品质。而道德与法治学科作为劳动教育的关键阵地，无疑在劳动教育中具有重要作用。然而，从当前教学的实际情况看，应试教育仍然占据重要位置。在道德与法治课程教学中，一些教师不够重视劳动教育的态度，在一定程度上，对学生有潜移默化的影响。另一方面，随着时代的发展，学生在其成长环境的制约下，或者在其父母唯分数论的偏差引导下，难以认识到劳动对其当下与未来人生的重要意义。这使得加强劳动教育必要而紧迫，将劳动教育渗透进道德与法治教学势在必行。

2. 渗透劳动教育的初中道德与法治教学策略探究

（1）对接生活，挖掘劳动教育的素材

劳动教育离不开学生真实的生活环境和已有的生活经验，离不开学生自己的所见与亲身的经历。离开学生的生活，劳动教育就会成为无源之水，没有来处，也不知归于何处。其实，以前的年代，劳动教育并没有被特意强调，也没有被列入教育体系，但是，劳动教育却在孩子的生活中每天都在发生。这正是因为在那时候，劳动教育与孩子的生活是密不可分的。在比较艰苦的生活条件下，孩子们会懂得要去劳动，也更会劳动。而如今，时代进步，条件更加优越，现在学生的生活和以前学生的生活大不一样，如果教师仍一味以旧年代艰苦的生活作为劳动教育的素材，学生会因为遥远而感觉教师在夸夸其谈，甚至有些学生觉得现在条件好了无须像之前般勤俭节约，最终，劳动教育没有走进学生的心中，也无法融入学生的生活。

因此，时过境迁，如果要在初中道德与法治教学中渗透劳动教育，教师就要去了解学生的生活，并从当代学生的生活环境、生活经验中，去挖掘新的劳动教育素材，实现劳动教育与学生生活的对接，才能打开劳动教育的窗口。

在“我对谁负责　谁对我负责”的教学中，我会结合学生的日常生活，列出四个场景，让学生思考对应的这些责任来自哪里。场景一：答应朋友照顾好小盆栽的红红定期给盆栽浇水。场景二：作为家庭成员，尊老爱幼，主动承担家务。场景三：张老师尽心尽力教书育人，耐心辅导学生。场景四：顾客遵守商场秩序，排队付款，收银员礼貌收银。分别在个人、家庭、学校、社会四个领域选取与学生生活密切相关的场景，让学生感受到生活的正常运行离不开每个人通过自己的劳动，承担起相应的责任。进一步思考可得出，责任是一个人分内应该做的事，承担责任需要我们愿意去付出自己的劳动，通过自己的劳动做出行动，我们绝不能将责任感停留在口头上，由此来培养学生正确的责任意识和劳动意识。

（2）创设情境，营造劳动教育的氛围

劳动教育不是抽象的，而是具体的、鲜活的。初中的学生，从注意力这项品质的发展程度来看，有意注意的发展还不成熟，抽象的事物较难引起他们的兴趣。因此，如果只是抽象地呈现劳动知识，缺乏具体的情境，往往会让学生觉得呆板无味，或者干涩难懂，无法激发学生的兴趣和探索的欲望。如此下去，劳动知识将沦落为空洞的大道理，学生缺乏情感上的认同，在行为上将更难落实，这对于重意识更重实践的劳动教育而言，无疑将会陷入本末倒置的尴尬境地。

劳动教育的发生离不开良好的心理氛围，因此，为劳动教育创设的情境除了要有厚度，还要有温度。有厚度的情境蕴含对立统一，耐人寻味，可挖掘性会更强。运用有厚度的情境，有利于在发散思维和矛盾思维中推动学生对劳动教育的理解，从而构建劳动教育的理性氛围。而有温度的情境，是真实新鲜、具体可感的。创设有温度的情境，营造有利于劳动教育的感性氛围，可以拉近当代学生与劳动教育的距离，为劳动教育的发生创造契机。因此有厚度、有温度的情境，才能使劳动教育不仅能说服学生，更能打动学生，从而推动劳动意识落实到实际行动中。

在“我对谁负责　谁对我负责”的教学中，可以结合今年新型冠状病毒肺炎疫情的时政新闻创设情境，展示有关众志成城抗击疫情的场景：广大医护人员冲锋在前，支援武汉；供电公司加强调度，保障供电安全；建筑工人加紧施工，日夜不停建造方舱医院。通过视频和图片，以情动人，学生可以感受到：有无数的人在自己的岗位上用辛勤的劳动，兢兢业业，竭尽全力地对自己、对他人、对社会负责。接着引导学生分析三个情境的不同之处，学生可以发现：

角色不同责任不同，医护人员、供电公司职工、建筑工人们通过不同的劳动方式，承担起他们相应的责任，进一步感悟到劳动无贵贱，每一份劳动都值得被尊重。从而培养学生热爱劳动，尊重劳动成果，尊重每一位劳动者的优秀品质。

（3）付诸行动，体验劳动教育的快乐

劳动教育重意识更重实践，只有通过实践，才能真正提高学生的劳动能力。学生在体验劳动快乐的实践过程中，也将进一步强化劳动意识，深化劳动情感。反之，脱离实践的劳动教育，缺乏学生的亲身经历和体验而显得单薄苍白，最终在学生头脑中只剩下劳动知识。这样的劳动教育和智育又有何区别，长此以往，劳动教育仍摆脱不了被淡化的命运。

为了让学生将劳动意识付诸行动，教师要尽可能挖掘学生日常生活中的劳动机会，其中，对于初中学生来说，家庭生活是一个非常重要的领域。因为当下仍有相当一部分家长对劳动教育不够重视，觉得孩子“一心只读圣贤书”即可，在这些家长眼中，劳力者低下，劳心者高尚，这种有失偏颇的劳动观念不利于劳动教育的展开，对孩子全面发展也有负面的影响。再者，又有部分家长由于孩子是独生子女，对孩子的饮食起居样样包办代替，这在一定程度上剥夺了孩子的劳动机会，使孩子的劳动能力得不到锻炼。因此，对于劳动教育而言，家校合力十分必要，否则，便会破坏劳动教育的一致性和连贯性，最终影响劳动教育的效果。

在“我对谁负责　谁对我负责”的教学中，本课将设计“我劳动我光荣，我尽责我快乐（家庭篇）”的活动，目的在于引导学生在实际行动中培养责任感，同时，提升劳动能力，养成劳动习惯。在活动中，学生需要每天在家中完成一件力所能及的劳动，可以是整理自己的房间，也可以是扫地拖地，或者是帮父母长辈按按肩膀等，只要是通过自己的实际行动承担起家庭一员的责任即可，并坚持21天，慢慢养成劳动习惯。因此，课堂上，让学生先列一个表格，包含标题、日期、我的劳动、我的责任、他人评价、我的感受等，以便于活动开始后每天的记录。教师可以对这一活动分阶段进行成果展示，及时给予点评反馈，从而推动学生在教师、父母的共同关注下坚持打卡。学生在这一活动中，通过每天的劳动实践，不断提高责任意识和责任能力，同时，体验劳动的辛苦，收获劳动的成果，品尝劳动的快乐，成为一个热爱劳动并且掌握必备劳动能力的中学生。

因此，为了改善劳动教育被淡化的现状，首先，教育者要对劳动教育有足够的重视，要有一定的劳动教育意识；其次，还要进一步将劳动教育渗透进日常教学之中。而在道德与法治教学中，不断探索有关的教学策略，有目的地促进学生提高劳动能力，涵养劳动品格，是作为一名道德与法治教师义不容辞的责任。

专题探讨：高中思政课堂中渗透劳动教育的理路与实践[①]

平凡孕育伟大，劳动创造价值，生活的美好，社会的进步，无不源于平凡艰辛的劳动。思政课堂教学渗透劳动教育就是要在劳动教育中培养学生的思想政治学科核心素养，引导学生树立正确的劳动观念和劳动态度、热爱劳动和劳动人民、养成劳动习惯，做新时代的优秀劳动者。

2018 年习近平总书记在全国教育大会上发表重要讲话，指出“要在学生中弘扬劳动精神，教育引导学生崇尚劳动、尊重劳动，懂得劳动最光荣、劳动最崇高、劳动最伟大、劳动最美丽的道理，长大后能够辛勤劳动、诚实劳动、创造性劳动”[②]。2020 年 3 月 28 日中共中央、国务院印发了《关于全面加强新时代大中小学劳动教育的意见》，指出劳动教育是中国特色社会主义教育制度的重要内容，要把劳动教育纳入人才培养全过程，再次强调了劳动教育的重要性。[③]思政课堂教学渗透劳动教育就是要在劳动教育中培养学生的思想政治学科核心素养，引导学生树立正确的劳动观念和劳动态度、热爱劳动和劳动人民、养成劳动习惯，成为真正的优秀劳动者。那么，如何渗透劳动教育？我结合自我教育教学实践，以高三时政专题《新时代的劳动者》一课为例，就此谈谈感悟与大家共享。

---

① 作者简介：代淑言，陕西师范大学学士学位，狮山高级中学政治学科二级教师，主要从事中学政治学科教学与研究。

② 习近平：坚持中国特色社会主义教育发展道路，培养德智体美劳全面发展的社会主义建设者和接班人［EB/OL］. 人民网，2018-09-10.

③ 黄頔. 中共中央国务院关于全面加强新时代大中小学劳动教育的意见［EB/OL］. 新华网，2020-03-28.

1. 创设劳动教育情境

劳动教育要回归劳动生活本真，把思政小课堂同社会大课堂结合起来，积极寻找教材理论知识与社会热点、焦点的结合点，引导学生体验生活感悟、获得生活启发、提升生活能力。在本课教学中，我以袁隆平获得“未来科学大奖”时政热点导入，创设真实情境：2018 年 11 月 18 日的夜晚，属于“中国杂交水稻之父”袁隆平。在北京的未来科学大奖颁奖典礼上，这位老人获得了 100 万美元的奖金。在观看了振奋人心的颁奖视频后，学生顿时沉浸在一种对这位高龄劳动者的无比崇拜又无比好奇的复杂情绪中。然而当屏幕上出现这段文字时，学生则陷入了沉思：袁隆平获得未来科学大奖的消息迅速湮没在流量明星的种种热搜绯闻里，几乎无人提及，无人关心。当今社会还普遍存在对体力劳动、低薪职业的鄙视，人们的职业选择向“钱”“轻松”看齐，“明星”“老板”等经济收入不菲，成为许多青少年的向往……学生静静地听着、看着、思考着，明显有所触动。

2. 确定劳动教育议题

议题是课堂研究的主题，不能纯理论性，应生活化；不能离学生生活太远，要紧扣教学主要内容。① 针对上面劳动教育的学习情境，我让学生思考“同样是劳动者，为什么袁隆平院士和流量明星的被关注度如此悬殊?”“新时代的劳动者需要具备哪些素质?”“如何提高体力劳动者、低薪职业者的社会地位?”从而确定议题范围。再次，确定议题“新时代的劳动者如何实现价值”。这样设计议题，既有效激发学生的课堂兴趣，激励学生深度参与课堂探究，充分激发课堂的生机与活力，又彰显思想政治课堂的生活性、真实性、趣味性。这样，学生才能走出课堂，关注社会，实现理论与实践的统一。

3. 设计劳动教育问题

议题确定后，要进行有针对性的问题设计。教学要以真实材料为依托，以问题为驱动，引导学生运用学科知识完成学科任务。

袁隆平获奖：我只是一个普通的劳动者

---

① 赵广秀．在学科教学中渗透劳动教育［J］．中学政治教学参考，2019（10）：6—7.

段落一

2018年11月18日的夜晚，属于“中国杂交水稻之父”袁隆平。在北京的未来科学大奖颁奖典礼上，这位老人获得了100万美元的奖金。未来科学大奖是由华裔科学家和企业家群体共同发起的民间科学奖励。这一次，网友们却没有“仇富”，反而一边倒地支持：“袁老，就是送七八架私人小飞机也不过分!”

段落二

袁隆平有两个梦，可是为了实践这两个梦，他坚持了半个世纪。这段传奇，起始于吃不饱饭的1960年，“路有饿殍”成为现实的残酷画面。“我亲眼看到过五具饿死的尸体躺在路边。”定格在30岁袁隆平记忆里的画面，他大半辈子都忘不掉！也就是那个时候，幸免于难的他下定决心：一定要解决中国的粮食问题!

段落三

1964年，袁隆平偶然发现了一株生长良好的天然杂交稻，他精心培育了一年，希望第二代会有更好的收获，结果令他大失所望。但这样的结果并没有击垮他，他开始进行人工杂交的实验。这条路，异常艰辛：为了培育杂交稻，袁隆平与团队人员通过数以万计的“逐穗检查”，终于找到了六株成功样板，不过，研究仍然未见曙光。后来，他们用了国内外几百个品种，做了几千个杂交组合，也还是无法取得突破。又是三年过去了，1973年，他终于成功研制出第一代高产杂交水稻。

段落四

中国耕地有限，在仅有的这些耕地里，许多地区的土壤还已经被镉、汞、砷、铜、铅、铬等重金属所污染！就是在这样严峻的条件下，袁隆平一生的钻研，让中国13亿人没有再为粮食发愁，最新的超级杂交水稻亩产量，从50年代的400斤，跨越到了如今的2000多斤！如今的他，更是梦想让全世界都分得一杯美羹，根据估算，如果将50%的传统稻转换成杂水稻，每年全世界的水稻产量将增加1.5亿吨，足以养活4亿人！有多家外国机构想高薪聘他出国工作，但袁隆平却谢绝。

段落五

曾经有记者问，真实的袁隆平是怎样的？回答：他皮肤黝黑，身材瘦小，一看就是多年下田、风吹日晒的结果。下田是真的苦啊！尤其是在湖南的夏季，动辄40度的高温，出去两秒人就要被晒化了。可袁隆平在80多岁的年纪，日出而作，日落还不息，忍受着蚊虫叮咬和酷暑高温，六十年如一日地在农田里做研究。苦吗？苦。可是袁隆平说："我毕生的追求，就是让所有人都远离饥饿。"很难想象，袁隆平出自一个典型的书香门第，他的父亲是东南大学毕业生，母亲是教会学校高才生，而他本人，能讲一口流利的英文，会拉小提琴。

段落六

"我有两个梦，一个是禾下乘凉梦，一个是杂交水稻覆盖全球梦。"袁隆平虽年届高龄，依然保持着"勇攀高峰"的动力。2017 年他带领海水稻的研发团队，到迪拜沙漠实验水稻种植，最高亩产超过了 500 公斤，海水稻成为全球首次在沙漠种植并成功的品种。但此时的袁隆平"心满意足"了吗？恐怕还没有。年近九旬的"老顽童"，还在农田里摆弄稻苗。别人劝他在家颐养天年，他说："要让我不下田，除非田里没有水稻了。"

段落七

在一个人均 GDP 排世界 100 多位的国家，一个奢侈品消费全球第一的国家，一个轿车和葡萄酒销量第一的国家，袁隆平的世界显得那么的小，小到只有他试验田里的水稻。

针对上面所生成的议题，我设置了以下学科跨模块问题：

（1）在新时代的今天，袁隆平身上有哪些素质或精神值得我们学习？这些精神对于培育和弘扬民族精神有何意义？

（2）根据段落①和段落④的内容，结合经济生活的知识说明企业和国家应该如何让劳动者更有尊严和获得感。

（3）根据材料内容，结合哲学生活的知识说明袁隆平院士是如何实现个人价值和社会价值的。

这样跨学科设计问题，从经济、文化到哲学，从个人、企业到国家，不仅帮助学生回忆、巩固了书本知识，还有利于提升学生的思维能力，培育学生的核心素养。

4. 搭建劳动教育平台

根据金字塔学习理论，传统的"听讲"方式学习效果只有 5%，学习效果在

50%以上的都是团队学习、主动学习和参与学习。① 教师要放心大胆地将舞台和主动权交给学生，给学生提供自主学习的平台，让学生在开放民主的教学氛围中，深入议题讨论，采取自主思考、合作探究方法深度学习。我把上面的问题分派给各个小组，让各小组分工协作。对于比较尖锐的矛盾性问题，放手让学生进行思想观点的碰撞，让学生质疑、辩论、探讨。为学生“搭戏台”，让学生去“唱”，等到有所得，再让学生展示自己小组的观点和看法。学生在探讨中互相纠正，结果是惊喜的：其语言表达能力得到锻炼了，自信心增强了，课堂气氛活跃了，知识生成了，批判思维、创新能力、合作精神和交往技能提高了。

在新时代的今天，袁隆平身上有哪些素质或精神值得我们学习？这些精神对于培育和弘扬民族精神有何意义?”对于第一个问题，学生通过材料都能总结出来“爱岗敬业、勤劳朴素、艰苦奋斗、持之以恒、甘于奉献、精益求精、淡泊名利、心怀祖国、创新精神”等大国工匠精神品质，也能回答出这些精神对于实现中华民族伟大复兴的意义。为了增强理解和说服力，我借助大国工匠“金手天焊”高凤林的视频让学生进一步领悟到“这些精神文化撑起了中华民族发展的脊梁，对于继承和发扬中华民族优秀传统文化，弘扬伟大创造精神、奋斗精神、团结精神、梦想精神，增强国家发展的软实力具有重要意义”。这个问题的回答使学生懂得劳动者要实现价值首先自身必须储备知识，积蓄力量，成为新时代的知识型、技能型、创新型劳动者。

劳动者实现价值不仅需要自身蓄力，更需要企业助力、国家给力。第二个问题就从经济模块的角度对企业和国家如何助力、给力进行了考查。“根据段落一和段落四的内容，结合经济生活的知识说明企业和国家应该如何让劳动者更有尊严和获得感?”学生通过合作探究大多能得出国家应实施积极的就业政策，完善分配制度，企业要营造良好的劳动环境和保障劳动者合法权利等答案。但具体国家是如何完善分配制度来保障劳动者的权益则需要老师的讲解。我微笑着告诉学生：“其实国家从十七大报告提出的‘创造条件让更多群众拥有财产性收入’，到十八大报告强调‘完善劳动、资本、技术、管理等要素按贡献参与分配的初次分配机制，’再到十九大报告指出‘坚持按劳分配原则，完善按要素分配的体制机制’，‘拓宽居民劳动收入和财产性收入渠道’，‘以增加知识价值为

① 张志红．议题引领·情境引思·活动提升［J］．中学政治教学参考，2019（03）：56—57.

导向的分配政策’，‘提高就业质量，让劳动者体面劳动，更有尊严和获得感’等措施都让我们日益感受到每一份劳动都在得到应有的尊重，每一个劳动者的权利都在得到有效的保障。而我们也坚信，随着国家经济发展水平的不断提高，劳动者的工作时间会更稳定、收入会更高，我们会有更可靠的社保、更好的权益保障和更和谐的劳动关系。”

劳动者自身蓄力、企业助力、国家给力，劳动者才能更好地实现人生价值，那么从哲学的角度来看，袁隆平院士是如何实现个人价值和社会价值的呢？针对第三个问题，学生不到三分钟就根据原理，结合材料开启了“主唱”模式：袁隆平院士在劳动和奉献中创造了价值，在个人和社会的统一中实现了价值，在砥砺自我中走向成功。通过对这个问题的分析和思考，学生对“劳动”有了充分的理解：劳动不只是辛苦的，还有收获、喜悦和人生价值的实现，无论是体力劳动还是脑力劳动，无论是明星演员还是普通大众，只要付出劳动就最光荣！所有的劳动者都为社会做出了贡献，都值得被尊重！

5. 利用劳动教育资源

（1）教材资源

思想政治课教材有很多劳动教育资源。《经济生活》第二单元的生产与消费、基本经济制度、企业、新时代的劳动者，第三单元的分配方式、社会公平、财政、税收等都与劳动者的经济意识有关；《政治生活》第一单元的公民与人民，第二单元的政府，第三单元的民主政治，第四单元的国家和国际组织都与劳动者的政治素养有关；《文化生活》第三单元的中华文化与民族精神，第四单元的社会主义核心价值观、理想信念和思想道德建设都与劳动者的文化素养有关；《生活与哲学》中的实践观、人生价值观为学生指明人生方向。

（2）社会资源

社会中处处可见劳动者，如清洁工人、宿管大妈、食堂阿姨、建筑工人等。我们都可以将这些教学资源进入课堂，使学生培养劳动精神、树立劳动意识、养成劳动习惯。

有一种美叫劳动美，有一种精神叫劳动精神。幸福生活只有通过辛勤劳动才能获得。在中华民族实现伟大复兴的关键时期，我们教育工作者要坚持在学科教学中渗透劳动教育，引导学生尊重劳动、热爱劳动、崇尚劳动，为社会培养一批又一批新时代的优秀劳动者！

课程融入：道德与法治课与中学生劳动教育的互通[①]

劳动是一切财富的源泉和动力，切实加强劳动教育，努力把广大青少年培养成勤于劳动、善于劳动、热爱劳动的高素质劳动者，是新时代党和国家对教育的根本要求，也是道德与法治学科的目标之一。

加强学生劳动和劳动教育的管理，是实施素质教育的重要措施。道德与法治课是一门思想性和实践性相统一的学科，具有育人功能。因此，在对学生进行劳动教育方面，有着特殊的地位。加强道德与法治课对学生的劳动教育，不但可以培养学生的劳动意识，使学生领悟劳动对人生、社会的意义，而且也有利于提高学生的劳动能力，养成劳动习惯。本文将基于道德与法治课探讨中学生劳动教育的相关问题。

1. 道德与法治课对中学生劳动教育的定义

道德与法治课对中学生的劳动教育，是指教师根据道德与法治学科的课程理念、特点，结合教材内容和学生的实际情况，通过不同的途径、采取不同的教学方式对学生进行劳动教育，旨在帮助学生形成良好的劳动观念，树立劳动意识，提高劳动能力，并在实际生活中以热爱劳动为荣。它在学生劳动教育方面不仅设置了专门的课题，而且也渗透在不同的学科内容之中，也就是说道德与法治课对中学生劳动教育的目标不是通过一堂课就能够完成的，它是一个长期反复的教育过程，是需要在实践中不断地培养和提高的过程。

---

① 作者简介：梁秋影，教育学士，佛山市第十四中学政治学科教师，主要从事中学政治教学与研究。

2. 道德与法治课对中学生劳动教育的特点

（1）综合性

道德与法治课在劳动教育方面，不仅要培养学生的劳动意识，而且承担着提高学生劳动能力的重任。对学生的劳动能力的培养也不局限于学校，也需要联合社会、家庭进行共同的教育，具有综合性的特点。课堂上教师除了向学生传授劳动的内容，从思想上加深学生对劳动的认识，培养学生的劳动观念之外，教师还需要通过各种各样的途径，为学生创造劳动的机会，让学生在劳动实践方面也得到锻炼。

（2）情感性

道德与法治课对中学生的劳动教育，不是简单的体力劳动能力或者固定化的劳动习惯的培养，也不是劳动结果的展示，而是伴随着思想上的丰富和情感上的体验，并且注重劳动教育过程中学生的劳动创新能力的提高。它在开展学生劳动教育上，第一，要使用多样的教学方式培养学生的情感态度价值观，即学生知道了劳动的意义、价值，逐渐地形成劳动意识，以热爱劳动为荣。第二，教师也要教育学生，在劳动的过程中，懂得享受劳动给个人带来的主观情感体验，或苦或乐，这样，学生也会感悟到劳动并不是如机器般的简单运作过程，而是人有意识的实践体验。第三，引导学生带着思考去劳动，在劳动过程中加入自己的想法，并鼓励和指导学生在劳动中大胆创新、勇于创新、敢于超越前人，提高学生创造性劳动的能力。“稳固的劳动情感一旦产生，有助于中学生更快、更自觉地将‘爱劳动、要劳动’转化为其内在意识，真正做到在劳动中学习，在劳动中创造”①。

（3）时代性

道德与法治本身就是一门时政性很强的学科，对学生进行劳动教育更是需要结合时代特征和需要开展的，劳动教育不仅仅是对历史流传下来的劳动技术进行代代相传的过程，劳动教育涉及的方面深远且广泛，每个时代都具有其特定的劳动特征、劳动方式，因此教师在教育中可以充分利用具有时代特征的素材、资源，学生才能够更加容易地吸收，接受劳动教育。

---

① 李超．当代中学生的劳动意识教育研究［D］. 湖南师范大学，2015：11—12.

3. 道德与法治课对中学生劳动教育中存在的问题

（1）局限于单一课题，缺乏经常性的渗透教育

初中道德与法治教材，对劳动进行专门论述的内容是很少的，教师除了在某一节课对学生进行劳动教育，在平常的教学中很少再去强化，显然，这种短暂性的教育，对学生的影响缺乏深刻性，再加之劳动教育是带有复杂性的，“劳动教育要想取得一定的成果，就必须要对学生进行经常性的、持续不断的劳动教育。只有经常不断地劳动，才能丰富精神生活”①。对于学生来说，不管是处于哪个时间段，劳动意识和劳动能力都在给他们的学习、生活、成长带来影响，然而现状就是道德与法治教学很少有经常性的渗透教育，这就造成学生的劳动意识和劳动教育因为没有得到一定时期的引导和强化而被动减弱。所以单单依靠单一课题对学生进行劳动教育，就使得道德与法治课堂在培养学生劳动观念、提高劳动能力和养成劳动习惯方面的成果并不突出，劳动教育效果不理想。

（2）注重传授知识，忽视培养劳动意识和提高劳动实践能力

长期受应试教育的影响，即使在提倡素质教育的教育背景下，道德与法治课还是会受到传统灌输式教学的影响，没有完全地重视学生三维目标的培养，这就造成对学生的劳动教育，依旧是倾向于学生对劳动相关知识的掌握和熟练程度，而忽视培养学生的劳动意识。“新时代劳动教育应该以丰富学生的劳动体验为基本实施理念，即让学生在实践中，锻炼劳动能力，逐渐形成良好的劳动习惯。”② 然而学生的劳动教育，还更多地停留在知识层面上，没有通过举办相应的活动，带领学生参加劳动实践，使学生在实际的劳动中受启发、教育，这种劳动教育就会变成形式上的教育，很难得到理想的教育效果。

4. 道德与法治课对中学生劳动教育的途径和方法

（1）挖掘教材内容，渗透劳动意识教育

道德与法治课在培养学生树立正确的意识观念、良好的思想品德方面发挥着重要的作用。在课堂中，教师可以根据教材内容，借机对学生进行劳动教育，

---

① 朱博．苏霍姆林斯基劳动教育思想研究［D］．华中师范大学，2018：23—24.

② 易臻真，王洋．以社会实践承载新时代劳动教育的价值与使命——以上海市曹杨第二中学劳动教育课程链为例［J］．教育发展研究，2019，38（10）：30—35.

使学生明白劳动对个人、社会的意义，树立劳动意识，以热爱劳动为荣。教材八年级上册《天下兴亡，匹夫有责》，就对“劳动”进行专门的论述，教师可以围绕“劳动”进行分析和探究，科学系统地对学生进行劳动教育，学生也能够在学习中意识到劳动的重要性，感悟到梦想变成现实需要付出辛勤和汗水。但是学生的劳动意识教育并不是一个专题就能完成的，它更注重在平时课堂的渗透教育，例如在学习《坚持改革开放》中，学生不仅仅是要学习改革开放的内容，教师也要让学生明白，我国改革开放以来取得的成就更多是依靠广大人民群众积极参与社会劳动、创造劳动得来的，这样，学生的劳动意识也会得到进一步的提高。劳动教育是一个过程，具有长期性的特点，所以需要课堂上不断地渗透，才会取得更好的教育效果。

（2）结合学科内容，达成教育一致，创造劳动机会

中学生的生活和学习受到多方面环境的影响，这就说明中学的劳动教育是需要依靠教育合力的。道德与法治课学科，并不是孤立的，它涉及的范围是方方面面的，特别是在提高学生实践劳动能力方面，仅仅依靠学校单方面的力量是不够的，还需要社会、社区、家庭的共同配合和支持。因此，在教学中，教师可以根据教材内容和实际情况，加强与社会相关部门或者家长的沟通，形成教育一致观念，选择性地为学生创造劳动的机会。“例如，学习《亲情之爱》，学生在课堂上感悟父母对儿女的无私关爱，掌握和父母沟通、传递爱的技能技巧，但缺乏真正意义上的行动，教师需要联系家长，对家长进行观念的强化，使家校一致，共同配合，将对学生的劳动教育扎扎实实地落到实处，在家庭中给学生创造劳动机会，帮助学生在潜移默化中提高劳动意识和劳动习惯。”①

（3）举办社会实践活动，学生在集体劳动中感悟劳动的意义

初中道德与法治课在培养学生劳动意识的同时，应更加注重通过社会实践活动培养学生的劳动能力，使学生在劳动中进一步得到情感上的体验。特别是集体劳动，更有利于激发学生的积极性、参与性，并能够从中感悟到劳动的意义和价值。因此，教师有必要适当地举办相应的社会实践活动，根据当地的条件和学生的劳动意识状况，分批地或者选择性地引领部分学生集体参与到社会实践劳动中。例如学习《服务社会》，在学生理解了服务社会的意义、知道如何服务社会、树立服务社会意识的基础上，教师可以组织学生到当地敬老院照料

① 马东琴．论中学劳动教育存在的问题及解决对策［D］．内蒙古师范大学，2013：27—28.

老人、清洁社区卫生等等。学生通过亲身的体验，领悟劳动在为社会服务中带来的意义和情感体验，可以进一步地提高学生的劳动意识。

5. 总结

道德与法治课堂不管是从思想上还是实践上对中学生劳动教育的途径和形式是多种多样的，它需要教师深入地探究和发现，并在教学过程中不断地创新。

政策剖析：浅谈新时代劳动教育的实施现状与路径①

劳动是人类社会存在和发展的基本前提。开展劳动教育有利于新时代中国特色社会主义事业的建设和发展，有利于培养中学生正确的劳动价值观，在全社会形成一种尊重劳动、崇尚劳动、热爱劳动的风尚。但同时，当前的劳动教育也存在一些问题和不足，针对现存的问题提出相应的解决方案和措施刻不容缓。

劳动是一个历久弥新的话题，不同时期的劳动有着不同的劳动形态和样式。改革开放四十多年来，劳动教育虽从制度层面和政策层面上受到了极大的重视。但在实际的执行过程中却仍然在很大程度上存在“流于形式”、不被重视、边缘化、知识化等问题，劳动教育的道路任重而道远。

1. 新时代劳动教育的内涵和外延

劳动是人“之所以为人”的一个根本属性，也是区分人与动物乃至其他生物的一个本质特征。《现代汉语词典》将劳动解释为“创造一切物质财富或精神财富的活动”。但我们所理解的一般意义上的“劳动”主要指的是“体力劳动”，或是“从事体力劳动”。在马克思主义劳动观中，劳动又被分为体力劳动和脑力劳动、简单劳动和复杂劳动、生产性劳动和服务性劳动等。

事实上，作为一种施加于对象世界的活动，劳动在不同的时期有不同的内涵。在农耕时代，劳动主要指的是体力劳动；在工业文明时代，体力劳动与脑力劳动并重；在知识信息时代，越来越强调脑力劳动、精神劳动以及服务性劳动等，体力劳动则逐渐沦为底层劳动。

---

① 作者简介：向娟，佛山科学技术学院教育硕士，主要从事中学政治学科教学与研究。

那么何为劳动教育呢？简而言之，劳动教育就是关于劳动态度、劳动习惯、劳动素质以及劳动能力的一切指导和培育活动。随着时代的发展，劳动教育不再仅仅限于劳动习惯、劳动态度、劳动能力的培养，其内涵随着时代发展不断地丰富，延伸到劳动认知、劳动价值观以及劳动知识和技能的培养等方面。

2. 开展劳动教育的必要性

加强劳动教育不仅仅是从国家层面上对教育方针和政策的一个贯彻落实，也是从社会层面上对一个民族优良传统的继承，更是时代发展对人才培养提出的要求。因而，在新时代下，加强劳动教育显得尤为迫切和重要。

（1）贯彻党和国家教育方针，落实立德树人根本任务的要求

2017年10月，习近平在党的十九大报告中指出："弘扬劳模精神和工匠精神，营造劳动光荣的社会风尚和精益求精的敬业风气。"① 2018年9月，习近平总书记在全国教育大会上提出要"培养德智体美劳全面发展的社会主义建设者和接班人"②。2020年3月，中共中央、国务院又发布了《关于全面加强新时代大中小学劳动教育的意见》。这一系列的文件体现了党和国家对劳动教育的高度重视。无论是劳模精神还是工匠精神，其实质都是一种专心致志、精益求精的劳动精神的体现。而德智体美劳全面发展更是我国对人才培养以及对未来社会主义建设者和接班人的一种最基本的综合素质的要求。因而，在新时代背景下，加强劳动教育是对党和国家教育方针的具体贯彻和落实。

（2）传承中华民族优良传统的必然要求

一个民族的优良传统体现了该民族的精神内核。劳动作为中华民族的优良传统之一，体现了我们民族之所以生生不息的一个重要法宝——劳动。劳动创造了人，同时人又通过劳动创造了社会。可以说，我们今天的一切都是劳动人民通过勤劳的双手创造出来的。因而，无论时代怎样变迁，我们赖以生存的法宝都不能丢。劳动教育在任何时候都不会过时，作为中华民族的优良传统之一，我们有责任也有义务将其传承下去。

---

① 习近平．在中国共产党第十九次代表大会上的报告［M］．北京：人民出版社，2017：31.

② 习近平在全国教育大会上强调：坚持中国特色社会主义教育发展道路　培养德智体美劳全面发展的社会主义建设者和接班人［N］．人民日报，2018-09-11（01）．

（3）劳动教育是培育时代新人的必要途径

新时代是劳动的时代，也是奋斗的时代。中华民族伟大复兴的中国梦以及两个一百年奋斗目标的实现都离不开劳动和奋斗。而加强劳动教育是提高劳动者知识和技能水平最直接有效的途径，劳动教育直接体现了社会主义建设者和接班人的劳动精神风貌和劳动状态以及劳动的知识和技能水平。为此，必须对肩负民族复兴大任的时代新人进行劳动教育的培养。

（4）补齐教育短板，五育并行的内在要求

作为中国特色社会主义教育制度的重要内容之一，开展劳动教育是进行德智体美劳“五育”并举的一项重要措施。在我国以往的教育实践中，劳动教育很多时候都近乎处于一种“缺位”的状态，由此带来了综合素质教育中的“短板效应”。在新时代背景下，加强劳动教育既可以补教育中的“短板”，又可以帮助学生理解并形成马克思主义劳动观，牢固“树立劳动最光荣、劳动最崇高、劳动最伟大、劳动最美丽”的劳动价值观。①

3. 新时代劳动教育的现状

由于各方面的原因，当前我国中学劳动教育的现状仍不容乐观。虽然国家大力倡导劳动教育，强调劳动的重要性，但在实际操作过程中，劳动教育仍在很大程度上流于形式、落实不够，存在被忽视、被边缘化、停留于知识层面等问题。

（1）劳动教育普遍不受重视，被淡化

从社会层面来看，随着科学技术的发展和社会的进步，我国进入人工智能时代，以智能机器为代表的人工智能取代了人类大部分的简单体力劳动以及相当一部分的复杂脑力劳动。因此，很多人认为，在人工智能时代有了智能机器，人也就没有必要再去劳动了。另外，在学校教育应试教育的大环境下，由于中（高）考没有劳动教育科目的要求，学生学业时间不够等，所以劳动教育也未引起老师和学生的重视。最后，在家庭教育环境中，由于现在的很多子女都是独生子女，因而父母不舍得让孩子又苦又累地去干活等等。在众多合力因素的影响下，传统的劳动教育未得到重视，甚至被忽视。

① 习近平．给中国劳动关系学院劳模本科班学员的回信［N］．人民日报，2018-05-01（01）．

（2）劳动教育处于“失语”状态，被边缘化

在学校教育中，受应试教育的影响，劳动教育处于一种“失语”的状态。一方面，迫于考试的压力和紧张的学业时间，学生很少有时间和机会参加社会劳动活动，在校园里的劳动也是少之又少，仅限于擦黑板、扫地做清洁等；另一方面，学校教育在课程安排上很少特意对劳动教育进行排课，所以也就很少有机会能够组织、带领学生开展相关的劳动活动。这就导致了劳动教育逐渐处于一种被边缘化的状态，成为德智体美劳“五育”中的短板。

（3）劳动教育缺少与实践的结合，被知识化

《尚书·无逸篇》说：“不知稼穑之艰难，乃逸乃谚。”在今天，“不知稼穑”之人并不少见，把稻谷当小麦、高粱当玉米等也并不是件稀奇事儿。但归咎起来，还是劳动教育的“缺位”，使得教育仅停留在“纸上”。我们可能从小就会背“田家少闲月，五月人倍忙”，也会背“谁知盘中餐，粒粒皆辛苦”，但却不知道五月人忙的是什么，粒粒餐究竟有多辛苦。在这种知识层面的劳动教育下，我们培养出来的是一些能吟会诵，有相关劳动知识却无劳动常识和技能的“书生”，而非综合素质全面发展的社会主义建设型“人才”。

4. 新时代劳动教育的实现路径

面对劳动教育被淡化、边缘化、知识化的现状，我们亟待探索出一些新的路径来贯彻落实劳动教育。在新时代下，我们主要可以从以下几个方面去探索和思考关于劳动教育的现实出路。

（1）转变观念，重新审视劳动教育的重要性

在新时代，科学技术的迅猛发展使得很大一部分重复、简单的体力劳动被人工智能等新兴技术所取代，因而部分人觉得新时代的劳动教育不再必要，那些劳动有技术的支持和助力就可以轻松完成。实则不然，无论是农耕时代的“耕读传家久”，还是现代社会的“劳动创造幸福”，都无一不在宣扬劳动的地位和价值。时代在变，劳动的形式也在变，但劳动的精神内核没变。苏霍姆林斯基说过：“劳动，只有劳动，才是一个人全面发展的基础。”① 可见，劳动对于我们个人成长与发展的重要性。因此，在新时代，我要用新的眼光审视劳动教育的重要性，赋予劳动教育时代内涵，尊重劳动、重视劳动、热爱劳动、敬

① 苏霍姆林斯基选集（五卷本）：第5卷［M］. 北京：教育科学出版社，2016：209.

畏劳动。

（2）改革学校教育课程体系，增设相关学科课程

学校教育是系统性、理论化的教育，担负着为国家和社会培养合格建设者和接班人的主要重任。针对当前学校教育课程体系的现状，可以适当地增设一些关于劳动教育的主题班会课或者通识选修课，并利用好当地的教学资源，根据当地的特色因地制宜，自主开展一些有特色、多样化的劳动教育。比如，当地园艺业发达的可以带领学生学习园艺培植、插花；陶瓷业发达地区可以带领学生自己动手学做陶艺，提高动手能力；非物质文化遗产传播地区可以带领学生参加一些剪纸之类的非物质文化活动；另外，还可以利用植树节的时候植树，劳动节的时候给学生布置一些学厨艺之类的作业来指导学生参与各种实践活动，在劳动中实现自身价值，体验劳动带来的幸福感、满足感与成就感。

（3）根据学生成长阶段，将劳动教育与实践相结合

劳动教育只有融入实践才能发挥其最佳效果。党的教育方针明确提出劳动教育要与生产劳动和社会实践结合起来，要让学生在参加社会活动和劳动实践中深刻感悟劳动的价值和意义。因此，对于中学生的劳动教育不仅仅要从知识层面来传授，更要在实践中加以检验，切实做到将劳动“内化于心、外化于行”。此外，劳动教育还应该根据学生的年龄阶段，循序渐进地开展。比如，在低年级阶段，要开始让学生学会自己穿衣服、背书包、削铅笔等，做一些自己力所能及的事情，让他们从小树立尊重劳动、辛勤劳动的劳动价值观。到了中高年级阶段，就要引导学生主动承担家庭事务，适当地参加一些服务于社区和社会的志愿服务活动或劳动实践，在实践中培养他们吃苦耐劳的精神，增强其社会责任感，提高其劳动技能，使其在劳动中理解“自己动手，丰衣足食”的真谛，在劳动中感悟“一粥一饭当思来之不易”的深刻内涵。

总而言之，在新时代背景下，劳动教育的形式在不断地变化，同时也存在一些问题和不足。为更好地贯彻落实党的教育方针和政策，为社会主义建设培养合格的接班人，更好地弘扬艰苦奋斗等劳动精神，必须坚持走中国特色社会主义劳动教育发展道路，不断加强政策方针的学习和理解，以更好地指导劳动实践。

系统强化：视劳动教育为学生成长过程中的必修课[①]

2020年3月20日，中共中央国务院印发《关于全面加强新时代大中小学劳动教育的意见》规定，本次意见为构建德智体美劳全面培养的教育体系提供可操作的硬指标，如将劳动素养纳入学生综合素质评价体系、规定中学劳动教育课每周不少于1课时等。党的十八大以来，相当一部分学校或教育部门日渐重视劳动教育，开设了劳动教育特色课程，开展了实践性活动。但总体来看，目前各中学劳动教育成果收效甚微、参差不齐，尚未达到以劳树德、增智、强体、育美的最优效果。学校教育应始终把人格的养成放在第一位，否则仅仅注重知识的传授，很可能给社会培养出“危险品”。本文将围绕当前中学劳动教育的现状、意义以及改进的对策展开论述。

1. 当前中学劳动教育的现状

党的十八大以来，坚持培养德智体美全面发展的社会主义建设者和接班人，努力办好人民满意的教育。2020年3月20日，中共中央国务院印发《关于全面加强新时代大中小学劳动教育的意见》（以下简称《意见》），对新时代下的劳动教育做了全面部署和明确要求。劳动教育是与德育、智育、体育、美育相互作用与统一，它具有其他学科不可替代的育人的功能。尽管中学逐渐认识到劳动教育的重要性并开设了相应的课程、组织了相关的活动，但事实上，在“智育至上”思想作祟下，劳动教育在学校里常常被边缘化、片面化，较少具备有计划性、针对性的劳动教育目的和内容。

---

① 作者简介：邢晓琳，法学学士，华光中学政治学科教师，主要从事中学政治学科教学与研究。

（1）各中学对劳动教育的要求贯彻不一

目前，各中学逐渐扭转原先的“重智育、轻体育”，“重知识、轻能力”的局面，认识到劳动教育的重要性并开设了相应的课程与活动，如利用大课间的跑操、广播体操、社团活动等形式进行锻炼，增加劳动实践时间，但在一些地方和学校，劳动教育的时间仍存在着被挤压、随意挪用的情况。有些学校尚未开设劳动课，甚至认为让学生日常轮值、打扫卫生就是劳动教育了，没有将劳动价值观、劳动态度培养与劳动能力的培养有机统一起来。

（2）家庭教育未能与学校教育达成合力

劳动教育是一项系统工程，需要家庭、学校、社会等多方合力。国家“鼓励和支持青年参与社会实践和公益服务，推动理论学习与劳动实践相结合”①。目前，在家庭教育中，一些家长在望子成龙、望女成凤的家教观念影响下，劳动教育在家庭中被软化。相当一部分青少年劳动观念淡薄，除了追求学习成绩外，不善于料理自己。而这样的教育培养出来的更多是“高分低能者”甚至是“精致利己主义者”。

《意见》还特别指出，家庭要发挥在劳动教育中的基础作用。注重抓住衣食住行等日常生活中的劳动实践机会，鼓励孩子自觉参与、自己动手，随时随地、坚持不懈地进行劳动，掌握洗衣做饭等必要的家务劳动技能，每年有针对性地学会1至2项生活技能。② 因此，在家庭教育中绝不可忽视劳动教育，应创设充分的条件给予孩子劳动实践的环境。

（3）劳动教育时间碎片化

劳动教育并不是一个新话题，却是个被不断更新的话题。在劳动教育的内容和形式方面，尽管有家务劳动、公益劳动、义务劳动、生存性劳动、主题劳动等多种形式，但普遍未设计针对性的劳动价值观教育、幸福观教育等。零碎的劳动教育，容易导致学生无法形成系统的劳动认知。当劳动教育时间碎片化，学生很多时候都是在纸上谈兵，教育的多元性和可塑性受到了严重的挑战，学校和家庭如若一直忽视劳动教育，弱化劳动教育，很可能不得不承受其带来的苦果。

---

① 中共中央国务院印发《中长期青年发展规划（2016—2025年）》［N］. 人民日报，2017-04-14（001）.

② 中共中央国务院关于全面加强新时代大中小学劳动教育的意见［N］. 人民日报. 2020-03-20（1）.

现阶段的劳动教育重在形成一种素养，即形成一个系统的劳动能力结构。新时代劳动教育是指在习近平新时代中国特色社会主义思想指导下，以塑造劳动观念、传递劳动知识、传授劳动技能、端正劳动态度和培养劳动习惯等为主要内容。学校要发挥在劳动教育中的主导作用，有目的、有计划地让学生进行劳动，接受锻炼、磨炼意志。

2. 劳动教育对于青少年成长的意义

2020 年是全面建成小康社会和十三五规划的收官之年。正如习近平总书记所言："人类的美好理想，都不可能唾手可得，都离不开筚路蓝缕、手胼足胝的艰苦奋斗。"① 加强中学的劳动教育，是促进青少年的全面发展、实现中华民族伟大复兴颇具意义的事业。

（1）促进青少年的全面发展

随着生活水平的不断提高，在青少年群体中出现了"不想劳动、不会劳动、不珍惜劳动"的现象，他们因怕吃苦受累而逃避体力劳动，因怕担责负责而不担当不作为，因劳动价值观念淡薄而糟蹋劳动成果，这也是劳动教育被淡化、弱化的体现。马克思的全面发展观讲道：建立在个人全面发展和他们共同的、社会的生产能力成为从属于他们的社会财富这一基础上的自由个性。② 因此，切实解决在青少年身上悄然滋生的惰性、自私性和贪婪性，新时代中学劳动观教育显得尤为重要。

教育家苏霍姆林斯基曾说："离开劳动，不可能有真正的教育。"劳动教育是学生成长的必要途径，具有崇高的育人价值。劳动教育的缺位，影响的不仅是学生的实践能力，更重要的是阻碍学生的全面发展。教育的多元性要求学生在系统的文化知识学习外，要进行一些日常生活劳动、生产劳动和服务型劳动。正所谓"在做中学"，成长的基石要一层层夯实。通过实践活动后学生能够更加切实地体会到劳动成果的不易，增进其社会责任担当，才能真正培养学生热爱劳动的高尚道德情操，形成正确的劳动价值观和良好的劳动品质。

（2）增强青少年的意志力

伟大出自平凡，平凡造就伟大。这次新型冠状病毒疫情期间，带给我们最

① 习近平. 在北京大学师生座谈会上的讲话［N］. 人民日报，2018-05-03（002）.

② 马克思恩格斯文集：第 1 卷［M］. 北京：人民出版社，2009：52.

深感动的是那些最平凡的劳动者。他们，有为生命争分夺秒的建设者，有为生命不停奔波的快递员，有为生命不厌其烦的检测员，有为生命绝不怠慢的基层工作者。在这当中，有我们熟悉的钟南山院士、李兰娟院士，更多的是默默奉献的一线人员。这样的劳动精神，能让人拥有面对困难的勇气、冲破黑暗的力量，是每个人都应汲取的成长养分，也是我们的国家能够一次又一次穿越风雨的精神动力。

青少年身上的那股坚韧，是在一次次实践、行动、劳动中形成的，加强劳动教育，对于青少年意志力的培养具有重要意义。意志力薄弱的人遇到挫折后往往未能从正向思考，易走极端。近些年来，青少年群体中自杀、自残率的上升与学校教育一味地追求升学率、忽略身心健康发展不无关系。重视劳动教育，是让青少年在一次次劳动锻炼中不断强化意志力，在一次次实践活动中增强自己的意志韧性，在一次次磨炼中拥有面对困难的勇气、冲破黑暗的力量。

（3）提高学生创造能力

新时代，建设中国特色社会主义现代化强国，必须大力实施创新驱动发展战略，意味着我们的教育要以培养人们创新精神和创新能力为基本价值取向。这对我国教育事业的发展提出了新的更高要求。通过创造性劳动教育，突出培养学生体验和理解生活的能力，以此培育高水平创作人才。比如在教育教学活动环节中，创造良好的文艺创作环境和平台，让学生独立创作、自由创作，感受劳动创造改变生活的体验，来激发学生创造的热情。创造性劳动关乎未来国家技术创新能力、经济发展、人民生活等多方面的质量与水平，学生可以在一次次的创造性劳动中不断增强创新意识、提高创造能力。

3. 加强中学劳动教育的对策

在我国现代教育工作中，尤其是德育工作中，存在着诸多问题，比如重“知识”的记诵，忽略对学生人格的培养、精神境界的提升。学校教育须把人格的养成教育放在第一位。孔子指出：人的本性区别不大，但由于后天所接触到的各方面习性的差别才相互有了差异。① 中学劳动教育是对青少年意志的锻炼、责任感的培养、创新能力的提升，因此中学劳动教育任重道远，势在必行。

① 陈戍国. 四书校注［M］. 长沙：岳麓书社，2004：153.

（1）以劳树德、增智、强体、育美

传统的认知里，常常将劳动教育与智育割裂开来，劳动教育成为我国“五育并举”中的短板弱项。《意见》指出：小学低年级要注重围绕劳动意识的启蒙。小学中高年级要注重围绕卫生、劳动习惯养成。初中要注重围绕增加劳动知识、技能，加强家政学习，开展社区服务，适当参加生产劳动。普通高中要注重围绕丰富职业体验，开展服务性劳动、参加生产劳动。① 如果将劳动教育作为智育的附属品，以功利心去审视劳动教育，难免会坠入“应试教育”的窠臼。新时代劳动教育应充分整合劳动教育资源，突破传统认识，与德育、智育、体育、美育相结合，学生智力发展可为创造性劳动开展提供良好的基础，德育与美育可以提高自身的道德认识，培养道德情感，使学生在良好的情绪和心境下愉快地学习，从而促进学生智力的发展。体育活动的开展正是为劳动技术教育的开展提供健康的体魄。劳动教育实践开展的应是与学生的实际生活密切相关而又力所能及的活动，从而在幸福生活能力的培养中促进学生德智体美劳全面发展

（2）开设“劳动教育”特色课程

在教育中，要将教育融合进一件件可以做的事情之中，渗透在学习一个个生活本领的过程中，这些过程既是教也是学。劳动教育要落到实处首先要给孩子们提供“做”的机会和场所，帮助他们丰富生活体验，提高生活能力。而生活能力强的孩子在面对社会复杂情况时，往往能够处变不惊、应对自如，这就是“教学做合一”成功的证明。因此，学校应成立专业的研究团队，用专业的理论与实践指导为劳动教育的开展提供方法论，让劳动教育特色课程以专业兴趣社团、兴趣课程等形式开展。

“是徒知静养，而不用克己功夫也。如此，临事便要倾倒。人须在事上磨，方能立得住，方能‘静亦定，动亦定’。”② 王阳明主张“在事上磨”，也就是在实践中结合。中学教育应结合不同学段的学生特点，设计进阶性的劳动价值观教育、幸福观教育、劳动奋斗教育、珍惜劳动成果教育等。新时代劳动教育研究如雨后春笋般涌现，在这人工智能时代，中学劳动教育不断革新，不再单单

① 中共中央国务院. 关于全面加强新时代大中小学劳动教育的意见［N］. 人民日报. 2020-03-20（1）.

② 王阳明. 传习录［M］. 郑州：中州古籍出版社，2017：59.

拘泥于动手操作能力的培养，而应从根本上注重创造性思维、问题解决能力的培养。

(3) 需要强有力的管理机制

学校要切实承担劳动教育主体责任，明确实施机构和人员，开齐开足劳动教育课程，不得挤占、挪用劳动实践时间。① 让劳动教育成为一门必修课而不是一门选修课，需要学校建立健全强有力的管理机制。

首先，学校要整体优化学校课程设置，形成具有针对性、开放性、实践性的综合课程体系。中学劳动教育课每周不少于1课时，学校要对学生每天课外校外劳动时间做出规定。根据需要编写劳动实践指导手册，明确教学目标、活动设计、工具使用、考核评价、安全保护等劳动教育要求。② 劳动教育课程的专业化是将劳动教育落到实处的切实保障。

其次，《意见》指出：将劳动素养纳入学生综合素质评价体系，制定评价标准，建立激励机制，组织开展劳动技能和劳动成果展示、劳动竞赛等活动，全面客观记录课内外劳动过程和结果，加强实际劳动技能和价值体认情况的考核。③ 这样的一种公示、审核制度是对学生全面发展情况的衡量手段，更是让劳动教育落到实处的重要保障。而在学校监督管理方面应有相应的奖惩，通过举办劳动竞赛、社会实践活动等形式对劳动教育成果进行检验，从而提高教师队伍的劳动教育意识，让劳动教育实践活动真正开展。

最后，学校应引导家长树立正确劳动观念，劳动不应被视为孩子学习的绊脚石。学校通过公众号推文、家长群、家校日活动等形式加强宣传推广劳动教育典型经验，营造全社会关心和支持劳动教育的良好氛围。对家庭而言，首先要让孩子从小接触简单的劳动工作，可宠爱但不可溺爱，从孩子能胜任的劳动能力入手，让劳动伴随孩子成长的整个过程。而不应以孩子学习任务重为由，剥夺他们自己动手的劳动时间。通过家校合作，达成最强合力。

---

① 中共中央国务院关于全面加强新时代大中小学劳动教育的意见 [N]. 人民日报. 2020-03-20 (1).

② 中共中央国务院关于全面加强新时代大中小学劳动教育的意见 [N]. 人民日报. 2020-03-20 (1).

③ 中共中央国务院关于全面加强新时代大中小学劳动教育的意见 [N]. 人民日报. 2020-03-20 (1).

4. 小结

放眼当下，在这个物质化的时代中，更多人志于功名利禄，忽视是非黑白，放弃了精神的追求和做人的根本，教育者作为有境界的社会引领者，因而责任更大，要求更高。在我国现代教育工作中存在着诸多问题，比如重“知识”的记诵，忽略对学生人格的培养、精神境界的提升。劳动教育让青少年在一次次劳动成果展示、劳动竞赛中体会到劳动的价值，在一餐一饭、一丝一线中感受到劳动的滋味，在一次次劳动锻炼中保持充沛的精力，拥有勇往直前、克服困难的勇气，培养百折不挠、坚韧不拔的意志力。劳动教育对人格教育具有不可或缺的引导作用。

钱理群教授提道：精致的、高水平的利己主义者是我们的实用主义、实利主义、虚无主义的教育所培养出来的，这是我们弊端重重的中学教育、大学教育结出的恶果，这是“罂粟花”，美丽而有毒，不能不引起警觉。① 因此，学校教育把人格的养成教育放在第一位，不仅要重视智育，更要重视劳动教育。其中，劳动教育应以培养学生健全人格为首要任务。人的多面性是人格的外在表现，在这背后都有个真实的自我，那便是我们的人格。学校教育一直扮演着全面系统地影响学生的角色。学生人格的养成教育离不开学校的劳动教育，从“马加爵”事件到北大学子吴谢宇弑母案，一系列惨无人道事件的发生，都在警示学校要重视人格的养成教育。道德敬畏感的培养不是一蹴而就，是在教育实践中言传身教，劳动教育给了一个引导学生付诸实践的渠道。教育是民族振兴和社会进步的重要基石，是每个人的生活准备，是青少年走向未来的基石。加强新时代大中小学劳动教育，是新时代国家发展的新要求，更是培养担当民族复兴大任的时代新人的需要。

---

① 钱理群. 北大教授：大学里绝对精致的利己主义［BE/OL］. 搜狐网，2019-01-15.

清单迭代：深化中学居家劳动的思考与思路①

为响应《关于全面加强新时代大中小学劳动教育的意见》的提出，全国各地采取“居家劳动清单”的方式展开了居家劳动教育，对于开展劳动教育有很积极的推动作用，但是也提出几点思考：一、劳动技能的掌握除循序渐进外，应该还要越级挑战、回炉再造；二、劳动品质形成过程中除了快乐还要有辛劳；三、劳动项目具体化外还应日常化；四、劳动要求不应泛化，应该深入细化；五、劳动教育应因地制宜、因时而变、因人而异。

2020 年 3 月，在抗击新冠肺炎疫情，全国绝大部分学生依然“宅家抗疫”期间，中共中央、国务院发布《关于全面加强新时代大中小学劳动教育的意见》，体现出国家对劳动教育的重视，同时更说明了加强劳动教育对实现立德树人目标，培养社会主义事业的建设者与接班人的重要性。

由于绝大部分学生依然因疫情而在家上网课，为响应《意见》的提出，全国各地采取措施展开了居家劳动教育。根据媒体整理报道②，天津市出台《居家劳动指南》，列举了小学生、中学生力所能及的劳动项目③；山东省淄博市临淄区教体局发布《临淄区中小学生家务劳动指南》，以彩绘“劳动指南”的形式，从不同学段不同对象孩子的实际出发，细化中学生劳动教育具体的要求；黑龙江的劳动实践微课堂系列微课，涵盖了手工制作类、营养烹饪类、种植养殖类、清洁整理类、家居维修类五个领域；江苏省鼓励并指导学生参加力所能

---

① 作者简介：何玉芝，教育硕士，顺德区北滘君兰中学德育副主任，中学政治高级教师，主要从事初中道法学科教学与研究，学生德育工作。

② 如何加强劳动教育，培养学生劳动习惯？各地疫情时期推出这些举措［BE/OL］．澎湃新闻网，2020-04-07.

③ 陈欣然．天津出台《中小学生居家劳动指南》［BE/OL］．中国教育新闻网，2020-03-19.

及的居家劳动，从居家卫生、烹调食物、保健清洁等方面制作了宅家抗疫劳动指南……这些做法归纳起来，一个最大的共同点就是以“居家劳动清单”的方式呈现，主要有几大亮点：一是根据学生的年龄段，列出了梯度性的居家劳动目标，指向性强；二是把居家劳动进行了分类，力争全面涵盖；三是提出了更明确要求，例如广东要求每位同学每天完成不少于一小时的居家劳动任务。各地的“居家劳动清单”有具体的任务、生动的形式、明确的要求，对于开展劳动教育都有很积极的推动作用。但是在这里也提出几点思考：

1. 劳动技能的掌握除循序渐进外，还应有越级挑战、回炉再造

各地的“居家劳动清单”都有一个很明显的特点，就是“梯度性”。围绕着《关于全面加强新时代大中小学劳动教育的意见》提出的“针对不同学段、类型学生特点开展劳动教育”的要求，列出学生需要参与的家庭劳动任务，这种做法能让劳动教育不再停留在理论上，而是落到实际生活中，让劳动教育“有章可循”，这是一个优点。但是劳动技能的掌握本身没有明确的界限，而且劳动技能的掌握水平本来就是因人而异的。例如同样是食物的处理，有些学生已经能够达到对初中生的要求——自己做出家常菜，但有些初中生连基本的蔬菜认识都还没能做到，所以，在各种的“居家劳动清单”中，除了强调劳动技能的循序渐进外，还可以鼓励学生进行越级挑战，在达到劳动清单所要求对应的水平后，鼓励学生进一步往高水平发展。

任务清单的编写除了以不同年级为维度列出各个任务的不同难度要求外，可以重新组合，以不同任务为维度，为学生提供不同的难度要求，既能让学生能针对自己特别擅长的项目深入学习发展，也能让已经长大了但相应劳动技能没掌握的学生“回炉再造”。

2. 劳动品质形成过程除了快乐还应有辛劳

习近平总书记说：“人世间的一切幸福都需要靠辛勤的劳动来创造。”① 缺少了“辛勤”的劳动过程不可能创造出“幸福”的劳动成果。在我们现在的劳动教育中，为了能吸引学生积极参与，往往会以比较活泼、快乐的形式开展，

---

① 习近平：人民对美好生活的向往就是我们的奋斗目标 [N]. 人民日报. 2012-11-16 (01).

但是毋庸置疑劳动过程都要出汗出力、动脑动手，假如只是强调劳动的快乐，会让学生忽略了劳动过程中的艰辛，当遇到挫折时容易退缩，不利于劳动品质的形成。因此，开展劳动教育，除了要以有趣的包装来吸引学生兴趣外，还需要对过程监控、组织、评价进行研究，让学生在劳动过程中遇到困难能得到相应的技能指导、精神支持，让劳动的过程拥有“现在所流的汗水，以后都能笑着说出来”的一种畅快淋漓的感受，而不是一个个由于困难中途放弃而拔不出来的大萝卜，成为人生一次次的挫败。古人讲：“一粥一饭，当思来处不易；半丝半缕，恒念物力维艰。”只有经历了劳动过程的苦，才能更明白劳动成果的来之不易，要让学生形成团结合作、坚韧不拔、自强不息的良好劳动品质，必须要更加注重劳动过程的及时有效支持。

3. 劳动项目的具体化外还应日常化

为了让家庭劳动落到实处，各种的“家务劳动清单”都把家务劳动进行了分类。“发布‘劳动清单’有助于使劳动教育不再盲目空泛，而变得更为具体。”① 清单的存在的确可以为居家劳动提供指引，避免了漫无目的、无从下手，但是另一方面，人的劳动可以说是无时无刻无处不在，虽然家务劳动清单与指导意见已经尽量多地涵盖家庭生活中的劳动，但是不可能把所有的家务劳动全覆盖，因此，家长与学生都要认识到“家务劳动清单”这只是基本的劳动入门级的指导，并非做了就等于是一个热爱劳动的好公民。能通过直接参与清单上的劳动项目，得到实际体验，体会劳动艰辛，分享劳动喜悦，从而养成热爱劳动的习惯、主动劳动的态度，达到把劳动融入日常生活变成最平常不过的事情，把劳动教育当作生活教育的组成部分，这才是进行劳动教育的初心所在。

4. 劳动要求不能泛化而应深入细化

“家务劳动清单”列出了不同学段学生要完成的劳动任务，按部就班完成只能解决“有没有做”的问题，甚至不排除有的孩子甚至父母为了完成学校布置的任务而敷衍对待进行“表演性”的劳动。为了完成清单任务而去劳动，只能是一种浅表、泛化的劳动，这样的劳动不能起到真正的教育作用。

真正的劳动教育更看重的应该是“怎样可以通过劳动，让我的生活变得更

① 张涛．劳动有“清单”，教育不“空泛”[N]．兵团日报（汉），2019-05-09（006）．

好”。陶行知先生倡导“教育即生活”，劳动教育其实是生活的教育，把劳动后所能得到的窗明几净的环境与心满意足的感受作为对自己生活的奖赏，让自己的生活通过劳动变成自己理想的模样，这才是劳动的真正乐趣所在。因此，劳动教育更重要的在于教孩子如何从劳动中体验生活的乐趣，在于让孩子们获得持续创造好生活的能力，而非只是泛泛地“做了”“做过”。

在日本，劳动是每一名学生的必修课，要求不但孩子要做，而且要求做细做好。以烹饪为例，我们对初中生要求的是“能够掌握基本的操作流程，认识食材食料、控制食材与活动，会做基础家常菜”，而日本对小学生的要求是制订烹饪计划，清洗烹饪材料，切菜方法，调味方法，盛放方法，餐后收拾方法等，掌握基本的煮、炒等烹饪技巧，学会蒸米饭、做味噌汤，安全卫生使用相关工具。① 其中的要求从劳动前的计划，到过程中的方法和劳动后的收拾都有更为细致的要求，所体现出来的生活品质更为精致。而日本这种对劳动的深入细化所演变出来的日本的整理术已经成为一门影响全球的学问，流行全球的“怦然心动的整理术”“断舍离”等概念，都体现了日式劳动精益求精的匠人之美。

期望我们的“家务劳动清单”在制定或者实际落实过程中，能让学生把劳动做得更深入与细化。

5. 劳动教育应因地制宜、因时而变、因人而异

中国有广袤的疆土，14 亿的人口，56 个民族，在劳动教育中，应该要因地制宜、因时而变、因人而异。城市学生可以在阳台学习种植花草，感受生命的成长与自然的力量，例如中国教育报介绍了杭州市天杭事业学校的郑英老师在班级开展“一米田园”的主题活动，让学生们在家耕耘，做城市农人。“在自家阳台从事一点与农事有关的活动，既感知生命的成长，又是切实的劳动教育”；而农村的孩子在参与农事之余，可以学习城市孩子的居家清洁要求，把家庭整理得更加干净卫生；居家劳动也能因应不同的季节、气候特点开展不同的项目；根据不同的地方资源开设劳动主题，根据学生不同的个性特点与发展兴趣，提供可选择的劳动项目，让我们的孩子有更多更丰富的选择。

习近平总书记指出：“一切劳动者，只要肯学肯干肯钻研，练就一身真本

---

① 胡桃酱．劳动教育怎么做？世界各国的劳动课程一起来看！［BE/OL］．腾讯网，2020-04-20.

领，掌握一手好技术，就能立足岗位成长成才，就都能在劳动中发现广阔的天地，在劳动中体现价值、展现风采、感受快乐。"① 期望广大的青少年能在家庭、学校、社会、自身的共同作用下，提高劳动技能，感受劳动乐趣，形成正确的劳动价值取向。

① 努力建设高素质劳动大军［N］. 人民日报，2020-11-29.

形式创新：时政热点导入劳动教育的思路与方法①

在全国教育大会上，习近平主席发表重要讲话，其中劳动教育更是国家重点推进的工作内容。本文以劳动教育为主题，高三二轮复习为节点，以曾经为学生讲授过的议题式教学案例为内容，探索议题式教学的议题选择原则，并探讨案例的改进方法。

活动型学科课程是2017年版普通高中思想政治课程标准修订的一个亮点，而议题式教学的设计与实施是实现活动型学科课程的重要抓手。新标准中，在对接内容要求的教学提示中，以议题的方式提示课程内容，并提出多种活动建议。教学设计能否反映活动型学科课程的思路，关键在于确定开展活动的议题。所以议题式教学是更具有时代性，更需要抱着积极态度去探索、去钻研的课程实践内容。因此本文在已经开展的议题式教学探索基础上，进行对照和反思。

1. 劳动教育的选题背景

2018年9月10日教师节，在全国教育大会上，习近平总书记讲话指出，要努力构建德智体美劳全面培养的教育体系，形成更高水平的人才培养体系。要在学生中弘扬劳动精神，教育引导学生崇尚劳动、尊重劳动，懂得劳动最光荣、劳动最崇高、劳动最伟大、劳动最美丽的道理，长大后能够辛勤劳动、诚实劳动、创造性劳动。

2019年2月23日中共中央办公厅、国务院办公厅印发了《加快推进教育现代化实施方案（2018—2022年）》（以下简称《实施方案》）。《实施方案》提

① 作者简介：尹佳，佛山市南海区南海执信中学政治学科一级教师，曾获南海区技术能手、青年教师能力大赛一等奖，主要从事中学政治学科教学与研究。

出了推进教育现代化的十项重点任务，其中第一项“实施新时代立德树人工程”提到，大力加强体育美育劳动教育，加强劳动和实践育人。

劳动教育是国家层面大力推进的一项工作，是教育教学的重要内容，更是考试考察的重要内容，因此开展以劳动教育为内容的议题式教学课，具有时代的新作用。笔者认真备课，积极探索，以期能对该知识、该课型的理解有所提升。

2. 议题式教学中议题设置遵循五条原则的具体操作

在2019年2月拜读沈春雪所著《议题式教学简论》一书后，第五章第一节关于议题式教学的设置原则相关内容使我深受启发，结合曾经探索过的关于劳动教育的议题式教学课型进行对照和反思，期待能进一步提升关于议题式教学的经验和方式方法。

（1）真实可议原则：根据真实可议原则，进行议题分类筛选

第一，源于教材与知识。高三二轮复习要求以本（教材）为本，以纲（考试大纲）为纲，挖掘核心知识，构建专题体系，形成知识网络。因此在劳动教育这一主题下，结合文化生活中教育的相关知识、经济生活中劳动价值论、就业、劳动者权利义务、生活与哲学中如何创造和实现人生价值、创新的作用等知识点的框架，以知识为基础进行议题探究，从而满足高三复习对议题式教学课型中的知识与考试要求。

第二，源于生活与学生。议题的主题确定为劳动教育后，通过教师进行信息搜集，发现与劳动和劳动教育相关的案例、课例品类繁多，内容丰富。什么样的课题能够贴近生活，贴近学生，又能引起学生足够的思考？于是精选了“快递小哥”作为议题的讨论人物群体。主要考虑有两点，快递小哥这一群体，是学生日常能够接触，新闻能够了解，而且有很多颇具讨论性的真实案例，符合真实可议原则。

第三，源于历史与热点。今年恰逢改革开放四十周年，中央电视台推出了大型纪录片《四十年四十个第一》于2018年12月12日正式上映。同时也是邮政事业发展的四十周年，国家邮政局推出了很多结合时代特征和暖心故事的宣传片。结合这两个当前的热点更能引起学生共鸣。但是笔者认为，读史使人明志，读史使人增智，政治和历史虽然是不同的学科设置，但是了解五千年的灿烂历史、建国七十周年和改革开放四十周年的历史对于提升学生政治认同和公

共参与是极有意义的。因此结合了中国古代物流的发展史，挖掘议题的深度和广度。

（2）核心指向原则：根据核心指向原则，进行内在逻辑设计

2017 年版的普通高中思想政治课程标准中，指出学科核心素养是学生通过学科学习形成的正确价值观念、必备品格和关键能力。本课根据知识内容设置学科核心素养的教学目标，把学科核心素养的要求融入课堂，形成本课的逻辑主线。内容如下表。

表 1

议题运用资料	授课与考察点	知识模块目标	学科任务目标设置	学科核心素养目标
古代物流的基本情况	劳动	哲学	描述与分类	科学精神
现代物流的基本情况	劳动教育	文化生活	辨析与评价	公共参与
物流分拣 AI 系统	做一名合格劳动者	经济生活	解释与论证	科学精神
课堂生成资料	劳动教育的措施	政治生活、经济生活	预测与选择	法治意识、政治认同

（3）适度封闭原则：根据适度封闭原则，进行学科任务解析

根据思想政治学科四项基本学科任务，确定主要内容和主线，如图 1（思维导图形式呈现在教案与学案中）。下图分别对应了学科任务与具体案例之间的内容，让学生充分了解背景材料中关于议题的内容后，按照学科任务的要求完成指定的思维任务，提出观点，小组讨论，最后进行班级内部的争论和辨析，教师全程只需要负责课堂环节的组织和价值观的引导升华，本课的最终落脚点是弘扬劳动精神，做一名合格的未来劳动者。

（4）深层可探原则：根据深层可探原则，进行社会热点黏合

议题的主要层次和逻辑确定之后，还需要确定各层次可黏合的社会热点。社会热点在高考中主要体现为长效时政热点。

第一，黏合邮政人员辛苦劳动反遭非议、快递小哥爱心救人却遇一星差评和未来无人化 AI 车间综合案例，拓展第一、二议题（知识导向）。训练指向是 2016 年全国 1 卷第 39 题弘扬中华民族精神。题目设问呈现大背景、小切口的特

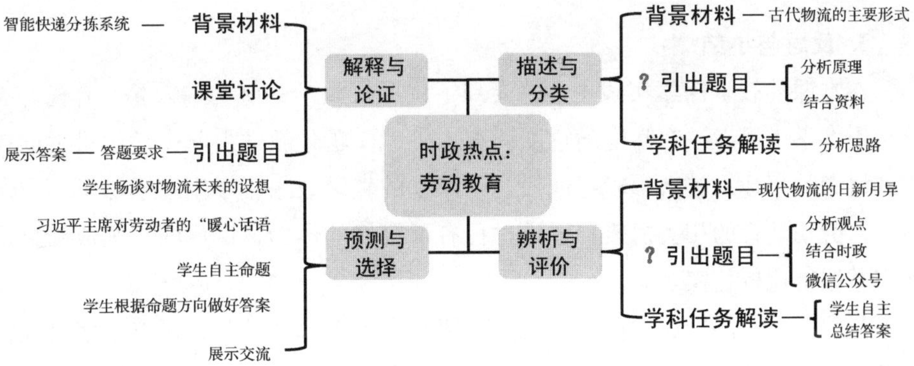

图 1

点，主要考察学生对劳动的认识，考察和分析的角度具有多样性，迁移材料，活化议题，训练学生获取和解读信息的能力，树立热爱劳动、尊重劳动的劳动价值观，崇敬劳动模范，弘扬劳动精神。

第二，黏合邮政发展四十周年的艰辛历程与改革开放四十周年辉煌成就的综合案例，深挖第三、四议题（能力导向）。训练指向 2018 年全国 2 卷第 40 题实践的观点。题目设问呈现大综合、小分类的特点，需要使用调动和运用知识的能力，将所学知识与题目形式和内容建立正确的联系，运用相关知识认识和分析问题，认同中国特色社会主义道路，坚信中国特色社会主义是国家富强、民族振兴、人民幸福的根本保障。

以上两个相关案例，是议题的补充，是课堂知识内容的补充，可以根据进度和学生学情选作。

（5）务实可用原则：根据务实可用原则，自我提升探索

根据建构主义理论，“知识是个体依据自己的经验来创造意义的结果”，学生完成这一过程，需要通过与周围环境，包括同伴、教师和文本之间的互动，并基于原有知识主动建构抑或创造新的知识，以解决新的问题。因此，原本课堂设计中，最后一个环节是根据一个劣性的信息庞杂的材料，进行自我命题训练，提升学生对试题的综合掌握能力。如若使议题符合务实可用原则，可修改为学生对未来职业生涯的规划，或通过本课学习提升四项高考基本能力之一的方法，可以根据课程效果进一步调整和探索。

3. 反思与小结

在本课的教学探索实践中，感受到了议题式教学的魅力和效果。首先，充分地引发学生思考。在学生满意度调查表中，议题式教学引起了学生极大的探索和思考的兴趣；其次，较好地提升了课堂的教学效果，学生在学习了本课之后，对劳动教育的相关框架和思维过程有了很好的体验，课后的小测成绩显示知识掌握得比较扎实。

当然，在本课授课之前，还没能拜读沈春雪老师的著作，还有很多自发性的探索和不足之处，借着再学习再回顾的机会，找出更多的优秀方法丰富自己的议题式教学过程，提升教学效果。

成才促成：高中生成长视角下的劳动教育意义探讨①

高中阶段是一个人成长成才的关键期，需要我们利用劳动教育促进高中生的健康成长，需要我们明确劳动教育对高中生成长的意义和潜在价值。因此本文重点讨论劳动教育对高中生成长成才的积极作用，即通过劳动教育培养高中生正确的劳动价值观、促进高中生人格全面发展、增强高中生职业生涯规划意识和能力、培养高中生体验劳动的幸福感。

进入新时代，我们的教育使命、教育要求也紧随时代的变化而更新，尤其是劳动教育，不仅它的地位显著提升，被纳入人才培养的全过程，而且国家已经对劳动教育的具体实施，做了全面且系统的规划和部署。② 为此有必要讨论一下新时代劳动教育对于高中生这个特殊群体成长成才的潜在意义。

1. 劳动教育的基本内涵

近年来随着科学技术的快速变革，劳动教育的形态已经从单一、线性化的体力劳动变成了多层次、多领域、立体化的脑力劳动、服务性劳动、创造性劳动等。劳动教育的概念也从新的视角进行了界定划分。③ 新时代劳动教育要求我们培育学生积极的劳动精神、正确的劳动价值观、良好的劳动素养。所以笔者认为可以从新时代的视角定义劳动教育的概念，即劳动教育是通过某种手段培养学生具有正确的劳动价值观和良好劳动素养，进而促进学生均衡发展的教育活动。其中，劳动价值观不是主体对劳动本身的价值判断，而是主体对劳动

---

① 作者简介：刘彩霞，教育硕士，主要从事中学政治学科教学与研究。

② 中共中央国务院关于全面加强新时代大中小学劳动教育的意见［M］. 北京：人民出版社，2020：3.

③ 檀传宝 . 培养有劳动素养的时代新人［J］. 现代教学，2020（08）：19—20.

价值的主观判断。劳动素养是一个综合概念，劳动素养是个体在一系列实践活动中形成的与劳动有关的一切素养的总和，可以从两个角度理解劳动素养的概念：在整体上，劳动素养是一个褒义词，是对个体劳动综合能力的高度评价；在内涵上，劳动素养包含劳动价值观、劳动技能、劳动理论知识等多个层面的内容。① 总的来说，新时代的劳动教育内涵丰富、意义深远，不仅仅是劳动知识、劳动技能的掌握，更重要的是劳动素质的培养，而劳动素养的核心在于形成正确的劳动价值观。②

2. 劳动教育对高中生成长成才的意义

在新背景下，劳动教育的概念发生了微妙的改变，相应地劳动教育对学生成长的作用也呈现出新的意义、价值。比如说，新时代劳动教育强调对学生劳动价值观的引导、全面人格的塑造、职业规划能力的培养、劳动幸福感的培养等，促使学生重视劳动、热爱劳动，进而享受劳动。③

（1）加强劳动教育，有利于培养高中生正确的劳动价值观

劳动价值观是劳动主体对劳动价值、意义的主观判断。而高中生的劳动价值观主要是通过劳动必修课、劳动实践以及其他学科渗透劳动教育的方式进行的。劳动必修课强调高中生劳动理论知识、技能的掌握；劳动实践强调高中生劳动实操能力的训练；学科渗透强调劳动教育生活化的意识。其中在思想政治学科，着重向学生传达社会主义的劳动教育，有意识地培养学生热爱劳动，尊重劳动过程、劳动结果、劳动主体的社会主义劳动价值观。④ 那劳动教育具体在哪些方面或者哪些层面帮助高中生形成正确的劳动价值观呢？而根据人思想品德的形成过程，要把一个正确的思想观念真正入脑入心，需要经过知、情、意、行四个层面的转变过程。⑤

---

① 檀传宝．劳动教育的概念理解——如何认识劳动教育概念的基本内涵与基本特征［J］．中国教育学刊，2019（02）：88—90.

② 檀传宝．劳动教育的本质在于培养劳动价值观［J］．人民教育，2017（09）：48—51.

③ 黄燕、韦芬．现代劳动教育的内涵特征与创新路向探析［J］．现代教学，2018（Z2）：10—14.

④ 弓立新．如何认识与开展新时代劳动教育——专访北京师范大学檀传宝教授［J］．少年儿童研究，2019（03）：37—42.

⑤ 陈万柏、张耀灿．思想政治教育原理（第三版）［M］．北京：高等教育出版社．2015：128—129.

首先，在认知层面劳动教育帮助学生形成基本的劳动认知。学生一方面可以通过思想政治课的学习，了解和掌握劳动创造了世界、创造了人类、创造了美好生活，让学生从宏观层面对劳动有了基本的认知；另一方面，通过劳动必修课的学习，了解掌握劳动的基本概念和理论。

其次，在情感层面劳动教育可以培养学生的劳动情怀。劳动情怀是高中生进行一系列劳动的动力源泉。而情感层面的能力只能用情感来教育，无论是思想政治课还是劳动教育课，我们都可以通过一些视频的方式对学生进行感染、熏陶。比如采用对比的方法，先给学生观看一些不尊重劳动过程、劳动成果、劳动者的相关视频，再给学生观看劳模的感人事迹，以及文艺工作者工匠精神的典型事迹，引起学生的情感共鸣，激发学生的劳动认同感，形成积极健康的动力系统。

再次，在意志层面劳动教育帮助学生形成坚持劳动的意志力，因为意志力是把一个人的思想认知转变为具体行为的重要保证。在高中教育中，我们可以通过对劳动模范的榜样、示范作用，激励高中生自觉向榜样看齐，严格要求自己，形成坚强的意志力。同时我们还可以通过具体的劳动实践培养学生的意志力。

最后，在行动层面劳动实践把知、情、意三者综合起来变成具体的劳动行为。一方面，在高中教育中需要我们充分利用劳动周、劳动月的实际劳动；另一方面也要注重学生日常劳动习惯的养成，培养学生养成良好的劳动习惯。① 总之，通过各个层面的劳动教育，帮助学生形成正确的劳动价值观，但劳动价值观的形成不是一蹴而就的，需要持之以恒的毅力、厚积薄发的积累，还有知情意行循序渐进的教学指导策略。

（2）加强劳动教育，有利于促进高中生的人格全面发展

高中生的成长成才需要各方面能力的全面发展，而全面发展需要德智体美劳五育并举来实现。劳动教育虽然位居最后，但它本身具有德、智、体、美综合发展的育人功效。这是因为劳动从本质上讲是一种实践活动，而德、智、体、美能够在实践中获取，即在劳动的过程中可以立德、增智、健体、美育，德智体美四育对应人的身心素质，体育重点培养人的身体素质，德育、智育、美育

---

① 毕小茹．劳动观融入中学生思想政治教育过程中的探究［J］．考试周刊，2017（64）：91.

注重培养人的心理素质的综合发展。前面四育分阶段、分层次、分领域发展学生的身心，劳动贯穿于德智体美四育中。① 因此，劳动教育与其他四育归属于不同层次、不同级别，在某种程度上劳动教育能够综合、统领德智体美，进而从整体层面塑造一个人。

具体来说，一方面，通过劳动的手段对高中生进行德育、智育、体育、美育。比如在德育过程中，学生良好的道德品质、道德习惯、高尚的思想境界需要通过劳动这个中介才能转变为学生的个人品德；智育过程中，科学、系统的文化知识、熟练的学习技能需要经过劳动的加工才能内化为学生的真功夫、真本领；体育过程中，学生手脑的高效配合，需要通过劳动不断练习才能强健学生的体魄；美育过程中，学生感受美、欣赏美、创造美的能力需要通过劳动不断地模仿、训练，才能转变为学生的艺术鉴赏能力。

另一方面在德智体美四育中综合渗透劳动教育，从而培养高中生的劳动素养。具体来说，德育方面强调培养高中生热爱劳动的态度和精神、良好的劳动品质、劳动习惯；智育方面通过学科知识的学习促使高中生掌握部分劳动知识、劳动技能，具有基本的劳动常识和劳动认知；体育方面通过一系列的体育技能的训练，提高身体的耐力、毅力，以此来培养高中生坚强的劳动意志力；美育方面在不断的艺术创作中，让学生感受劳动过程的艰辛、体验劳动成果的收获感，培养学生尊重劳动过程、劳动成果、劳动主体的价值观念。②

总之，既可以把劳动教育作为培养学生德智体美综合发展的手段，也可以在德智体美四育中渗透劳动教育的观念，进而培养学生的劳动素养。这样的思维方式在马克思看来就是把教育与生产劳动相结合，也是培养学生全面发展的唯一方式，在劳动中促使学生德智体美齐头并进、均衡发展，健全学生的人格。

（3）加强劳动教育，有利于增强高中生的生涯规划意识和能力

高中生的成才，需要他们对自身未来职业有一定的规划和预期。对于每一位高中生来说，如果未来想要成为某一领域的专家、人才，就需要对该领域有一定的认知、敏感性，同时具有这一领域的潜在素养和能力。③ 但现实中大多

---

① 弓立新．如何认识与开展新时代劳动教育——专访北京师范大学檀传宝教授［J］．少年儿童研究，2019（03）：37—42.

② 李红．高中生劳动观教育探析［D］．山东师范大学，2008.

③ 吴琼．高校素质教育对大学生成长成才的作用［J］．经营管理者，2015（06）：431—431.

数高中生过于重视文化课，忽视对未来职业生涯的探索和思考，致使不少大学生的专业方向和自身的优势、特长不匹配，从而限制和阻碍了学生成长成才的快速发展，相应的对国家而言，也是一种隐性的人才损失，这样的境况令人甚是惋惜，因此我们需要通过一定的劳动教育传达职业规划的思想观念，从而增强高中生职业规划的意识，培养高中生职业规划能力。

根据教育部印发的《大中小学劳动教育指导纲要（试行）》①，强调通过劳动教育丰富高中生对职业生活的体验、培养高中生独立劳动的意识和自愿服务社会的劳动情怀。具体来说，在日常的生活中，学生可以通过劳动技能竞赛活动，察觉自身的个性特质，找到自己的兴趣点，进一步挖掘潜在的职业价值。在参加社会服务活动时，察觉自身的优势、劣势，从而进行简要分析，圈定自己的职业方向和职业目标；当然这个职业方向只是大范围，也可以随着劳动实践的深入，进行一定的改动。同时在劳动教育中，学生需要不断地和自己相处，在相处中学生逐渐知晓自己现有实力与职业目标之间的距离。总的来说，通过劳动教育，高中生可以在实践劳动中摸索自身的个性特质、擅长领域、职业目标以及自身实力与目标之间的差距。因此劳动教育对于涉世未深的高中生来说，是一种自我认识、自我探索的重要途径，在自我认识、探索中找寻未来的职业方向，了解社会需要什么样的人才，而自己能成为什么类型的人才，以及如何实现自己的职业目标、职业理想。总的来说，劳动教育的过程会促使高中生不断思索、探索进而接触实际工作，从而培养高中生职业规划的意识和能力。

（4）加强劳动教育，有利于培养高中生体验劳动的幸福感

高中生的成长成才离不开美好事物的滋养，学生只有体验、感受过美好事物，才会获得幸福、快乐，那他们就会对美好事物产生一定程度的热情和追求，而热情和追求会使高中生的生活富有生机、活力、趣味。当然对美好生活的向往和追求不只发生在高中生身上，同样也是所有人的共同远景。从马克思的观点来看，劳动形成人的本质。因此我们每个人都需要劳动，需要在劳动中获得美好体验、美好感受，也需要在劳动中探索乐趣、愉悦，从而不知不觉在劳动中体验成就感、价值感、幸福感。高中阶段是人生成长的重要时期，亟需教会

① 中华人民共和国教育部．大中小学劳动教育指导纲要（试行）［S］. 2020-07-16.

他们感受、体验辛勤劳动的愉悦感、幸福感。①

在劳动实践中，高中生可以通过自己的双手改变现有的部分生活，通过自己的才智创造新生事物，改善我们的物质世界。具体来说，一方面高中生通过拼搭高难度的乐高、手绘唯美的漫画、制作精美的工艺品等这些劳动技能活动，在劳动的过程中感受创作的快乐、体验劳动带来的价值感。在这种劳动氛围中充分发挥自身潜力，即使最终的创作成果、劳动结果没达到预期效果，学生也会非常愉悦，因为创作本身带来的兴奋和快乐远大于创作结果的收获感、满意感，② 因此高中生可以在劳动过程中获得喜悦和快乐，另一方面，高中生通过自己刻苦钻研、精益求精的劳动精神，在竞赛活动中创造出一个个独特新颖的艺术作品、实用高效的科技产品。面对这些作品，他们会感受到自己创造了一个新生事物，赋予了一个事物新的生命，他们的价值感、自豪感、成就感就会油然而生，同时学生也会在心理上充分肯定、认可自己，进而感受到生命的美好、人生的幸福。总之无论从劳动的过程还是劳动的结果学生均可以获得精神上的愉悦、快乐，心灵上的满足、幸福，从而为高中生体验、感受美好事物，终身追求快乐和幸福奠定基础。

2. 结束语

劳动教育对于国家培养高素质的劳动者大军有至关重要的作用，而高中生作为未来发展的储备力量，需要高度利用劳动教育的价值，为将来美好生活做好铺垫。

---

① 黄燕、韦芬．现代劳动教育的内涵特征与创新路向探析［J］．现代教学，2018（Z2）：10—14.

② 弓立新．如何认识与开展新时代劳动教育——专访北京师范大学檀传宝教授［J］．少年儿童研究，2019（03）：37—42.

第四章 04

特征彰显：锚定新时代中学劳动教育的现实诉求

适应科技发展和产业变革，针对劳动新形态，注重新兴技术支撑和社会服务新变化。深化产教融合，改进劳动教育方式。强化诚实合法劳动意识，培养科学精神，提高创造性劳动能力。

弘扬“战疫”精神：拔擢劳动教育服务属性与育人价值①

目前，劳动教育备受关注。为力促学生们“德智体美劳”全面发展，注重培育学生们的公共服务意识，加强学生们服务性的劳动教育，我们道德与法治教师欲通过六大途径，大力宣传疫情防控中“最美逆行者”所展现出的不畏艰难、百折不挠、敢于担当的高尚品格，为国家担当、为民族担当、为人民担当的民族精神和无私奉献、大无畏的牺牲精神，让同学们积极向他们学习并做到内化于心、外化于行，进而提升服务性劳动教育的育人价值，以期达到回归生活、价值引领、明理践行的目的。

1. 劳动教育的必要性

(1)“劳动教育”备受关注

德智体美劳全面发展，但“劳”被忽略了吗？现在的孩子爱劳动、会劳动吗？答案似乎显而易见。“劳动教育被淡化、弱化，一些青少年中出现不珍惜劳动成果、不想劳动、不会劳动的现象，与社会主义建设者和接班人的培养要求有较大差距。”教育部相关负责人表示，全党全社会必须高度重视，加强大中小学劳动教育。

中国青少年研究中心家庭教育首席专家、中国教育学会家庭教育专业委员会常务副理事长孙云晓说，国内外大量的调查研究都证明，童年养成劳动习惯，长大后更可能具有责任心，也更容易适应家庭生活和职场工作的需要，而不爱劳动的人恰恰相反，他们更可能成为生活与职场的失败者。“爱劳动、会劳动不

---

① 作者简介：宁欣，佛山华英学校政治学科一级教师，主要从事中学政治学科教学与研究。

仅不会耽误学习，恰恰相反，生活能力强能够促进学习，有助于人的全面协调发展。”

2018 年 9 月，习近平总书记在全国教育大会上明确提出将劳动教育纳入社会主义建设者和接班人的总体要求，必须构建大中学劳动教育体系，全面落实党的教育方针。近日，中共中央、国务院印发了《关于全面加强新时代大中小学劳动教育的意见》（以下简称《意见》），就全面贯彻党的教育方针，加强大中小学劳动教育进行了系统设计和全面部署。

（2）“服务性劳动”概念阐述

《意见》依据马克思主义劳动观，将劳动分为生产劳动和非生产劳动，相应地将劳动教育分为生产劳动教育和非生产劳动教育。考虑到劳动教育内容的针对性和可行性，《意见》又将非生产劳动教育分为日常生活劳动教育和服务性劳动教育，前者注重在学生个人生活自理中强化劳动自立意识，体验持家之道，这也是学生健康发展、适应社会生活的重要基础；后者具有较强的时代特点，注重利用知识、技能、工具、设备等为他人和社会提供服务，特别是在公益劳动、志愿服务中强化社会责任，培养良好的社会公德，例如强调高等学校“注重培育公共服务意识，使学生具有面对重大疫情、灾害等危机主动作为的奉献精神”。三类劳动教育内容不同，各学段可以有所侧重，但从总体上看，三者都很重要，不能偏废。

2. 疫情防控下的公共服务意识与服务性劳动

（1）平凡的“最美逆行者”的公共服务意识与服务性劳动

病疫无情人有情，共克时艰的旋律不断响起。疫情就是命令，防控就是责任。在党的坚强领导下，中华民族动员能力、凝聚力、执行力空前强大，它正是社会主义优越性的突出体现。疫情面前，中华民族发起“有困难一起扛”“一方有难八方支援”的共同行动。他们的公共服务意识与行动让全体中国人心生敬佩与感动。

重大疫情面前，我看到了 84 岁仍带队出征的钟南山院士，看到了每天只睡 3 个小时与死神赛跑的李兰娟院士，看到了身患绝症仍坚守一线的张定宇院长，看到了武汉大学人民医院张旃的《与夫书》，看到了剪掉自己一头长发的河北护士肖思孟，看到了脸上被防护面罩勒出深深印痕的军人刘丽，更看到了一个又一个普通而又平凡的中国人。他们是医生，是护士，是邮递员，是工人，是人民子弟兵，他们是千千万万奋战在抗“疫”一线的英雄勇士。

正是无数“平凡的英雄们”——“最美逆行者们”坚守在最危险的一线，才让如今防控疫情工作取得了阶段性的成效。全国已经全面复工复产，漫山遍野的鲜花，也意味着春天已经到来。走过这个格外漫长的寒冬，是你们在用生命将我们护在身后，这份恩情，必当永世难忘。

（2）平凡的“最美逆行者”服务性劳动背后的“中国精神”

“摧伤虽多意愈厉，直与天地争春回。”在困难面前，那些平时默默无闻的人们，他们用实际行动挺起了最坚强的钢铁防线。他们奋斗在自己的战场上，保证了全国上下的安全和稳定。面对新型冠状病毒，“最美逆行者们”给了我们信心，给了我们勇气，为我们筑起防护堤，为我们吹起反攻疫情的号角。

当国家民族有难的时候，还是她们——“最美逆行者们”挺身而出，直面困难，舍家忘业，用生命守护生命，逆向前行！岁月的静好源于他们为国家担当，为民族担当，为人民担当，忘却危险，忘却自我，负重前行！他们身上有着不屈的脊梁，有着伟岸的灵魂，他们身上闪耀着同心协力、英勇奋斗、共克时艰的中国精神。

3. 提升服务性劳动教育育人价值的举措

《意见》对社会各方面如何加强劳动教育提出了明确要求，如：搭建多样化劳动实践平台，注重引导学生参加公益劳动、志愿服务；鼓励和支持创作更多以歌颂普通劳动者为主题的优秀作品，广泛宣传辛勤劳动、诚实劳动和创造性劳动的典型人物和事迹。《意见》针对我国新型冠状病毒感染的肺炎疫情防控工作中，各行各业特别是医疗卫生行业劳动者们表现出的无私奉献和大无畏的牺牲精神，突出强调，“注重挖掘在抗疫救灾等重大事件中涌现出来的典型人物和事迹，大力宣传不畏艰难、百折不挠、敢于担当的高尚品格”。

那么，作为一名初中学校的道德与法治教师，在立德树人的大前提下，培养青少年形成良好的道德品质，像“英雄榜样”学习不畏艰难、百折不挠、敢于担当的高尚品格及无私奉献和大无畏的牺牲精神，坚定学生们理想信念及引领三观方面，我们义不容辞，责任担当。下面，为力促学生们“德智体美劳”全面发展，注重培育其公共服务意识，加强其服务性的劳动教育，我将结合我校政治学科六大标志性活动及“回归生活，价值引领，明理践行”科组特色，来阐述下我的具体措施。

（1）利用辩论赛活动对“最美逆行者”的精神进行弘扬，对学生进行价值引领与价值育人

为注重培育其公共服务意识，加强其服务性的劳动教育，达到价值育人、明理践行的目的，我们道德与法治教师争取学期初精选一个向“英雄榜样”学习的辩题，先在初一、初二两个年级的共四十个教学班班内开展辩论，优胜优秀的选手再经过年级筛选，能够脱颖而出的共 20 人，组成初一战队 10 人，初二战队 10 人。经老师们的专业指导后，在学生报告厅举行全校级别的、展示学生们“唇枪舌战”的精彩辩论赛。通过此次回归生活的活动，相信全体学生们对“最美逆行者”高尚品格和精神能够内化于心，外化于行。

（2）利用“时事开讲”活动对“最美逆行者”的精神进行弘扬，对学生进行价值引领与价值育人

为回归生活及大力宣传“最美逆行者”不畏艰难、百折不挠、敢于担当的高尚品格，激发他们的学习热情，并在日常生活中做到明理践行，我们道德与法治教师打算实施“时事开讲”活动。这个活动要求每个学生课前将时事开讲的主要事件和对事件的看法、评论制成 PPT，然后在课堂开始的 5 分钟内脱稿演讲。在时事主题的选材中，我们教师要对学生进行事先指引，肯定首选那些在新型冠状病毒感染的肺炎疫情防控工作中，各行各业特别是医疗卫生行业劳动者们表现出的无私奉献和大无畏的牺牲精神相关的、对个人成长有意义的时政新闻。相信通过回归生活的时政新闻，同学们能对“最美逆行者”的高尚品格有进一步的认识和升华。

（3）利用“非说不可”活动对“最美逆行者”的精神进行弘扬，对学生进行价值引领与价值育人

为了大力宣传抗疫救灾等重大事件中涌现出来的典型人物和事迹，大力宣传不畏艰难、百折不挠、敢于担当的高尚品格，对学生们的价值观加以正确的引导，我们道德与法治教师将实施能让学生思维碰撞并产生智慧火花的、能够自我反省和完善的“非说不可”活动：即通过预设主题、观点博弈的形式让学生在课堂上进行思维激辩。“非说不可”活动课通过学生自我反省与完善的形式实现自主课堂，并以预设主题的方式回归生活即追忆、反思疫情防控中涌现出的让人敬佩的“平凡英雄们”。作为主导角色贯穿始终的教师在活动课中实现价值引领，弘扬“最美逆行者”身上所展现出来的为国家担当、为民族担当、为人民担当的精神！

(4) 利用“小论文撰写”活动对“最美逆行者”的精神进行弘扬，对学生进行价值引领与价值育人

为让学生们正三观树导向，注重培育其公共服务意识，加强其服务性的劳动教育，引领孩子们向“最美逆行者”学习，学期初，我们道德与法治教师将让学生们从所关注的全民抗疫的时政新闻中，找出最感兴趣或者热度最高的新闻，写一篇1500字左右的时政小论文或者调查报告。然后在校内进行评比，每个班评出一等奖一名，二等奖两名，三等奖三名，并进行校内展出。再根据同学们和老师们的投票，每个年级选出十篇送到区里，参加区里的“中学生时政小论文”比赛。对区里获奖的学生们在周一的升国旗仪式上进行表彰。相信通过这个过程，能够将“榜样身上的精神与力量”再次灌输到学生们的脑中、心中，进而指引其行为，做到价值引领和明理践行。

(5) 利用“资讯达人魅力秀”对“最美逆行者”的精神进行弘扬，对学生进行价值引领与价值育人

为了让学生们在价值观方面有正确的榜样引领，提升服务性劳动教育的育人价值，我们道德与法治教师将组织初一、初二全体学生，以3~5人自由组合团队为单位参赛，“以事实为依据，以道理为准绳”，客观地解读全民抗疫以来发生的社会热点、国内外时政新闻、学生身边的热点问题。内容要包括对事件的简单概述和点评，以评为主。解读词要求原创，不能照抄照搬相关观点。自拍活动视频，要求画面清晰、音质好，视频时间限时3~5分钟，视频中使用语言为普通话。经海选、复赛、决赛三环节并最终产生一、二、三等奖作品，并在全校展播。展播的宣传力度较大，对宣传疫情防控中各行各业劳动者们表现出的无私奉献和大无畏的牺牲精神能够全覆盖，让同学们对其留下更深刻的印象，并立志向他们学习。

(6) 利用“手抄报”活动对“最美逆行者”的精神进行弘扬，对学生进行价值引领与价值育人

全民抗疫期间，为注重培育其公共服务意识，提升服务性劳动育人价值，我们道德与法治教师将组织学生们在家关注疫情的发展和学习抗病毒的知识，向前线的医护人员学习无私的奉献精神，并向全体学生发出“向最美逆行者学习，向抗疫英雄致敬”的号召，以手抄报的形式上交作品并评选出一、二、三等奖作品，在全校宣传栏展出。这样做既丰富了宣传的形式，又延伸了在家学习“英雄榜样”的时间，再经过开学后的全校评比、展览，相信同学们的精神

能够得以升华、境界得以提升。

习近平总书记指出："教师的工作是塑造灵魂、塑造生命、塑造人的工作。"① 要用社会主义核心价值观扣好青少年学生人生的第一粒纽扣。正所谓"新思想引领新时代，新使命开启新征程，新征程谱写新辉煌"，从此时此刻起，身为教育工作者，一名道德与法治教师，尤其是作为学生们的精神领袖、正义使者，我们就是想通过以上六大途径，大力弘扬"最美逆行者"不畏艰难、百折不挠、敢于担当的高尚品格，和为国家担当、为民族担当、为人民担当的精神，无私奉献和大无畏的牺牲精神，让同学们积极向"最美逆行者们"学习并做到内化于心，外化于行，进而培育学生们的公共服务意识，加强学生们服务性劳动的教育，提升服务性劳动教育的育人价值，实现道德与法治课"回归生活、价值引领、明理践行"的终极目标，并最终力促学生们"德智体美劳"的全面发展。

① 习近平在北京师范大学考察 号召全国广大教师做党和人民满意的好老师［N］. 人民日报. 2014-09-10（01）.

形塑积极导向：浅析中学劳动教育的问题、原因及其对策①

劳动教育在整个社会教育中占据着重要的位置，对学生的全面发展起着重要的作用，有利于让学生动手实践、接受锻炼并培养学生热爱劳动的情感。然而目前劳动教育在学校教育中的地位不被重视，一些学生中出现不热爱劳动、不尊重劳动、不会劳动的现象，与社会主义建设者和接班人的培养要求有较大差距，因而加强中学劳动教育迫在眉睫。本文针对当前劳动教育存在的突出的问题，通过查阅相关的文献资料，探索问题出现的原因，以寻找解决中学劳动教育问题的措施，希望这些措施可以使学生从心底里尊重劳动、树立正确的劳动观点和态度、具有必备的劳动能力、养成良好的劳动习惯和品质。

1. 引言

2020 年 7 月 7 日教育部发布的《大中小学劳动教育指导纲要（试行）》当中明确指出：劳动教育是发挥劳动的育人功能，对学生进行尊重劳动人民、培养劳动习惯的教育活动，要培养学生正确的劳动价值观，弘扬劳模精神、劳动精神、工匠精神。陶行知认为："劳动教育的目的，在手脑相长，以增进自立之能力，获得事物之真知及了解劳动者之甘苦。"劳动教育是发展青少年智力和能力的阶梯，有利于锤炼学生意志和培养德智体美劳全面发展的社会主义建设者。不过由于受到"万般皆下品，唯有读书高"等传统思想的影响，我们往往忽视了劳动教育的重要地位，一味注重智育。在家庭中，家长一手承包各种家务劳动，不让孩子碰一点儿家务活，认为孩子只要学习好就行；在学校，学生的劳

① 作者简介：姚家杰，佛山科学技术学院马克思主义学院 2020 级教育硕士研究生（学科教学思政），主要研究方向为中学生思想政治教育。

动教育非常单一且枯燥无聊，仅仅局限于清洁卫生。所以，我们可以看到当代中学生的劳动观念非常淡薄，鄙视劳动，不热爱劳动，也不会劳动。因此，必须强调以习近平新时代中国特色社会主义思想为指导，把劳动教育摆在重要的位置上，让劳动光荣成为时代强音，拓展劳动教育实施途径，发挥教师的主导作用和学生主体作用相结合，将劳动素养纳入学生综合素质评价体系，将劳动教育落到实处，培养学生正确的劳动价值观和良好的劳动习惯。

本文拟从中学劳动教育的问题、原因、对策等方面予以探讨，希望可以促进学生的全面发展，培养勤俭、奋斗、创新、奉献的劳动精神。

2. 当前中学劳动教育存在的问题

（1）学校劳动教育有待改善

由于受到应试教育和教育功利化的影响，学生在学校中拿到高分数是他们的主要任务和目标，而学校方面也只侧重于学生智育方面的发展，为此还设置了一些以升学率为主的考核方式，劳动教育往往都被忽视，劳动教育流于形式自然是非常普遍。其次，许多学校的劳动教育课都是包含在综合实践课程当中，使劳动教育得不到应有的重视，导致很多劳动教育内容都是表面化形式的开展。① 此外，我们可以发现，不少的学校并没有设置相关的劳动课，即使是有劳动课，也只是以一种理论课的形式代替，老师仅仅是在课堂上照本宣科，学生也往往在私底下自习。并且，由于还受到升学率的影响，劳动课往往被文化课代替，很多时候也只是应付上级相关部门检查，并没有相关的考核标准，学生在校园里更多时候接触的是打扫卫生，这些都导致了学校劳动教育流于形式。

教师在劳动教育过程中占据主导作用，对学生的学习内容、方向、方法的指导起着重要作用，教师的态度、能力、行为直接影响到学校劳动教育开展的效果。② 由于大多学校过于注重升学率，对劳动课未给予足够多的重视，并没有配备专门化的劳动课教师队伍或由其他代课教师兼任劳动课，而且未对劳动课教师进行专门化的培训，劳动课教师对劳动课程缺少足够的学习，往往出现对劳动教育内容的不熟悉，导致教学质量低下。另一方面，相关教育部门并没

---

① 何欢．当前我国中小学劳动教育存在的问题及解决路径［J］. 内蒙古教育，2018（24）：125—126.

② 方凌雁．劳动教育的现状、问题和建议——2019 年浙江省中学劳动教育调研报告［J］. 人民教育，2020（01）：15—19.

有制定劳动课程的考核标准，任课老师在劳动课上的教学显得比较随意，很多时候也是照本宣科或者任由学生自习，并且课堂上也仅限于课本知识的传授，并没有安排针对性实践操作，常常也是由清洁、打扫卫生代替。这么一来，劳动教育根本无法有效呈现出该学科的特色。

目前，大多数学校劳动课上课的形式仅仅是书本理论传授和说教，学校的实践环境氛围并不浓厚，学生接受动手实践的机会甚少，实际动手能力欠缺，理论与实践脱离，没有真正发挥劳动教育培育人的效果。然而，劳动课程是一门实践性很强的科目，但是目前针对劳动教育课程教师只是照本宣科，单一的理论讲授，因此造成学生对劳动教育的兴趣不足、积极性不高，更难以掌握一定的实践技能和技术。并且，校园内的主要实践活动也仅仅局限于清洁班级卫生活动或者拔草之类的单一技术含量低的活动上，缺乏多样个性化的活动课程，不利于提高学生的动手实践能力。

目前，劳动教育的相关经费在整个教育系统经费中所占的比例非常少，学校受物质条件的制约和经济的限制，难以为青少年的劳动教育提供必要的活动场所，投入严重不足，劳动教育实践基地并未在全国中学得以广泛建立和推广，对于一些家政、烹饪、手工、园艺、非物质文化遗产等课程并未配备有相应的劳动工具和劳动场所，我们可以常见大多数中学校园基础设施只是常见的一些教学楼、宿舍楼、操场而已，缺乏开展劳动教育的固定场所，劳动教育得不到充分的物质保障。

（2）家庭劳动教育比较薄弱

受应试教育和升学压力的影响，为了给孩子更多时间用在学习上，很多家长认为学生在学校学习好，取得优异的成绩就够了，认为劳动可要可不要，导致了家长们很少或者没有让孩子做过家务劳动。另外，现在很多孩子是独生子女，父母非常溺爱他们，从小娇生惯养，因此无论在家中还是在学校，父母帮孩子包办劳动的现象非常突出，生怕他们累着苦着，孩子大部分时间都用在学习上。家长的包办代劳使得孩子实践动手能力低，一些初中生甚至高中生独立生活能力和自理能力缺乏，社会适应能力不强，不利于学生的全面发展。

每当孩子做错事或者考试成绩很差的时候，很多家长会罚自己的孩子去洗碗、扫地、买菜等等，这种不正确的劳动引导，很容易让孩子认为，只有做错事情的时候才会从事劳动，从而对劳动产生低下的看法，在个体认知内会对劳动有一种抵制的意识，不利于孩子形成正确的劳动价值观。以劳代罚并不能根本性地解决问题，正确的教育方式应当是采取鼓励的形式，从心理学出发这是一种正强化，而惩罚虽然会制止学生的错误行为，但可能会对学生身体造成伤害并降低学生的自尊水平，他们也不会认识到自身的错误。①

（3）劳动教育认识存在偏差

受到“万般皆下品，唯有读书高”的封建传统的观念的影响，人们往往只重视学习，而对劳动会产生一种抵制的心理。加之劳动教育的功利化和学校教育追求升学率，劳动教育并没有被摆到正确重要的位置上，学生自身也认为劳动会挤占学习时间，在一定程度上影响自身的学习和复习。这种劳动认识是片面的，不利于学生形成正确的劳动价值观念。另一方面，很多学生会认为劳动是低下的，只有社会底层人士才会从事劳动，因此他们往往不愿意从事劳动。这种劳动教育认识偏差，会使学生没有认识到劳动会增强自己的综合素质并使自身全面发展，会严重阻碍学生身心健康发展。

3. 当前中学劳动教育存在问题的原因

（1）学校教育的忽视

在现有应试教育面前，中学生的劳动教育往往都是流于形式，学校过于注重升学率，学生的劳动时间常常被剥夺。② 在应试教育的影响下，学校一味地注重升学率，所有的一切都为取得高分数而让路，至于学生的劳动教育则无关紧要，殊不知劳动教育对于学生的身心健康发展起着重要的作用，轻视劳动教育会造成严重的后果，学生难以有健全的人格。以分数至上的考试评价制度，对学校的人才培养模式起着决定性的影响，学校只注重智育，而往往忽视劳动教育这是不争的事实，对学校开设的劳动教育课程也仅仅是表面功夫应付上级领导检查而已，更别说起到的实际作用。虽然说，学校的升学率固然提升上去了，学校的知名度也会大增，相应获得更好的社会和教育资源，但是这种片面地强调学习成绩，是一种畸形的教育培养模式，难以培养德智体美劳全面发展的人才，也不利于学生身心健康发展。

首先，由于思想认识上不足，学校只重视考试分数和升学，劳动教育不被学校看重，劳动教育课程变得可有可无，很多时候上课的教师往往都是由其他

---

① 江潮．当代小学生劳动教育问题及对策研究［D］．广西师范大学，2017.

② 马东琴．论中学劳动教育存在的问题及解决对策［D］．内蒙古师范大学，2013.

代课教师兼任，或者任由学生自习，自然也谈不上对他们的专门化培养。其次，劳动教育教师培养人才体系的不完善，专业的培训机制尚未建立，对这方面课程的培训非常少，学校也很少派教师接受专门化培训，自然会缺乏专业的人才队伍。最后，很多学校并不将劳动教学情况纳入教学评价当中去，评价、考核指标的缺失，不利于塑造健康的劳动教育人才队伍。

马克思指出："生产劳动和教育的早期结合是改造现代社会的最强有力的手段之一。"现在很多学校不太重视劳动教育，主要方式还是单纯说教理论课的形式，并没有将劳动教育应用于生产实践活动。要知道，任何一门学科课程不单单只有理论学习，还要学以致用，用到实践当中，只有理论与实践结合，学生才能真正地掌握实际的技能，劳动教育课程更是应当如此。倘若只有空洞的说教，只会让学生反感，觉得枯燥无聊，不仅不能体会劳动课的实际内涵，更会产生一种厌恶之情。其次，我们可以看到的是，对于劳动教育，大多数学校并没有针对其有相应的课程内容、方法以及考核的标准。此外，受到场地和资金的限制，学校也没有相应的劳动场所，学生的劳动实践得不到应有的保障。

（2）家庭教育的缺失

罗雪尔指出："文化越高，劳动越受重视。"随着我国社会经济的发展，现在的家庭生活条件比以往优越很多，加之现在很多孩子是独生子女，父母长辈们对他们呵护有加，生怕他们苦着累着，自然而然孩子从事劳动的机会少之又少。这种做法其实不利于孩子的健康成长，一方面造成很多孩子不会劳动，或者仅仅是会一些简单的劳动，比如倒垃圾、抹桌子、扫地等；另一方面，对他们的心理发展也会产生消极的影响，容易导致漠视劳动、抵制劳动，从而产生不正确的劳动价值观。此外，父母认为孩子学习成绩好，考上好的学校就行了，其他的东西并不看重，不单单在家里少让孩子劳动，腾出时间来学习，甚至一些家长会帮孩子在学校值日清洁卫生、包办劳动。在这种环境之下，很多学生连生活自理都不会，一旦脱离家庭，便不知所措，这样子并不利于孩子的健康成长。

富兰克林指出："劳动是幸福之父。"但是很多时候，在相当一部分家长看来，劳动教育只是作为一种惩罚手段而存在，每当自己家的孩子在日常生活当中做错了事情的时候，家长会处罚孩子清洁卫生、洗碗、倒垃圾等等，目的是警示孩子以后不要再犯错误。这样做的后果，久而久之很容易让孩子脑海里产生一种想法，以为劳动是只有做错事才会做的，认为劳动是低下的，从而鄙视劳动、不尊重劳动人民，在心底里会产生抗拒劳动的看法。此外，劳动教育不仅仅是简单让学生为了劳动而劳动，而是在劳动过程中让学生真实体验劳动乐趣，培养吃苦耐劳的精神品质，掌握一些劳动技能，让学生们能够全面、健康发展。但是在现实的家庭劳动教育中，一些家长本身并没有掌握正确的劳动教育方法，只让孩子为了劳动而劳动，并未对其进行教育，缺乏独立思考，背离了劳动的真实目的，劳动教育自然就产生不出应有的效果。

（3）劳动价值观的扭曲

爱迪生指出："世间没有一种具有真正价值的东西，可以不经过艰苦辛勤的劳动而能够得到的。"家长是孩子的第一任教师，家长自身的劳动观念、劳动习惯、教养方式将直接影响孩子的劳动意识、劳动观念和劳动习惯。① 受到传统教育观念的影响，社会上相当一部分人认为学生在学校学习成绩好，考到高分是最主要的，他们往往不重视劳动教育对于学生身心健康发展的至关重要作用。还有的是，父母及祖辈的过度溺爱，不分配一些家务劳动给孩子进行锻炼，以及不恰当家庭教育中，每当孩子做错事情的时候，家长通常会处罚孩子做一些家务劳动。在学校教师教育中也常常可以看到，老师会处罚一些在课堂上捣乱的学生清洁教室卫生。这些都是在无形当中给学生灌输一种观念，认为只有在做错事的时候才会从事劳动，把劳动看作是低下的，鄙视劳动人民，会在意识中抵触劳动。这些扭曲的劳动价值观，非但不鼓励学生积极参加劳动、养成良好的劳动习惯，反而在学生心中产生一种抗拒的劳动心理，不利于学生形成健全的人格和树立正确的劳动价值观。此外，部分教师也未能正确理解劳动教育的内涵，没有掌握劳动教育的技能技巧，不懂得如何去组织，往往敷衍了事，影响学生正确劳动价值观的形成。

4. 当前中学劳动教育存在问题的应有对策

（1）学校要注重劳动教育

"首先，要以习近平新时代中国特色社会主义思想为指导，将'幸福是奋斗出来的'的观念作为'劳动之魂'贯穿到中学劳动教育的各个阶段、各个环节、

---

① 夏永庚、崔佳丽. 实施"大劳动教育"：现实诉求、基本逻辑与路径选择. 当代教育论坛：1-7 [2020-09-26]. https：//doi. org/10. 13694/j. cnki. ddjylt. 20200915. 005.

各个阵地、各个时机中去。”① 其次，要坚持给学生灌输马克思主义劳动观，引导学生正确认识和理解劳动的含义、内容、价值等，弘扬劳动最光荣，发扬创新、奉献、不怕辛苦的劳动精神，营造尊敬劳动者的良好氛围，让学生形成正确的劳动价值观。最后，要引导学生树立正确的劳动观念，并把劳动教育贯穿于整个教育体系，认识到劳动的巨大价值，形成崇尚劳动、尊重劳动的良好氛围，还要将理论与实践结合起来，实现知行合一。

进行劳动教育评价，要综合运用各种劳动教育评价的方法、途径，并且制定科学合理的评价标准，以劳动教育目标、内容要求为依据，将劳动教育评价贯穿于开展劳动教育前、中、后。“首先，在政府和教育主管部门层面，要把劳动素养评价结果作为评优、评先和高一级学校招生录取的重要参考或依据，使劳动教育评价硬起来。”② 其次，在开展劳动教育前，必须落实评价责任主体，明确劳动教育评价的一系列考核标准，健全劳动教育评价机制，还要掌握学生的基本信息情况，发挥评价的育人导向功能。接着，在劳动教育评价过程中，必须充分调动学生参与劳动教育的积极性，坚持以评价促进学生发展，运用各类评价方法，进行分层次评价，完善学生劳动评价标准、程序和方法，坚持多样性和灵活性相统一的原则。最后，要建立和完善考核评价制度，坚持全面评价，及时反馈学生的评价内容，将劳动教育作为考核学生全面发展的重要指标，以评价更好地发挥劳动教育的作用。

劳动教育不只是空洞的说教形式，可以是丰富多彩的。对青少年的劳动教育，其方式和途径是多种多样的，它不仅包含在学校教育的教师教学和课外活动中，而且蕴含在学生的平常生活、社会生产活动和社会实践活动中，只有把劳动教育与这些活动互相交流融合，才能把劳动教育的作用真正发挥出来。③ 首先，劳动教育要加强家庭与学校之间的合作，因为家庭是孩子接触的第一环境，父母对他们的世界观和价值观的形成起着潜移默化的作用，家长和学校之间的良好配合，才能发挥教育的整体效果。其次，要促进劳动教育与社区教育相结合，通过劳动节活动，举办一些劳动最光荣为主题的教育活动，让学生通

---

① 何云峰、宗爱东．中小学劳动教育的现状、问题及对策［J］．青年学报，2019（01）：6—11.

② 陆选荣．研究构建新时代学校劳动教育体系［J］．社会主义论坛，2020（09）：24—25.

③ 张文瀚．当代中国青少年劳动教育的问题、原因及其对策［D］．内蒙古师范大学，2008.

过实际操作和锻炼，掌握必备的劳动技能，体验劳动所带来的快乐，从而养成良好的劳动习惯。最后，劳动教育不只是单一的一门学科，通过在学科专业中有机渗透劳动教育，可以丰富创新劳动教育内容，加强学生的综合培养，形成健全的人格。要在一些物理、化学、生物等实验科目上，提高学生的动手实践操作能力，培养严谨的创新精神和科学态度；可以在语文、政治、历史等学科中系统阐述劳动的内涵和实际意义，大力宣传歌颂劳模，阐释勤俭节约、艰苦奋斗的中华优秀传统文化；也可以在体育、劳动实践学科中安排一些具有成长意义的劳动教育，增加他们的劳动兴趣，发挥劳动教育的育人功能。

教师是学生成长过程中的关键领路人，直接或间接地影响着劳动教育效果，因此打造专业的劳动教育课程教师，并对他们进行严格培训显得非常的必要。对于聘请的劳动教育课教师，一定要坚持“先培训后上岗，不培训不上岗”的原则，让任课的教师明确各学段劳动教育的目标、内容和意义。① “首先，学校应根据实际情况，或聘请能工巧匠进校园担任兼职教师，或组建一支本校劳动教育专职教师队伍，为学生配备专业人员指导。”② 其次，要明确劳动课教师授课所掌握的目标、内容及要求，不单单对学生进行理论的灌输，还要对他们实际技能的掌握进行培养，强调手脑并用。最后，一方面要在高等院校设置劳动教育相关专业，加强劳动教育师范生的培养；另一方面还要对在职的劳动课教师进行专门的培训，强化劳动意识、劳动观念，提升劳动教育的自觉性。

“针对传统劳动教育课程设置零碎化、片面化、活动化、随意化的问题，新时代劳动教育的课程内容体系需要加强顶层设计，体现前瞻意识，将劳动技能、劳动素养、劳动情感、劳动认同、劳动价值取向、创造性劳动等课程要素，以课程群的方式统筹设计、系统开发。”③ 例如，小学阶段的劳动教育要以“劳动与生活”作为主题，重点培养小学生对劳动的初步认识和真实感悟，让劳动真正地回归生活。④ 初中阶段可以安排学习较为复杂一点的劳动，像煮饭、洗衣

---

① 李祥翠．劳动教育应夯实“三个注重”［N］．中国教师报，2020-08-26（006）．

② 张春英．小学生劳动教育的问题及策略探析［J］．科学咨询（教育科研），2020（03）：251—252．

③ 韩升、赵雪．新时代劳动教育的价值意蕴与实践路向——以马克思身体思想为基点的考察［J］．吉首大学学报（社会科学版），2021，41（05）：13—20．

④ 王玲．统筹推进大中小学劳动教育一体化建设的若干思考［J］．思想理论教育，2020（06）：22—27．

服，缝纫衣服等，重点培养中学生对劳动的热爱和良好的劳动习惯，养成正确的劳动观。"首先，要丰富劳动教育的课程形式，不断挖掘、开设国家课程、地方课程、校本课程、个性化课程、选修课程等等，形成多元课程体系，供学生根据自身兴趣自主选择。"① 其次，学校还可以最大限度地开发劳动教育资源，整合各种社会资源，组织学生深入城乡社区、福利院、公共场所等参加志愿服务，开展公益劳动，参与社区治理，走进学校周边的企业、工厂、农场等，参加力所能及的生产劳动，参与新型服务性劳动。最后，在校园内，我们可以多举办一些劳动性质的比赛活动，例如制作手工大赛、出黑板报等，增加学生的劳动参与感，培养他们的劳动热情。有条件的学校可以开辟劳动种植实践基地，让学生自己管理一块田地，并在老师的指导下种植一些蔬菜、瓜果、小麦等作物，这不仅可以让学生体验辛勤的劳动，还可以让学生掌握一些种植作物的技能技巧，收获丰收的喜悦，提升学生的劳动素养。学校开展的劳动教育，在培养学生良好的劳动习惯、掌握劳动必备技能、提升生活趣味的同时，也为学生未来劳动致富提供了可行性项目和相关的技术支持。②

（2）改善家庭劳动教育

乌申斯基指出："劳动是人类存在的基础和手段，是一个人在体格、智慧和道德上臻于完善的源泉。"劳动教育的最本质目标在于让学生树立正确的劳动价值观，让青少年认识到劳动对于人生未来发展前途和社会发展的重要意义，以热爱劳动为荣、以不劳而获为耻，尊重劳动者，以自己的劳动服务人民和贡献社会。③ 目前，很多家长认为孩子从事劳动可有可无，而学习成绩才是最为重要的。因此，家长必须认识到劳动教育对于孩子的全面发展、形成健全的人格、促进其身心健康发展起到重要作用。首先，家长必须全新认识劳动对于孩子成长的价值，不要溺爱孩子，担心他们太累太苦，进而包办劳动，要积极鼓励孩子劳动，要切实落实孩子的劳动时间，并给他们积极创造劳动的机会，增加劳动参与感。其次，要改进劳动教育方法，避免劳动代罚或者劳动教育功利化，

---

① 范秋荣．当前初中生劳动教育存在的问题及对策研究［D］．信阳师范学院，2020.

② 王立宏．农村学校校内劳动实践教育方法初探［A］．中共沈阳市委、沈阳市人民政府．第十七届沈阳科学学术年会论文集［C］．中共沈阳市委、沈阳市人民政府：沈阳市科学技术协会，2020：4.

③ 檀传宝．加强和改进劳动教育是当务之急——当前我国劳动教育存在的问题、原因及对策［J］．人民教育，2018（20）：30—31.

这样会让他们产生一种不正确的劳动观念，必须科学合理地选用适合孩子的劳动教育方法，并结合多种劳动教育方法。

罗斯金指出："只能通过劳动，思想才能变得健全；只有通过思想，劳动才能变得愉快，两者是不能分割的。"因此，鼓励孩子劳动是必须的。家长是孩子的第一位引路人，在孩子的成长过程中起着潜移默化的作用，因此给他们灌输正确的劳动观显得非常必要。鼓励可以在孩子心中产生极大的做某事的能量，相反，假如孩子做错一些事情，一味地责备，则会降低孩子从事劳动的积极性和伤害孩子的心理。首先，我们可尝试着将劳动"作业化"，把让她洗碗、叠被子、整理自己的书桌等说成是"做作业"，并在小黑板上列出值日表，每周评一次家庭"劳动之星"。其次，家长要以身作则，发挥言传身教的作用，营造良好的家庭环境氛围，因为小学生模仿能力极强，容易受到周围环境的影响，为此家长要树立良好的榜样，不要一味叫孩子做事情，自己反而躺在沙发上玩手机。最后，家长要加强对孩子劳动的监督管理，孩子从事劳动不要三天打鱼、两天晒网，而是要制订严格的计划，并加以实施和监督，落实到位。

正如马克思指出的："劳动创造了美，创造了一切，劳动最光荣。"劳动历来都是中华民族的传统美德。吴玉章对劳动有这样的理解："春蚕到死丝方尽，人至期颐亦不休。一息尚存须努力，留作青年好范畴。"正确的劳动观会让我们真正认识到劳动的实际内涵和意义，以及对我们成长历程所起到的重要作用。现在社会一些关于劳动教育片面的看法，对我们产生了消极的影响，例如，学校只注重升学率和学生的分数成绩，往往忽视劳动教育，而家长也认为孩子只要读书好就够了，对孩子的劳动教育则无关紧要。上述这些环境氛围对学生的劳动价值观产生了不利的影响。为此，首先我们要树立劳动最光荣的意识，让孩子养成良好的劳动习惯，认识到只有劳动的人生才是完美的人生，劳动可以促进人的全面发展，培养实现人生价值和理想。其次，我们要平等地对待劳动教育与其他学科的关系，不能认为文化课的地位就比劳动教育课程要高，要知道劳动教育对学生的人生观和世界观起着重要作用。最后，家长不但要树立正确的劳动观，在平时教育当中要向孩子灌输劳动最光荣的观念，而且要身体力行，在平时生活当中表现出对劳动的尊重。

实现理性回归：充分发挥劳动教育“三元”主体的结构性功能[①]

当下的社会大背景下积极开展劳动教育是十分必要的，其中中学思政教学是开展中学德育工作的主要渠道，在实施劳动教育中具有独特优势，针对中学切实落实劳动教育存在的各种问题，应从学校、家庭和社会三方面来完善。目前中学思政课要融入劳动教育面临的主要问题，应通过完善思政课中相应的内容、建立健全考核评价体系等来实现劳动课的理性回归。家庭要加快弥补自身在学生劳动教育中的缺位问题。社会也要通过营造氛围、提供机会来发挥它对劳动教育的支持作用。

2020 年中共中央、国务院印发的《关于全面加强新时代大中小学劳动教育的意见》中明确提到要设立劳动课程，劳动教育要成为必修课[②]，同时也要结合其他学科和专业的特点有机融入劳动教育的内容。思政课作为立德树人的重要课程，是开展劳动课程的主阵地，所以为了学生更好的发展，有必要使劳动课与思政课协同发展。如何处理好劳动课与思政课和学校、家庭及社会之间的关系，是接下来我们需要重点探讨的问题。

1. 劳动教育的现实意义和时代内涵

积极开展劳动教育是为了更好地适应时代的发展和社会的需要。随着时代的快速发展和互联网时代的到来，人们进入了信息时代，促使人们的思维方式和生产方式不断变革。新的背景下，中学在发挥育人功能的同时要看到劳动的

---

① 作者简介：蔡小雪，佛山科学技术学院学科教学（思政）研究生，主要从事思想政治教育研究。

② 潘希武．“上下联动”推进中小学劳动教育［N］. 中国教师报，2020-04-29（015）.

重要性，劳动课就是通过其理论和实践，为社会培养有用之才。当代青少年肩负着“四化”的重要使命，培养青少年树立正确的劳动观念，具有重要的现实意义。

新的时代背景下，劳动教育与以往传统的观念相比，有着更高的历史使命和意义。表现在：在劳动内容上着重核心技能的培养，聚焦学生学习和生活技能的提升；在学科发展上强调劳育与德智体美融合发展，将劳育贯穿学生发展的整个过程；在定位上关注学生整个人生的成长，引导学生为以后的工作和生活做好充分的准备。这就要求学校教育特别是中小学教育要面向未来，从新时代劳动的要求和特点出发，对劳动课程进行改革和调整，以帮助学生更好地学习和生活。

2. 当下中学在劳动教育中存在的问题

中共中央、国务院印发的《意见》中明确提出要把劳动教育作为重要内容，正式纳入国民教育体系。其中强调：各部分在劳动教育中的使命——“家庭的基础作用”“学校的主导作用”以及“社会的支持作用”。很显然，这是从全局的角度来看待劳动教育。但在实践中还存在一些比较突出的问题。

（1）学校在劳动课程开发中出现的问题

首先，重视程度不足，尚没有形成全国性的整体重视氛围。具体表现在：地方对上级教育部门劳动课的要求与规定没有切实执行，比较随意，缺少相关的法制保障；学校重视应试教育，一定程度上忽视了劳动课的作用，导致劳动教育在学校总教育中的比重较低，劳动教育资源的供给与实际需求有待提高，与其他课程相比，思政课可以更好地与劳动课协同开展，但实际上并没有很好地发挥思政课的作用；就重视氛围来讲，一些比较注重素质教育的地方和学校，劳动教育更受重视一些，具体体现在经济比较发达的地区的重视程度要高于经济落后地区。特别是在一些乡村学校甚至偶有对劳动技能课不能予以充分保障的情况，对劳动技能课教师的配备由其他教师来担任。

其次，监督机制不完善。由于地方在实际操作中比较随意，使劳动课程的作用一度被弱化。以至于劳动教育在以后发展的几十年里教育流于形式，落实不到位，上课时间被应试教育科目以各种原因占用等情况。归根到底与我国相关教育行政部门、学校的监督机制不完善，导致监督不到位有重大关系。缺少专门的课程监督机构导致劳动教育无法落到实处。

最后，考核评估系统不完善。现阶段，国内中学仍把应试教育科目相关科目作为升学的重要指标，没有把劳动教育纳入升学的指标之中，没有认识到劳动课程是实现学生全面发展和实施素质教育的重要途径，且劳动课的评价体系不健全，思政课中涉及劳动课的教育评价也不清晰，两者的融合发展很难实现。另外，大部分中学也没有把劳动教育列为教师政绩考核的因素之一，导致教师在进行劳动教育授课时比较随意、应付检查，没有把落实劳动教育教学作为一种责任。

（2）家庭在学生劳动课程中出现的缺位问题

目前，还是有部分家长片面地认为，吃饭穿衣是家长的事情，教育是学校的事情。这样的认知误区会在很大程度上阻碍家长对劳动教育的认知，家庭在劳动教育中的基础作用不仅没有得到充分发挥，还出现了缺位。①

首先，一部分家长不支持孩子主动参与劳动。其中最主要的原因是家长“心疼”孩子，认为孩子读书已经够累了，再让孩子从事家庭劳动，于心不忍。因此，一些家长的不支持使学生失去了在日常生活中劳动实践的机会，家长也不鼓励自己的孩子参与劳动实践，不太注重让孩子掌握必要的家务劳动技能。大多数家长片面地认为，孩子的主业就是学习，只要把学习成绩搞好就万事大吉，万事都要以学习为主。

其次，家长对劳动存在一定的偏见。在教育孩子要努力学习的同时，下意识地把人类劳动分为高低不同的等级，传递出要是学习不好，将来就要从事某种劳动职业，从而主观建构了对诸多劳动角色的人为偏见。以从事所谓的“低级劳动”作为孩子不努力学习的预期后果，去敦促孩子用功学习。

最后，家庭生活观念的影响。随着经济的发展，人们的物质生活极大丰富，且现在大多数的孩子都是独生子女。于是，家长在疼爱心理的作用下，对孩子“有求必应”，甚至出现无节制地满足孩子的“欲望”，孩子似乎只要动动嘴巴，开口找父母索要，就可以轻松地得到自己想要的一切，导致孩子把所得与劳动之间的联系割裂，认识不到劳动创造了一切，长此以往非常不利于孩子正确世界观、价值观、人生观的养成。

（3）社会在中学劳动教育中出现的问题

社会是一个广阔的天地，同时也是教育的大舞台，但在学生劳动教育的过

---

① 李刚、王旭、梁晓崴、郭琼．高校劳动教育与思政教育结合育人模式的构建路径探析［J］．教育现代化，2019（6），17—18.

程中，社会各方面的资源没有起到很好的保障作用。具体表现在：社会企业公司、工厂、农场组织在对学生开放实践场所，支持学生参加自己力所能及的劳动等方面没有很好地履行社会责任；另一方面，当前社会急功近利的风气让人们变得功利、急躁冒进，忽视了生活中的一些细节问题，一定意义上影响了社会劳动价值的形成，更别提在社会中中学生劳动价值的形成。

3. 劳动教育理性回归的对策分析

（1）学校要充分发挥自身在中学劳动教育中的主导作用

首先要转变态度，要高度重视劳动教育在学生身心发展和思政的协同发展中的作用。当下的中学要根据各个学段的要求和特点，设立劳动教育必修课程，系统加强劳动教育。学校要切实履行自己在学生劳动教育中的主体责任，开齐劳动课程，不得通过各种手段、借口来挤占劳动课程。中学的劳动课程要注重劳动理论与劳动实践相结合，系统学习掌握必要的劳动技能，开设一些与家务、手工、园艺等相关的劳动实践课程。同时要理清各个课程之间的关系，要认识到劳动课程和思政课程的协同发展，即劳动教育能为思政课程植入新鲜的血液，思政课程能为劳动课程的有效实施提供载体和依托。

其次要完善劳动课程监督机制。相关体制的完善才能提高中学对劳动课程的执行力度，保证劳动课程落到实处。① 新的背景下，要想促进劳动课程的进一步发展，国家相关教育部门就得加强劳动课程监督机制的建设，在各地区设立专门的监督机构，加强监督力度，不定期地对劳动课程的实施情况进行抽查，避免落实不到位、应付差事等情况的发生。同时，不能对制定出来的监督体制抱有坐享其成的想法，要在发现问题的基础上不断对其做出改进，随实际情况的变化而发展创新。

最后完善劳动课程的考核评估系统。与其他课程相比，劳动课程的受重视程度不高，并一度被弱化。完善相应的考核评估体系可以和思政课程相结合，增加劳动课程在思政评价体系中的比重，思政课的考核评定要向劳动教育方面倾斜。思政教师应参与学生综合评价的全过程，把劳动教育纳入学生的档案中，其中可以包括学生劳动的次数、成果、态度，记入学生评价档案，作为学生评优评先的重要依据。实现劳动教育有迹可循和切实发展。

---

① 朱雪军．劳动教育不可弱化［N］．江西日报，2020-05-05（001）

(2) 家庭发挥自身在中学劳动教育中的基础作用

首先家长要转变自身的观念，不将自己孩子的生活与家庭的劳动相割裂。家长要认识到其实适度的家庭劳动不是让孩子吃苦，而是一种自我锻炼，同时也是一种很好的调节。孩子们学习任务重，但都以脑力劳动为主，适度的家务劳动可以起到很好的调节作用。已有大量研究表明，让孩子适当从事一些家务劳动，对其成长具有重要意义。必要的家务劳动参与，对孩子的家庭共同体意识培养是有益的。

其次，家长也要改变将劳动教育归结为仅仅让孩子做家务的观念。要知道让孩子做家务，特别是和自己的父母一起劳动可以增进孩子和父母的感情。如果父母在劳动中能表扬孩子的话，那对孩子的成长也是极好的。家长要了解劳动教育的多种形式，例如参与房间的装扮、家庭卫生的打扫等多种形式的劳动更有利于孩子对劳动产生更加深刻的体验。

最后，家长还应改变轻视“体力工作”的态度，不再认为从事体力工作是“不光彩”的事，让孩子尊重社会上的各种工作以及从事这些工作的人，让他们明白各种工作只有分工的不同，没有高低贵贱之分。马克思主义认为，“劳动创造了人本身”，所有的人类劳动只要不违法犯罪都应该受到同样的尊重，只要是靠自己的劳动付出的所得而创造的生活，都是幸福的生活。因此，无论处于何种家庭背景，都应该让孩子从小树立“用自己的勤劳创造美好生活，才值得骄傲”的价值观念。正如《意见》明确提出，“家庭要树立崇尚劳动的良好家风，家长要通过日常生活的言传身教、潜移默化，让孩子养成从小爱劳动的好习惯”。

(3) 社会发挥自身在中学劳动教育中的支持作用

社会是劳动教育的主战场。劳动教育不是简单地强调体力劳动，它的最终归宿是要让学生通过劳动学会生存、合作、创造和适应社会发展。社会要真正发挥在劳动教育中的支持作用，就必须主动承担起为不同学段学生特别是中学生提供劳动教育实践场所、搭建劳动教育的平台等社会责任。如加强校外社会实践基地建设和岗位开发，为学生参加劳动教育实践创造机会，满足各级各类学校多样化劳动实践需求，共同支持学生深入城乡社区和公共场所等参加志愿服务、开展公益劳动、参与社区里力所能及的劳动。另一方面要根除“重教轻劳”，“万般皆下品，唯有读书高”的思想观，要聚焦学生德智体美劳全面发展，通过一定形式的劳动，让学生感受劳动对社会的价值。从另一方面讲，付诸实践才是对学生价值观最有利的教育。社会中有着各式各样的劳动渠道，可以为学生进行劳动教育提供多渠道的支持，在社会中获得的劳动知识与技能也是影响学生终身发展的有利因素。

综上所述，劳动教育对学生特别是中学生的全面发展至关重要，我国的中学劳动教育近年来已经有所发展，然而还存在着一些问题，需要我们去解决。改变现状不是一蹴而就的，需要学校、家庭和社会的相互协助，积极开展劳动教育实践活动，充分调动学校、家庭和整个社会尤其是社区的积极性，通过各式各样的活动共同推动劳动教育的深入开展。这种合力效应，鲜明体现了新时代劳动教育的重要特点，即劳动教育不能仅停留于学校教育范围。家庭、学校和社会应该切实发挥分工与合作的支持功能，只有这样才能共同促进劳动教育的有效推进。

比较客体差异：中学劳动教育的现实问题与优化路径①

劳动教育是中国特色社会主义教育制度的重要内容，直接决定社会主义建设者和接班人的劳动精神面貌、劳动价值取向和劳动技能水平。近年，青少年不珍惜劳动成果、不想劳动、不会劳动的现象突出，劳动的独特育人价值在一定程度上被忽视，劳动教育正被淡化、弱化。对此，我们必须采取有效措施切实加强劳动教育的实效性。本文通过分析中学劳动教育的现状、中学劳动教育的必要性和优化措施等方面来探究劳动教育的优化策略，以期为推进劳动教育提供有用的借鉴。

1. 中学劳动教育的现状分析

国内外相关调查显示，美国小学生平均每天的劳动时间为 1.2 小时，韩国为 0.7 小时，中国小学生平均每天的劳动时间只有 12 分钟。中学生自理能力缺失与劳动意识淡薄现象普遍存在，劳动时间短少、劳动能力缺失的情况突出。

据调查，在家里经常整理房间、打扫卫生、洗碗的中学生不足三成，学生日均家务劳动时间不足 10 分钟。在学校，劳动教育经常被“课程”“说教”“活动”等等替代了，这并非是“真劳动”；在校外，劳动实践蜻蜓点水、走马观花，注重形式轻视实际，价值非常有限。在劳动教育缺失的背景下，即使学生学习成绩再好，也可能是高分低能，可能连最基本的生活自理也做不到，更谈不上树立正确的劳动观念，热爱劳动了。虽然说社会分工越来越细，生活越来越智能，很多劳动不再需要学生亲自去干了，但这不能成为中学生不会劳动、

① 作者简介：林队改，佛山市南海区九江镇华光中学政治教师，主要从事中学政治学科教学工作。

推脱劳动责任的借口，最基本的劳动能力不应缺失。

笔者执教的初一年级的学生，在孩童时候几乎很少参与家庭和学校劳动，他们大部分是在进入初中以后才开始学习自己洗衣洗碗这些简单劳动的，这也正是初中生寄宿生活中所“逼”着培养起来的一定的生活独立自理能力。但值得一提的是，寄宿集体生活中的公区卫生打扫问题突出，存在“不推不动”“不要求绝不做”的现象，就连洗衣洗碗这些简单的劳动，也有很多学生是敷衍了事的。他们甚至还等到周末放假才把堆积了一周的衣物带回家里给家长去清洗。这些现象不免很让人担忧，会影响孩子的全面健康发展。因此，笔者认为劳动教育应从学生抓起，从小培养劳动意识，提高劳动技能本领，对中学生进行必要的劳动教育势在必行。

笔者作为一名任教初一的班主任，在与孩子家长沟通小中学衔接的问题时，很多家长的问题都集中在以下几方面：上中学前要识多少字？数学计算要提前学吗？英语单词、语文古诗文要背下来吗？练习册要买哪一些？诸如此类的都是有关掌握学科知识的问题。当与家长谈及“孩子自己的事能自己做吗”这一问题时，只有个别家长给了肯定的答案。由此可见，家长们普遍只关注孩子学科知识的积累，对孩子是否能自我劳动，是否有独立生活的自理能力，普遍不够关注。家长甚至有些学校和老师还常常拿孩子不努力学习，将来就当马路工、农民工或体力工来鞭策教育孩子。这其实表现出了大家在教育的思想观念上存在着不重视、忽视甚至鄙视劳动的一种让人堪忧的现状。

2. 中学劳动教育的必要性

（1）理论政策依据

习近平总书记在全国教育大会上的讲话中指出，“要努力构建德智体美劳全面培养的教育体系”，“要在学生中弘扬劳动精神，教育引导学生崇尚劳动、尊重劳动，懂得劳动最光荣、劳动最崇高、劳动最伟大、劳动最美丽的道理，长大后能够辛勤劳动、诚实劳动、创造性劳动”。习近平总书记对劳动教育的深刻阐释，充分体现了新时期党中央对劳动教育的高度重视，凸显了劳动教育的重要地位。

劳动教育是中国特色社会主义教育制度的重要内容，直接决定社会主义建设者和接班人的劳动精神面貌、劳动价值取向和劳动技能水平。长期以来，各地区和学校坚持教育与生产劳动相结合，在实践育人方面取得了一定成效。同时也要看到，近年来一些青少年中出现了不珍惜劳动成果、不想劳动、不会劳动的现象，劳动的独特育人价值在一定程度上被忽视，劳动教育正被淡化、弱化。对此，全党全社会必须高度重视，采取有效措施切实加强劳动教育。①

（2）现实状况依据

目前我国正在不断推进素质教育，无疑，劳动教育与德、智、体、美教育同样重要。因为劳动教育不仅培养学生基本的劳动能力、生存能力，还是树立学生正确的劳动观念和劳动态度的重要路径，也是教育学生热爱劳动和劳动人民的重要手段。但从现实情况来看，劳动教育缺失相当严重。

造成劳动教育缺失的原因有很多。当下，从学校、家庭、社会等诸多方面看，忽视少儿劳动教育的现象十分严重，存在问题突出。从家庭角度来说，家长们对当代“独生子女”宠爱甚至溺爱，处处代劳，不给孩子参与劳动的机会，而且只抓孩子的学习，劳动教育自然缺失；从学校角度看，只重视考试成绩和升学率，必然会轻视未纳入考核体系的劳动教育；从孩子自身的角度来说，自小处于一个物质丰富、生活条件较为优越的环境中，让他们很难体会老一辈靠双手辛勤劳动改善生活的艰辛，缺乏一种用劳动实干改变生活的概念和艰苦奋斗的精神。另外，过去教育政策引导也不够全面，缺乏量化评价指标体系。

3. 中学劳动教育的优化建议

习近平总书记 2018 年 9 月首次提出“培养德智体美劳全面发展的社会主义建设者和接班人”后，“德智体美”四育并举的教育方针正式发展为“德智体美劳”五育并举。同时，教育部 2019 年工作要点中明确提出大力加强劳动教育，目标任务是全面构建实施劳动教育的政策保障体系，开展劳动教育情况考核、评估和督导。工作措施包括出台加强劳动教育的指导意见和劳动教育指导大纲，修订教育法将“劳”纳入教育方针。一旦落实上述目标任务，显然中学生每天劳动 12 分钟所揭示的教育短板有望逐步补齐，我国所积极推动的素质教育将会更加全面，不仅学生劳动能力会提升，而且对于劳动及劳动者的认知也会改变。补齐这一教育短板的关键是政策引导，但不能完全靠政策引导，需要“多管齐下、百计并用”。

① 中共中央国务院关于全面加强新时代大中小学劳动教育的意见［N］. 人民日报. 2020-03-20（1）.

政策引导要发挥更大作用必须抓住几个关键点。首先，通过考核、评估和督导，敦促地方教育部门和学校，为劳动教育留出合理时间，把劳动教育融入劳动课程，真正重视劳动教育效果。其次，政府要将劳动考核正式纳入考试大纲中，明确规定劳动教育需要学生掌握的内容和达到的教学目标；要充分发挥高考、中考这两个“指挥棒”对劳动教育的引导作用，将“劳”作为一种重要的升学指标，量化考核。再者，要确保相关财政的投入，提高对劳动教育的重视程度，支持劳动教育的开展。

通过高考、中考中合理增加有关“劳”的内容，有效引导家庭教育补上劳动短板，也有望改变社会劳动实践蜻蜓点水、走马观花的现象。因为家长们普遍不让孩子参与劳动，只让孩子学习的主要目的是为了孩子能在未来中考、高考中取得好的成绩，避免劳动时间占用学习时间。所以，这样从“指挥棒”入手就抓住了牛鼻子。高考、中考可以把劳动素养评价结果作为评优、评先的重要参考和毕业依据，作为高一级学校招生录取的重要参考或依据，使劳动教育评价硬起来。①

在各学段设置劳动教育必修课程，其中中学劳动教育课每周不少于一课时，劳动素养将纳入学生综合素质评价体系。学校要对学生每天课外校外劳动时间做出明确规定，不得让其他统考科目占用劳动课程的时间。大中小学每学年设立劳动周，可在学年内或寒暑假自主安排，可以以集体劳动为主。强化劳动教育评价，把学生劳动素养作为衡量学生全面发展的基本内容，既要注重劳动过程的实效性，亦要注重评价结果在评优、升学就业中的使用。

首先，家庭要发挥在劳动教育中的基础作用。注重抓住衣食住行等日常生活中的劳动实践机会，鼓励孩子自觉参与、自己动手，随时随地、坚持不懈地进行劳动，掌握洗衣做饭等必要的家务劳动技能，每年有针对性地学会 1 至 2 项生活技能。② 家庭要树立崇尚劳动的良好家风，家长要通过日常生活的言传身教、潜移默化，让孩子养成从小爱劳动的好习惯。

再者，学校要发挥在劳动教育中的主导作用。根据学生身体发育情况，科学设计课内外劳动项目，采取灵活多样的形式，激发学生劳动的内在需求和动

① 赵洋洋．中小学劳动教育的实践困境与出路研究［D］．西南大学．2019.

② 田成胜．浅谈农村中小学劳动技术教育的发展［J］．农村．农业．农民，2005（01）：41.

力。统筹安排课内外时间，可采用集中与分散相结合的方式。组织实施好劳动周，小学低中年级以校园劳动为主，小学高年级和中学可适当走向社会，参与集中劳动，坚持因地制宜。①

一方面，引导家长树立正确劳动观念，加强家校合作，拓宽中学劳动教育的渠道，支持配合学校开展劳动教育；另一方面，加强劳动教育科学研究，宣传推广劳动教育典型经验。积极宣传企事业单位和社会机构提供劳动教育服务的先进事迹。注重挖掘在抗疫救灾等重大事件中涌现出来的典型人物和事迹，大力宣传不畏艰难敢于担当的高尚品格。② 鼓励和支持创作更多以歌颂普通劳动者为主题的优秀作品，大力宣传辛勤劳动、诚实劳动、创造性劳动的典型人物和事迹，弘扬劳动光荣、创造伟大的主旋律，营造全社会关心和支持劳动教育的良好氛围。劳动教育只有在家庭、学校、社会“多管齐下”、形成合力的基础上，才能获得良好的效果。

从思想认识、情感态度、能力习惯三个方面对中学生提出要求，强调要体会并认同劳动不分贵贱，培养勤俭、奋斗、奉献的劳动精神。再者，强调实施途径多样化，支持学生走出教室，动起来、干起来。作为新时代青少年，应该在日常生活中不断提升自己参与劳动的认同感和自觉性，形成劳动光荣、劳动伟大的正确观念。积极参与劳动教育和实践，要坚持实际体验，直接参与劳动过程，增强劳动感受，体会劳动艰辛，分享劳动喜悦，掌握劳动技能，养成劳动习惯，提高动手能力和发现问题、解决问题的能力。真正做到把自己的思想认识、情感态度和能力习惯都提升起来，才能更好地适应新时代对社会主义接班人的要求。

总之，劳动不仅能培养优良的品格，同时也锻炼了他们对社会的适应能力和交际能力，加强中小学劳动教育势在必行。我们要坚持把劳动教育纳入人才培养全过程，贯通大中小学各学段，贯穿家庭、学校、社会各方面，与德育、智育、体育、美育相融合，紧密结合经济社会发展变化和学生生活实际，积极探索具有中国特色的劳动教育模式，创新体制机制，注重教育实效，通过多种方法促使孩子从小养成劳动习惯，让孩子在劳动中增长才干、锻炼身体，不断

① 薛妍．城市中小学劳动教育存在的问题及对策［J］，甘肃教育，2017（17）：28.

② 中共中央国务院关于全面加强新时代大中小学劳动教育的意见［N］. 人民日报. 2020-03-20（1）.

努力为中华民族的伟大复兴贡献自己的力量。

当然，在经济社会快速发展的今天，我们既要重视传统的劳动教育，也要更新对“劳动”的认识。劳动教育要遵循教育规律，符合学生年龄特点，以体力劳动为主，注意手脑并用、安全适度，强化实践体验，让学生亲历劳动过程，感受劳动带来的价值，切实提升劳动育人的实效性。

开创微课模式：个性化导向发展中劳动教育的创新思路①

显而易见，“劳动”是中小学阶段出现频繁的词语。对劳动的关注一直都没有减弱：2015 年《加强中小学劳动教育的意见》指出“针对当前中小学生劳动机会减少，劳动意识缺乏，在家庭中被软化，在社会中被淡化的现象，提出要健全劳动教育体系，形成普遍重视劳动教育的氛围”2016 年《中国学生核心发展素养》将劳动意识作为教育的重要内容，致力于改变过于看重智育发展，忽视劳动教育发展的现状。近年，“微课”一词随着互联网的时代浪潮，引起了教育工作者的注意。而“劳动教育”也成为互联网、微课时代的一个重要关注点，从小学到中学，劳动教育都应该成为教育改革和创新的重要关注对象。但对于“微课”时代，劳动教育何为，还需要谨慎、细致地探索。

1. 劳动教育：微课时代的遗珠

作为教育的重要组成部分，《中国大百科全书（哲学卷）》将劳动定义为“是人类特有的基本的社会实践活动，也是人类通过有目的的活动改造自然对象并在这一活动中改造人自身的过程”。在社会主义中国，生产资料的公有制实现了，压在劳动人民身上的剥削和压迫消除了，这使劳动成为每一个公民的光荣义务。一般而言，劳动教育，是以产生精神财富，通过生产劳动和公益劳动来实施的教育实践，是学生丰盈精神世界、锻造社会主义价值观的重要手段。

2. 导向个性化发展：微课的定位与意义

微课尽管已经出现在教育领域，但对于微课的认识却没有做到众所周知，

---

① 作者简介：梁静娴，教育学士，容桂小学教师，主要从事语文教学工作。

教育界尤甚。相对于微视频，微课是一个“课程”的概念。从这个角度出发，微课本质是一种支持教师教和学生学的新型课程资源。微课与其相匹配的“微目标、微教案、微讲义、微练习”等课程要素共同构成“微课程”。① 赵兴龙研究院通过研究《教育信息化十年发展规划（2011—2020）》，从应用驱动的角度出发阐述微课，强调要考虑师生的工作学习场景及状态，使用的媒体是否恰当实用。

从微课的定位上看，不同教育资源对于学生具有不同的引导作用，确实微课与其他教育资源作用不同，学校传统教育资源与新型“个性化”发展的“微课”资源存在差异化定位；而从教育的方式上看，微课教育作为重新分化的资源，拥有个性化、多元化的教育作用。

从“微课”的使命和目的来看，微课影响了学生获得知识和情感教育的学习模式，其原始方式在于实现了资源利用的自主化。自主化学习，特别是在信息化教育技术的大环境之下，使学生真正成为教学活动的主动者。主动性是基础存在不同、智商存在差异的个体学生个体求知的必要情感，它也可以促使学生成为知识的主动建构者。

主动性指向了学生的个性化发展。主动性是个体知识内化的必不可少的阶段。美国齐莫曼认为，只有当学生在学习过程中成为在元认知动机和行为上的积极参与者时，这种学习才是自主的。② 微课面对所有的想要获取知识的学生，微课资源使得教育资源重建、共享，甚至个性特征千差万别、智力存在差异、基础各不相同的学生主动去思考探索、主动发现。这一定程度上诱导出来了齐莫曼提及的人的创造力量，唤醒了生命感、价值感。以“课堂为中心”的传统教学体制正随着多媒体技术的发展进行改革，“终身教育”“个性化教育”的时代已经来了。时代向我们提出了新要求，必须适应不同需求个体的个性化教育。

个性化学习，又称适应性学习，是为个体差异性学习提供资源的体系。从个性化学习的特征来看，区别于传统教育的学习目标、学习内容、学习方法、学习环境，在微课时代已经彰显出其优势。个性化学习的宗旨是为尊重个体差异，采取适当的方法促进学生的发展潜能。尊重个体差异是个性化教育的基点。

---

① 苏小兵、管珏琪，等．微课概念辨析及其教学应用研究［J］．中国电化教育，2014（07）：94—99.

② 汤会琳、辛小林．齐莫曼自主学习理论视角的远程教育个别化学习实现探讨［J］．现代远程教育研究，2011（06）：67—70，76.

著名教育专家顾明远教授指出，“人是有差异的，社会需要的人才是多样的，因此一定不能忘记差异性教育。要为不同的学生提供最适合他们的教育，才是最大的公平。在发展优质教育的时候，要重视因材施教，培养不同的人才”。① 从个性化教育的角度出发，微课教育是通过微课的资源重整、整合，导向以“差异性”为基点的“个性化学习”。这种教育新趋势紧密附和着教育改革的步伐。传统课堂教育存在着很多问题，作为认知主体的学生不能发挥其积极性。传统课堂教育学习内容的一致性，导致学生发散性思维薄弱。“微课”在学习内容上创新了传统课堂教育“眉毛胡子”一把抓的弊端。在微课上，学生不再是被灌输的对象，而是知识的主动建构者。

一言概之，微课是利用“互联网+”资源，以“个体差异性”为基点，培养学生创造性思维和创造能力的教育趋向。

3. 微课时代劳动教育的途径

历来，劳动教育不是学习简单的人类适应客观世界和周围环境经验的总结，而是在技能教育的基础上，引领学生实现人的本性、需求。因此劳动教育与当前微课的主体学科教育有密切关联。

从教育目的的视角出发，劳动教育与学科教育有共性，同时科技技术的成熟为其助力，使得劳动教育地位得以彰显。学科教育与劳动教育相辅相成。劳动教育为思想道德教育核心服务，融合到德智体美教育的全程中。

劳动教育与学科教育有很多共通之处，微课时代的学科教育可以成为劳动教育的载体。一是学科教育包含了语文、数学、英语等三大主科的课程，涉及人文地理环境、人类发明、人类制度与社会，共享人类最先进的科学文化成果，培养学生多元的思维能力。而劳动教育指向以劳育美，采用社会实践的方法，提升人的精神品位和人的价值。二是发展成熟的学科教育有完备的课程系统，作为课程系统，有完整的教育目标、教学内容、教学活动方式的规划和设计。但劳动教育没有独立的教育形式，长期依附学科教育，让学生在与学科知识结合的社会实践中获得个人幸福，同时促进社会发展。学生始终参与到劳动教育中，作为教育的主体。三是劳动教育与学科教育可以相互渗透。劳动教育着眼

① 孔晶、郭玉翠、郭光武．技术支持的个性化学习：促进学生发展的新趋势［J］．中国电化教育，2016（04）：88—94.

于融合。劳动教育可以渗透到其他学科，不仅能缩短学习时间和学习内容，反而为学科带来了活力，以贴近生活实际的学习内容，学习内涵更丰富的课程。四是微课时代，功能日益强大的软件开发，使微课有更多的呈现方式，持续更新的微课，使教育资源重新整合。这种整合为劳动教育创造了机会，落实劳动教育，培养学生自主劳动意识，主动承担社会责任。

是以，劳动教育与学科教育都重视教育“育人”功能，看重劳动与学科的融合，令劳动发挥其作为教育基础的作用。

4. 微课：激活劳动基因

微课的发展促进了劳动教育的发展，发挥了其综合育人功能。劳动教育是教育的基础，是能够促进社会发展和个人幸福的活动。不同类别的学科承担着不同的教育目标，需要将劳动基因渗透于整个学科教育，打造“劳动教育”统领的微课模式。首先，要将学习目标对象考虑进微课课程中，提高学生的参与程度和劳动观念的普及程度。其次，劳动教育需要完整的制度，教育部门要发挥其引领作用，方使劳动实现其价值统领功能。最后，要发挥教师在学生学习过程中的指导作用。可以整体安排、把握细节，令学生积极参与，得到充分的训练。劳动教育要进入微课课程中，实现学科教育与劳动教育的融合，创新劳动教育的方式与途径，实现个性化教育，才能激活微课时代的劳动基因，培育德智体美全面发展的学生。

时代困境突破：提升劳动教育在德育教育体系中的地位①

初中劳动教育是实施素质教育的重要载体，也是促进学生全面发展的重要内容。由于学校对新时代背景下的劳动教育内核的把握不够准确、对劳动教育定位不够明确，导致初中劳动教育不能充分地挖掘出教育价值，教育作用效益并不明显。文章首先阐述了新时代中学生劳动教育目的和教育价值，然后从劳动教育的内涵认知、保障体系和教育地位三方面分析了新时代劳动教育的实践困境，最后提出解决问题的优化路径。

我国的初中教育一直以来都提倡对学生进行劳动教育，国家要求初中学校要开设劳动教育课程，进行适当的课外劳动实践，并将劳动教育和有关学科教学相结合。可以说，劳动教育是初中整个教育体系的重要组成部分。其实，自从新中国成立以来，劳动教育课程的设置经历了一段颇为曲折的发展历程，它与我国不同时期的政治、经济、社会等环境密切相关。如今社会经济的快速发展给劳动教育的开展提供了更多有利的条件，但是由于教师和学生教育观念落后，也给初中劳动教育带来了诸多挑战。新的时代背景下，劳动教育面临着一些实践困境，如要突破目前的牢笼需要寻找到合适的可执行的路径，这些问题的解决不仅仅有利于劳动教育发展，同时也是实现初中教育全面发展的重要举措。

1. 新时代中学生劳动教育的目的

新中国成立后的不同时期里，由于政治、经济和社会环境背景的不同，每

---

① 作者简介：莫叶兵，哲学硕士，佛山市顺德区德胜学校道德与法治学科一级教师，主要从事中学政治学科教学与研究；钟琪，哲学硕士，佛山市顺德区容桂四基初级中学道德与法治学科一级教师，主要从事中学政治学科教学与研究。

个时期下倡导的劳动教育目的也不尽相同。从 1949—1976 年为新中国教育初期阶段，此时社会上普遍存在着轻视体力劳动的行为，劳动教育的目的就是要纠正初中生中存在的这种错误的思想，同时也关注学生自身的体力劳动，使他们在“德智体”三方面得到发展。

第二个阶段是从 1976—2012 年，此时的劳动教育课程相比于过去，开设了更多更新的内容，对初中生劳动素养的培养涵盖了劳动观念、劳动习惯、劳动知识、劳动情感和劳动思维等多个方面①，更多的是想让学生树立良好的思想品德，在增长智慧和知识、强健体魄的同时，还提高初中生的审美情趣和创新能力。

第三个阶段是 2012 年至今，也就是本文所提的新时代，劳动教育主要是培养初中生的实干创新精神，在这个新的历史起点上劳动教育的价值日益凸显。2015 年 7 月，教育部印发《关于加强中小学劳动教育的意见》，在文件中提出新时代下中学劳动教育的目标，就是培养学生形成良好的劳动习惯，积极端正劳动态度，勤奋学习，勇于创造。② 2018 年 9 月，习近平主席在全国教育大会上提出，新时代下需要进一步发展马克思主义劳动观，在中学生教育中构建“德智体美劳”全面培养的体系③。新时代下的初中劳动教育被赋予新的内容，纳入初中教育全面发展的教育体系当中，成为华夏民族伟大复兴的基石。

2. 新时代中学生劳动教育的时代价值

首先，劳动教育是促进中学生全面发展的重要途径，对初中生进行劳动教育可以促进其全面发展，实现教育中倡导的立德、增智、强体、育美的重要途径。综合实践活动是劳动教育的一个重要内容，主要涵盖了信息技术教育、社会实践和劳动与技术教育等。④ 通过实践活动，可以提高学生运用知识的能力，强健体魄，陶冶身心，还可以增进他们与社会之间的密切联系，增加其社会责

① 卓晴君. 劳动教育是培育学生核心素养的奠基工程［J］. 创新人才教育，2017（1）：15.

② 中华人民共和国教育部，共青团中央，全国少工委. 关于加强中小学劳动教育的意见［EB/OL］. 2019-07-15.

③ 李珂、曲霞. 1949 年以来劳动教育在党的教育方针中的历史演变与省思［J］. 教育学报，2018，14（5）：63—72.

④ 钟启泉、崔允漷、张华. 为了中华民族的复兴为了每位学生的发展：《基础教育课程改革纲要（试行）》解读［M］. 上海：华东师范大学出版社，2001：71.

任感。

其次，劳动教育有助于实现中学生立德树人。当代初中生的价值观受到西方不良思潮的影响，以及我国"劳心者治人，劳力者治于人"等类似传统观念的误导，不能理解劳动教育的真正内涵，没有树立正确的劳动观。增强劳动教育，其实就是增加学生的切身经历，让学生更加深刻地理解社会主义的思想道德内涵，提升对社会主义核心价值观的认同感，从根本上去塑造他们独立的人格，对我国立德树人的深入开展有着重要意义。

最后，劳动教育是建设现代化强国的必要条件。新时代的劳动者不仅拥有坚强的体魄和足够的力量就能够胜任，同时还要有相应的技术，有善于劳动的智慧，在实践中能进行发明创新。党的十九大报告中就明确地指出，深刻学习和践行工匠精神，打造一支技能型、知识型的劳动队伍①。初中劳动教育传承大国工匠精神，培养具有创新精神和实践能力的社会接班人，是我国实现四个现代化建设的必要条件。

3. 新时代中学生劳动教育的实践困境

（1）对劳动教育内涵认知异化

初中不少老师对劳动教育的内涵在认知上存在片面性和简单性。首先，新时代下初中生的劳动教育不仅是一门课程，它包括学生在家庭、学校、社会三个环境之间的整个实践网络。多数教师把劳动教育仅仅理解为劳动手工课程，进而忽视了劳动教育内容的丰富性。其次，大部分教师并未认识到劳动在促进中学生全面发展，推动社会进步中的重要意义，没有正确地认识到劳动教育是创新型国家的基础性教育之一。第三，劳动教育的独特使命没有被教师深刻认知，未深刻地理解到劳动教育是德育、智育、体育、美育的重要载体，从而导致了劳动教育在基础教育中的地位缺失。

（2）劳动教育的保障体系淡化

劳动教育的实施需要多个方面的支撑，目前就缺乏相关的支撑力量。首先，政策保障方面，虽然我国一直强调劳动教育的重要性，提倡初中生要"德智体美劳"全面发展教育，但劳动教育仍未被作为全面发展的教育体系之一，在相

---

① 习近平．决胜全面建成小康社会　夺取新时代中国特色社会主义伟大胜利［N］. 人民日报，2017-10-28（1）.

关法律，如《中华人民共和国教育法》中，关于发展中学生教育的阐述的提法依然是“培养德、智、体、美”的社会主义接班人。① 其次，中学劳动教育师资薄弱，在职教师没有接受专业系统的培训，无法提供教学保障，此外教学设备落后，劳动教育活动资金得不到保障等，都影响了劳动教育课程研讨交流活动的展开。最后，初中劳动教育评价缺失，大多数学校对教师的评估指标中，并没有劳动教育成果指标一项，学校对于学生劳动教育的考核，也只是针对文化课程的知识层面。

（3）劳动教育地位薄弱

在学校实施层面，由于学校对升学考试相关的文化课分数过度重视，劳动教育作为冷门课程，没有系统的课程安排，被学校排除在具体规划课程体系之外。应试教育遏制了学生的全面发展，即便部分学校开设劳动教育相关的课程，但是课程体系缺乏系统性，课程内容缺乏科学性和完整性，满足不了新时代对学生劳动教育的需求。其次，在家庭教育层面，家庭是学生成长的摇篮，家长对子女溺爱，而忽视对其劳动习惯的培养，导致许多学生没有理解劳动教育的理念，而缺乏基本的劳动意识和能力。跟学校一样，由于受到应试教育升学压力的影响，家庭也普遍存在孩子对劳动教育的忽略。

4. 新时代劳动教育实践困境突破策略

（1）端正对劳动教育的内涵认知

首先，学校要转变教育视角，充分挖掘劳动教育内容。新时代劳动教育内容跟过去不一样，过去教育内容单一，而且以课堂文化知识传授为主，而新时代的劳动教育具有综合性、实践性的特征。家务劳动、校内劳动、校外劳动都是教师考虑的学生劳动实践范围，重点锻炼学生的艰苦奋斗精神，培养他们积极付诸实践的劳动习惯。

此外，教师不能过分干预学生的劳动教育实践，要充分发挥学生的主体性，把组织者、策划者让位于学生，改变学生过去那种被动接受者的角色。学生以多重身份参与实践活动，才能领悟到劳动教育的真谛。

最后，是把握时代导向，理解劳动教育意蕴。教师在开展劳动教育之前，

---

① 刘向兵、李珂、彭维峰．深刻理解新时代加强劳动教育的重大意义与现实针对性［J］．中国高等教育，2018，54（21）：4—6.

要理解劳动教育的时代意蕴，认同劳动教育的意义和地位，德育、智育、体育、美育、劳动教育五育并举，并不是过去提倡的“德、智、体、美”教育而已。相关教育部门重视劳动教育的落实，为教师的劳动教育实践提供引领和支撑。

（2）完善劳动教育的保障体系

首先，拓展劳动教育资源，加强支撑力量。尽快将劳动教育纳入相关法律章程，强化劳动教育的政策刚性，相关部门对劳动教育的目的、原则、方法、考核机制等方面进行明确阐述，出台相关配套制度，才能为劳动教育发展进一步实施明晰方向。此外，学校强化师资团队，加强劳动学科建设。师资队伍建设方面，学校主要通过培训、举办各种经验交流会等方式来提升劳动课程教师的专业化水平，定期组织开展劳动学科相关教研活动，以推动学科体系建设。

其次，在教学评价体系中增加劳动评价的占比，主要分为教师评价层面和学生评价层面。在教师评价层面，学校完善教师评价考核体系，将劳模精神纳入教师职业道德建设范畴，打造一支勇于奋斗、甘于奉献的教师队伍。在学生评价层面上，学校调整学生的学业评价体系，摒弃过去片面追求升学率的应试教育模式，将劳动实践作为常态化衡量学生综合素质的重要标准之一。

（3）强化劳动教育在整个教育体系中的地位

首先，优化课程体系，增补劳动教育课程。第一，学校要从学生的身心发展规律出发，摒弃应试教育的思想，重视学生的全面发展，增补劳动教育课程及实践活动。第二，加强劳动教育在其他学科中的渗透，创设劳动教育的丰富载体。比如在语文、政治、历史等文科课程中渗透劳动精神和劳动价值；在数学、物理、化学等理工科课程中渗透一些劳动技能和方法等。

其次，拓展劳动途径，组织劳动实践活动。第一，学校积极在初中生当中拓展多重劳动途径，如组织学生兴趣小组、社团等，并且在活动中注重发挥学生自身的主观能动性，通过学生自发的集体劳动，挖掘学生的劳动热情，可以提高活动的实施效果。第二，充分调动内部各个组织的作用，定期组织劳动实践活动，如野外训练、种田养殖，或者具有本校特色的校内活动等，根据中学生目前的身心发展规律和认知特点，组织相应的主题活动，提升学生的劳动体验，提高他们的劳动意识和劳动习惯。

总而言之，新时代中学生的劳动教育需要跟随时代发展进行调整，需要认清现代社会的劳动需求，注重培养学生新的劳动意识和劳动能力。这个过程不仅仅是依靠学校就能完成，需要学校、家庭、社会的高度重视，相互配合。其中，学校及相关部门担任着时代风向标的角色，深入理解劳动教育的时代价值和内涵，深度聚焦于劳动教育，提供更好的教育保障措施，以突破劳动教育的实践困境，在全面发展教育中深化和巩固劳动教育的基础性地位。

具象境况摸查：基于高中生劳动教育问题及对策的实证研究①

劳动对一个国家的社会发展和人的全面发展都具有十分重要的意义，而劳动教育有利于推动学生其他各育发展，让学生在早期树立正确的职业道德和价值取向，培养良好的劳动情感和劳动能力，可以为未来走向岗位奠定基础。因此，对这一问题进行深入剖析有利于引导青年一代树立责任意识，促进素质教育的进一步发展。

习近平在全国教育大会发表讲话时强调："要在学生中弘扬劳动精神，教育引导学生崇尚劳动、尊重劳动，懂得劳动最光荣、劳动最崇高、劳动最伟大、劳动最美丽的道理，长大后能够辛勤劳动、诚实劳动、创造性劳动。"② 然而，在实际课程教学过程中却出现了"唯分数论"，忽略了对学生劳动能力和劳动情感的培养，造成学生眼高手低、轻视劳动、不尊重他人劳动成果的现象，此现象在高中学生群体中尤为常见。本文进行了一次小规模的调查，对高中生劳动教育的现状及存在的问题进行分析，随后提出解决措施。

1. 劳动和劳动教育

劳动是指人类在生产过程中所提供的劳务，包括脑力劳动和体力劳动。马克思曾说过："劳动创造了人本身。"③ 马克思主义劳动学说认为劳动和自然界是构成一切财富的源泉，他指出劳动过程的简单要素是有目的的活动和劳动本

---

① 作者简介：李金宝，佛山科学技术学院教育硕士（学科教学．思政），主要研究方向为中学生思想政治教育。

② 习近平．《习近平谈治国理政》，北京：外文出版社，2014：44.

③ 马克思恩格斯选集：第三卷［M］. 北京：人民出版社，2002：508.

身、劳动对象和劳动资料，① 在吸收了古典政治经济学的科学成分并批判其中不合理的成分后，马克思提出了劳动价值论，马克思指出："一切劳动，从一方面看，是人类劳动力在生理学意义上的耗费；作为相同的或抽象的人类劳动，他形成商品价值。一切劳动，从另一方面看，是人类劳动力在特殊的有一定目的的形式上的耗费；作为具体的有用劳动，他生产使用价值。"②

马克思提出了"教育和生产劳动"相结合，他认为这是"造就全面发展人的唯一方法"③。"劳动教育"是以提升学生劳动素养的方式促进学生全面发展的教育活动。由于"劳动价值观"是劳动素养的核心内涵，"劳动教育"也可以定义为是以促进学生形成劳动价值观（即确立正确的劳动观点、积极的劳动态度、热爱劳动和劳动人民等）和养成良好劳动素养（形成劳动习惯、有一定劳动知识与技能、有能力开展创造性劳动等）为目的的教育活动。④

劳动教育可以使学生树立正确的劳动观念和劳动态度，热爱劳动和劳动人民，是养成劳动习惯的教育。近年来虽然劳动教育已经引起足够的重视，但是实施起来还是存在一定的困难，比如：如何把劳动教育的学习情况指标化、如何把劳动教育纳入学生考试机制当中、如何对劳动教育课程进行开发等等。劳动教育是青少年成长过程中不可或缺的一环，培养青年一代热爱劳动、尊重劳动可以为他们将来的职业发展奠定良好的基础，同时也可以更好地践行社会主义核心价值观，培养青年一代树立爱岗敬业的意识。

2. 基于问卷调查的高中生劳动教育现状

为了进一步对高中生劳动教育的现状进行深入分析，对湖南省邵阳市某两所高中随机抽取了三个班进行了网络问卷调查，发出问卷 150 份，收到了 80 份反馈，调查结果显示：首先，劳动教育未受到足够的重视，在问题"你所在的学校开设劳动教育课了吗?"中，有 27.5%（22 人）表示学校并没有开设劳动教育课，28.75%（23 人）则表示对这个问题不清楚，此外还有 43.75%（35 人）表示学校开设了劳动教育课。从问卷调查中看出，劳动教育相比于文化课

---

① ［德］马克思 .《资本论第一卷》，北京：人民出版社，1975：202.
② ［德］马克思 .《资本论第一卷》，北京：人民出版社，1975：60.
③ 马克思恩格斯全集：第 23 卷，人民出版社，1971：530.
④ 檀传宝 . 劳动教育的概念理解——如何认识劳动教育概念的基本内涵与基本特征［J］. 中国教育学刊，2019（02）：82—84.

程的普及率来说相对较低，还有一部分学生对劳动教育的概念和界限比较模糊，对这一问题没有引起相应的关注。其次，家庭对孩子劳动教育观念淡薄。在被问到“在家里，父母是否对你进行过相关的劳动教育?”时，有5%（4人）的学生表示没有，另外有60%（48人）的学生表示父母只是偶尔会介绍一些相关的劳动教育，还有35%（28人）表示父母经常会介绍一些相关的劳动教育。从调查结果来看，大多数家长还未意识到劳动教育对于孩子全面发展的重要性，忽视对孩子的家庭劳动教育，未让孩子在家庭中得到应有的劳动锻炼。最后，学生欠缺对劳动的正确认识，缺乏主动进行劳动的意识，在问题“你认为劳动对自己的发展有关系吗?”中，有40%（32人）的学生表示劳动与自己的发展关系不大，但也起到一定的作用，而也有58.75%（47人）表示劳动与自己的发展有很大的关系，有1.25%（1人）的学生表示劳动与自己的发展没有关系。

从上述的调查结果可以看出，不管是学校、家庭还是学生自身都未把劳动教育摆在一个正确的位置，如果劳动教育长时间被认为只是智育的附属品，那学生不珍惜劳动成果、不想劳动必然会成为中学劳动教育开展面临的难题。高中生劳动教育的受重视程度不够，在高中部，尤其是毕业班，学校迫于学生升学的压力，压缩学生的体育、美育和劳育方面的课程。这在一定程度上抑制了学生的发展可能性，从学生的长远来看，违背了学生的身心发展规律；从学校来看，也违背了学校教书育人的初衷。

3. 高中生劳动教育存在的问题及原因

（1）学校开展劳动教育的内容单一、形式主义

在调查研究中，对“你认为你所在学校开展的劳动教育存在哪些问题?”中，占比最高的是内容单一、形式主义，有56.25%（45人）的学生认为学校开展的劳动教育内容形式比较单一，“你最经常去的校外实践场地是?”的调查结果中，占比前三位的分别是街道41.25%（33人）、公园28.75%（23人）、其他21.25%（17人），由调查结果可以看出学校开展劳动教育的形式主要以打扫卫生、打扫街道为主，对于部分学生来说这种简单的劳动教育无法调动他们的积极性和主动性，高中生的生理和心理发展相对而言已经比较成熟了，因此，学校也要根据学生的身心发展的阶段性特点调整劳动教育的内容，激发学生进行劳动的兴趣。而在相关问题“你认为学校劳动教育课的内容应该包括哪些?”中，占比前三位的分别是社会实践、手工、烹饪，其中社会实践占比85%（68

人）、手工占比 62.5%（50 人）、烹饪占比 48.75%（39 人），从这两个相关问题可以看出，学校开设的劳动教育活动和学生自身喜欢的劳动教育内容存在着较大的差异。

造成学校劳动教育内容单一、形式主义的原因主要有以下几点：首先，学校未转变观念，许多学校单纯地把学生的成绩好坏作为评价学生优秀与否的唯一标准，长此以往，教师和学生会误认为自身在学校的价值实现方式就是获得好的成绩，继而，教师会忽视对学生劳动意识的培养和劳动行为的塑造，而学生在此教育模式的影响下会逐渐丧失劳动主动性。其次，学校缺乏师资、场地等保障，学校的劳动教育场地相对而言比较匮乏，缺乏对学生进行劳动教育的专职教师，多数由班主任充当劳动教育的教育者，而班主任并未受过系统的劳动教育培训，无法从理论和实践上激起学生对劳动的热爱。最后，社会上缺乏提供高中生进行劳动教育实践的机会，① 在调查“你最常去的校外实践场所是?”中，爱国主义教育基地、博物馆、敬老院占比位于后三位，分别为 1.25%（1 人）、2.5%（2 人）、5%（5 人），由这个调查数据可见，学校忽视了校外有特殊教育意义的劳动教育场所，没有对劳动教育的内容进行及时更新，学校应加大与校外劳动教育场所的合作，在促进劳动教育的同时还能帮助学生深化对其他各育的理解。

（2）家庭缺乏对孩子进行劳动教育的意识

许多家长认为对孩子进行教育是学校的事情，持有学校包揽一切、家庭教育可有可无的错误思想，更有甚者认为劳动教育课耽误孩子的学习时间。如果父母过度贬斥劳动的价值，会让孩子产生错误的劳动观念，造成孩子不尊重他人的劳动成果、眼高手低的后果，问卷调查结果显示有 66.25%（53 人）的学生偶尔会在吃饭时有剩饭剩菜的情况，28.75%的学生表示不会有这种现象发生，还有 5%（4 人）表示经常会有这种现象的发生。在问卷调查“你是否有乱丢垃圾等不文明行为?”中有 56.25%（45 人）表示偶尔会有，而 41.25%（33 人）表示没有乱丢垃圾的现象，还有 2.5%（2 人）表示经常会有丢垃圾的现象。值得注意的是，有 51.25%（41 人）的学生认为剩饭和丢垃圾的行为并不是对他人劳动成果的不尊重。这种现象的产生与家庭劳动教育的缺失是有一定的关系的。事实上，劳动教育可以促进学生其他各育的发展，学生进行适当的

---

① 李超．当代中学生的劳动意识教育研究［D］. 湖南师范大学，2015：42—45.

劳动可以提高学习效率，促进智育的发展，而劳动教育是德育的主要内容，学生在家养成良好的劳动行为和劳动习惯，可以帮助他们理解父母劳动的艰辛，懂得珍惜劳动成果，获得精神上的愉悦。所以家长应该适当让孩子承受“劳动之苦”，不要包办一切，让孩子在劳动中获得成长和快乐。

而造成家庭劳动教育缺失的原因也是多方面的，首先，父亲在孩子家庭劳动教育中的角色缺失。调查结果显示，在家中，家务活由母亲承担的占 37.5%（30 人），家里人大家一起做、几乎平均的占到了 45%（36 人），而由学生自己做的占了 8.75%（7 人），祖辈的爷爷奶奶或外公外婆负责的占到了 7.5%（6 人），请保姆做占比为 1.25%（1 人），而在爸爸做这个选项中，占比为 0%，也就是说，父亲在家务中的参与度极低，而孩子的劳动教育意识培养是需要父亲以身作则的，因此，父亲在家庭劳动中的缺失可能会引起孩子不重视劳动的结果。其次，孩子的数量也会对家庭劳动教育造成一定的影响。在独生子女家庭，父母往往由于溺爱而剥夺孩子的劳动机会，让他们把所有的精力放在学习上，部分孩子出现高分低能的情况。

（3）学生自身未领悟劳动的价值和意义

内因才是促进事物发展变化的根本原因，尽管学校和家庭会对高中生的劳动动机和劳动意识产生一定的影响，但是最终促使学生能积极投入劳动的仍然是学生自身意识到劳动的价值和意义，能够充分发挥主观能动性，对劳动保持持续性的热爱。通过问卷调查发现，45%（36 人）的学生认为，劳动的意义是服务他人，实现社会价值；36.25%（29 人）认为劳动的意义是获取劳动报酬，满足生活需要；此外还有 18.75%（15 人）认为劳动的意义是实现个人发展，达到一定的社会地位。从调查结果可以看出，大多数学生认为劳动的意义是为了谋求劳动报酬或者拥有一定的社会地位，而缺乏为他人服务、服务社会的意识。在问题“你多久进行一次家务劳动?”中，有 36.25%（29 人）表示几乎每天会做，31.25%（25 人）表示两三天一次，20%（16 人）表示一个星期左右做一次，10%（8 人）表示一个月做一次，2.5%（2 人）表示从不做家务。结果显示，学生在家做家务的频率并不高。一方面，学生自身不愿意做家务，由于娱乐设施的增加，他们喜欢用游戏、微信暂时摆脱繁重的课业压力，即使父母要求进行劳动，他们不是敷衍了事，就是以学业为借口推脱，而造成这种现象的原因是孩子没有意识到，或者没有体会过劳动的意义，尤其是体力劳动。有的孩子从小被灌输体力劳动是底层劳动者才会干的事情，造成这些孩子从心理上排斥劳动，当体力劳动与社会身份挂钩时，那体力劳动不受重视就成为一个必然趋势，这种观点也会弥散到体力劳动者身上，造成部分学生不尊重体力劳动者。另一方面，父母在孩子幼年期一直给孩子心理暗示，让孩子觉得自己无法胜任“劳动者”这个角色，在劳动中看不到自己的劳动价值，索性放弃劳动，这两方面形成了一个恶性循环，导致孩子不想劳动。

而造成学生没有深入理解劳动的价值和意义的原因主要有几个方面。从学校来看，学校未重视劳动教育，劳动教育占总课时的比例小，学校的劳动教育课程教学计划不明确，缺乏系统性的规划；从家庭来看，家长长时间把劳动教育看作是智育的附属品，孩子错失了很多锻炼机会，在内心深处也认为劳动是无关紧要的，认为只要学习好就能找到一份好工作，从而不想劳动。而造成学生不想劳动的原因主要有三个方面。首先，劳动的强度不符合孩子的身心发展水平，劳动强度过高或者过低都会让孩子产生抵触劳动的心理，劳动强度过高会让孩子觉得劳动是件很困难的事情，劳动强度过低则会让孩子轻视劳动，无法触及劳动的本质，因此家长要选择适合高中生身心发展阶段的劳动，对他们进行行为塑造；其次，父母忽视孩子在劳动中的主体作用，当父母和孩子在一起劳动时要以孩子为主，父母发挥辅助作用，要让孩子最大限度地感受到在劳动中的存在感，不能担心孩子做不好就拒绝孩子的参与，这会极大削弱孩子的劳动积极性；再次，父母没有给孩子及时反馈，当孩子完成一项劳动时，父母要及时给予反馈，这种反馈要具体到一个点，不能笼统地夸赞或者批评；最后，从学生自身来看，高中生还处于身心发展阶段，关于劳动的认识还不全面，缺乏系统性的认识。

4. 如何应对高中生劳动教育中存在的问题

（1）开展丰富多彩的社会实践活动

为了解决学校劳动教育内容单一、形式主义的问题，首先，学校应该创新劳动教育实践的内容，把学生进行劳动实践的范围扩大,① 让学生积极参与社会实践，除了定期的打扫校园、街道之外，还可以安排学生到博物馆、海洋馆、马路边、烈士公园、养老院、特殊学校等地方进行义务劳动，可以分批次进行，让学生在劳动中体验劳动的乐趣。这不仅可以帮助高中生放松身心，也可以让

---

① 李超．当代中学生的劳动意识教育研究［D］．湖南师范大学，2015. 4.

他们在劳动中拥有更多的获得感。其次，教师要及时肯定和鼓励学生的积极劳动行为，对出色完成任务的同学给予嘉奖，及时强化学生的内部动机，让学生树立劳动光荣的意识。再次，让学生与普通劳动者密切接触，在学生的能力承受范围之内适当地干一些农活，比如去蔬果种植基地摘瓜果、除草等，让孩子们与劳作者密切接触，在培养学生动手能力的同时，让他们体会劳动的辛苦，改变有些学生轻视体力劳动、歧视体力劳动者的现象，培养他们正确的劳动价值观。每次活动之后要求学生写心得体会，记录劳动的点滴，把优秀作品刊登出来，在班级和校园营造良好的劳动氛围①。最后，要优化劳动教育课程，学校要根据学生的兴趣和爱好开设劳动教育课程、更新劳动教育内容、促使劳动教育教师专业化，确保学生能从劳动教育课上有所收获，学校应该把完成劳动教育的课时目标转移到提高学生的动手能力和劳动情感的培养上面，使学校劳动教育成果规范化。

（2）家长要有意识地培养孩子的劳动技能

家长有意识地培养孩子的劳动能力可以帮助他们树立对家庭、对社会的责任，父母应该给孩子一些积极的指导和训练，在进行家庭劳动时要让孩子积极参与进来，不能把孩子排除在外，父母可以与孩子开展一些集体家庭劳动，比如一起大扫除、一起做晚饭，在一起劳动的过程中，不仅可以获得充实感，还可以增进父母和孩子之间的感情。高中生学业负担重，而且面临着升学的压力，因此，父母要有意识地帮助孩子处理好学习和劳动之间的关系，合理分配学习和劳动时间，父母尽量以身作则，劳动时间与孩子保持同步。其次，家长要培养孩子主动选择劳动内容的能力，父母应该让孩子有机会做出选择、做出计划，这样孩子在将来，面对人生的重大决定时就不会感到迷茫，可以自己决定自己未来的发展方向。最后，家长在评价孩子的劳动成果时要关注孩子为劳动所做出的努力，即使孩子由于能力不足没能达到预期的效果也不能过分苛责，在表扬进步的同时也要指出不足，为孩子指明努力的方向，给予相应的指导。

（3）学生要充分发挥自身的主观能动性，调动劳动积极性

学生自身要积极寻找劳动的机会，增强劳动意识，在调查问卷中，93.75%（75人）的学生对未来劳动的选择是体力劳动和脑力劳动相结合，63.75%（51人）选择义务劳动、公益劳动，42.5%（34人）的学生选择有技术的体力劳动，

① 范秋荣．当前初中生劳动教育存在的问题及对策研究［D］．信阳师范学院，2020.5.

10%（8人）的学生选择了单纯的体力劳动。从调查结果看出大多数学生希望体力劳动可以和脑力劳动相结合，高中生对简单的体力劳动没有很大的兴趣，他们希望通过劳动可以掌握某项技能或者获得实用性价值，在这一方面，学生可以主动关注社会上科技进步解放人类双手的领域，尤其是一些“懒人发明”，通过学习其中的原理，学生也可以自己动手尝试做一些半自动化产品，并把这类产品用于自身的学习生活中，这可以大大激发自己的劳动创作热情，还可以促进学生自身对学习的热爱，提高学生的智力发展水平。

在课程学习中，学生也可以充分发挥劳动主观能动性，培养自身的劳动意识。上地理课，学生可以动手做一个地球仪，也可以根据其他国家和地区的大致轮廓进行剪纸，在巩固知识的同时也可以提升自己的动手能力；上数学课讲到立体三维图等抽象概念时可以自己动手做出模型；上完物理课也可以拿家里一些报废的家电进行研究，在老师或家长的指导下进行拆解，了解里面由哪些器件组成，是哪个零件出现问题才导致的故障。要孩子积极寻找解决方法，把在课堂上学到的理论真正地用于实践，通过这种方式学生可以更加直观地对知识有深入的了解，学生获取知识的同时可以感受到劳动的快乐，会自觉养成良好的劳动习惯。总之，学生要努力融入劳动的环境，在其中充当主体，而学校和家长对孩子劳动教育也不能只停留在体力上，要用孩子喜欢的方式尽可能把体力劳动和脑力劳动结合起来，促进孩子各方面素质的发展。

5. 结束语

新时代的学生是要在德智体美劳等方面都得到充分发展的学生，对学生进行劳动教育可以培养他们良好的责任意识，也是对社会主义核心价值观的积极践行，劳育也可以促进其他各育的发展，通过劳动教育学生会更加珍惜现有的学习机会，促进学习效率的提高，也可以推动学生更好地发现美、感受美。然而，劳动教育在学校和家庭中却未受到足够的重视，导致许多学生严重缺乏生活自理能力。为了深入了解劳动教育在高中阶段的情况，以网络问卷调查的形式对部分在校高中生进行了调查，以数据分析的形式研究劳动教育的现状、存在的问题和原因，最后提出解决措施。本篇论文中也存在着许多的不足，对学校的调查只能说明一部分问题，问卷调查还不够全面、语言表达不够精炼，在日后的调查研究中会不断改善和进步。

从边缘到中心：扭转新时代中学生劳动教育弱化的机制探讨①

劳动教育是中国特色社会主义教育制度的重要内容，是全面发展教育体系的重要组成部分，是大中小学都必须展开的教育活动，是培养全面发展的人的重要途径。劳动教育的缺失会阻碍人的全面发展，勤劳是中华民族的优秀传统。不过，劳动教育并不只是让学生简单掌握几项劳动技能，学一些简单的劳动知识，目前中学劳动教育的现状不太乐观，不同地区学校重视程度不同、社会的漠视与舆论的冲击、中学生价值观的扭曲等等原因，都使得劳动教育被不同程度边缘化。因此，全社会都应该予以高度关注，把劳动教育摆在该有的位置，让劳动精神在全社会蔚然成风。

1. 中学生劳动教育现状分析

（1）劳动教育在中学、社会中被弱化

从中学来讲，很多中学只重视文化知识的学习，不重视劳动观念和行为的培养、塑造，让学生热爱劳动、树立劳动观念始终是个口号，没有具体的行动落实。学校组织的服务性劳动也较少，学校劳动课程没有实施到位，缺乏系统的规划与设计，形同虚设。一些学校甚至还将劳动作为对学生的惩罚手段，使学生害怕劳动，把劳动当成被迫要做的事情。教师对劳动课程没有具体的认识，也没有清晰的概念，不知道如何去贯彻落实劳动教育，缺乏高水平专业师资队伍。

从社会来讲，第一，在我们国家不同地方，劳动教育受重视程度差异巨大，

---

① 作者简介：覃潇灵，佛山科学技术学院马克思主义学院硕士研究生（在读），主要从事中学思政教育研究。

尤其是城乡差距极为明显，尚没有形成全国性的整体重视范围，只有一些比较注重素质教育的地方和学校，才会比较重视劳动教育。虽然国家已经致力于发展劳动教育，但是在农村地区的中学，却没有得到很好的实施。第二，社会上错误价值观的冲击，造成了不良影响，现代人普遍注重物质上的成功，生活上的享受，形成了一种攀比热潮。其外，获取不义之财、不劳而获等思想比比皆是。孔子说："仁者先难而后获。"就是说一个人通过艰辛的劳动而后收到劳动成果，才是有仁德。不劳而获也有一定的危害性，历史上，李自成起义之时，怀着救国救民的伟大梦想，当进京坐上龙椅之后，就把当时的梦想抛之脑后，一味贪图享乐，终于失去江山。想要改变社会风气，每个人都需要贡献出一分力量，去营造一种"幸福是通过劳动创造出来的"社会风气。

上述种种原因，让劳动教育被边缘化成为必然。面对这种现状，教育部2020年7月出台《大中小学劳动教育指导纲要（试行）》，主要面向学校，重点针对劳动教育是什么、教什么、怎么教等问题加强了专业指导，这说明了国家越来越重视劳动教育，反映出落实立德树人根本任务的创新。

（2）青少年不会劳动、不喜欢劳动、不珍惜劳动成果

中学阶段正是青少年增强体力、增长智力的大好时期，也是形成正确品质和道德观念的重要阶段。现在的中学生独生子女占很大一部分，在家里被宠着，以自我为中心，形成了娇生惯养的坏习惯，也不懂得谦虚和谦让，目中无人。尤其是在信息时代的大背景下，仍然有不少青少年还未意识到劳动的重要性，整日沉迷手机和网络游戏，除了上课就宅在家里，平时在家里不承担家务、在学校不打扫卫生、不知道尊重他人劳动成果，甚至轻视体力劳动，尤其是看不起普通劳动者。这个问题是十分严峻的，教师、家长、社会都应该帮助中学生树立正确的劳动观念，培养一定的劳动能力，要舍弃追求享乐、贪图安逸的错误观念，从而为国家繁荣富强、社会兴旺昌盛做出贡献。

（3）家长思想观念的滞后性

如今不少家长对劳动存在很大的偏见和误解，比如担心劳动会影响孩子的学习、成绩，只要分数考得高，做不做家务无所谓。还有些家长觉得孩子做家务做得不好，就不让他们做了，所有家务都要自己包办。这些偏见和误解还带给了下一代，非常不利于孩子们的成长，在这种家庭里成长起来的孩子，社会意识淡薄、没有责任感、动手能力差，逐渐变成了巨婴，导致一些娇生惯养的青少年在回到家里后，也基本不会参与家务劳动。陈鹤琴提出活教育理论，基

本原则是“做中教、做中学，做中求进步”，陈鹤琴认为：凡儿童自己能够做的，应当让他自己做。家长转变观念、提高认识，让孩子变得有责任有担当，而不是容忍他们逃避做家务，只有这样才能激发出孩子对劳动的兴趣和热情，家长应该让孩子认识到自己也是家庭里的一员，做家务是为了自己而做，不是为了家长而做，他们明白了做家务的好处、意义之后，就会主动承担家务。

2. 中学生劳动教育的价值分析

（1）中学劳动教育是推动民族复兴的重要力量

教育是民族振兴、社会进步的重要基石，要实现民族伟大复兴中国梦，需要每一个人踏踏实实工作、勤奋劳动，发扬勤俭节约的中华传统美德，让微小的力量汇聚成为强大的正能量，早日实现民族复兴的伟大梦想。在我们新时代的浪潮里，只有让青少年在劳动教育中真正领悟劳动精神、奋斗精神，提高中学生劳动素质，才能为民族复兴增添动力，中学开展劳动教育正是为实现中国梦增添强大青春正能量。

（2）中学劳动教育是满足国家社会长远发展的必然要求

随着改革开放的深入和经济社会的不断发展，社会发生了巨大的变革，并且在不断进步，培养新时代的人才尤为重要，这种人才不仅是看其掌握了多少知识，更重要的是看为社会做了多少贡献，以及有没有在社会发展过程中具备创新精神。“空谈误国、实干兴邦”这句话是对中国目前发展最好的诠释，人的一切幸福都是要靠辛勤的劳动来创造的，唯有立足于实干，我们才会真正在未来树立理论自信、制度自信和道路自信。通过劳动教育，中学生们知道珍惜劳动机会，会用勤劳的双手，更好为国争光、为民造福。只有大力倡导劳动教育，才能实现立德树人的目标，从而为中国梦的进一步实现打下良好基础，从而为我们国家实现社会主义现代化强国打下坚实基础。

（3）劳动教育是个人全面发展的必要途径

《生于忧患，死于安乐》里有一句经典的话：“故天将降大任于是人也，必先苦其心志，劳其筋骨，饿其体肤。”说的是上天要把重任降临在一个人身上，一定先要使他心意苦恼、筋骨劳累，使他忍饥挨饿，这样来激励他的心志，一个人只有精神和身体经受了严峻的考验和锻炼，才会承担得起重任。反观中学生，一个没有劳动意识的中学生，长大之后没有能力去适应社会，又怎能担负起时代的使命呢？劳动教育的开展有利于提升中学生的生活技能、磨砺中学生的意志和培养吃苦耐劳的品质，使他们的精神世界变得更加强大，都可以通过劳动来体现。劳动教育培养学生走向社会、认识社会，强化责任担当意识，树立主人翁意识，使中学生们在认识世界的基础上，学会塑造自己，实现个人全面发展。习近平总书记说过："劳动是财富的源泉，也是幸福的源泉。"① 加强劳动教育，可以让中学生感受到劳动是快乐的、是光荣的、是幸福的。

3. 中学生实施劳动教育对策

（1）课程实施策略：开设劳动教育必修课

劳动课的课程内容要有特点、有针对性。既不能简单灌输劳动知识，更不能任意借鉴其他学科的做法，要做到具体问题具体分析，根据中学不同年级学生年龄特点有序安排课程内容，有针对性地开展劳动教育。根据《大中小学劳动教育指导纲要（试行）》的要求，中学劳动课程内容要包括日常生活劳动教育、生产劳动教育、服务性劳动教育。

劳动课课程目标要清晰。应该培养中学生树立正确的劳动观念，以辛勤劳动为荣，以好逸恶劳为耻，还要具有必备的劳动能力，培育积极的劳动精神，养成良好的劳动习惯和品质。课程目标不是一成不变的，要有阶段性、整体性、持续性、递进性。

劳动课程实施的方案必须认真规划。中学劳动课程实施方案应该包括：劳动教育的指导思想、总体目标，具体的劳动课程规划，劳动教育主要内容，劳动课的安排方式。各中学只有对本校劳动课进行认真规划和实施，制订切合本校各年级学生实际的教学计划，按照计划一步步开展劳动课程的教学，才能保证劳动教育课发挥期望的作用。

劳动教育的内容、途径、方式要创新。中学劳动教育还要增强劳动教育的时代性，将劳动教育摆在突出位置上。对于劳动课程体系的构建而言，则需要科学地确定劳动核心素养，以引导劳动课程的建设。在劳动核心素养确定的基础上，国家尽快出台劳动教育课程标准义不容辞，还得根据劳动课程标准编制制定劳动教育教材，有系统、有规划地实现劳动教育的实施，以全面系统地实

① 章振乐．正心立德劳动树人——小学"新劳动教育"的实践与思考［J］．中国特殊教育，2017（05）：27—29.

现劳动教育课程化。①

（2）学科渗透策略：在各科目中渗透劳动教育

单凭开展劳动课，是完全不够的，各科目应该形成合力，共同实现立德树人的劳动教育目标。中学英语课、语文课、道德与法治课等文科科目，应该在课上融入劳动创造人本身、劳动创造历史、劳动创造世界、劳动不分贵贱等马克思主义劳动观。第一，设置歌颂劳模、歌颂普通劳动者的篇目。中华民族自古以来就是以辛勤劳动自称的民族，用双手创造了历史悠久的文明，劳模是社会劳动者中的先进分子，歌颂劳模有利于发挥其强大的精神力量，使中学生能够树立正确价值观，充分发挥文化熏陶功能。第二，阐释勤劳、节俭、艰苦奋斗等中华传统美德内容。幸福是奋斗出来的，勤劳节俭、艰苦奋斗是建设富强、民主、文明的社会主义中国的精神力量，让这些中华传统美德引领中学生热爱劳动，积极参加劳动，用自己的双手创造和丰富自己的生活。第三，加强对学生诚实劳动、合法劳动方面的教育。所谓诚实劳动就是在所干工作合法的前提下，不投机取巧、不耍奸溜滑、不破坏劳动工具、遵守劳动纪律。诚实，是一种美德；诚实劳动，是每一个劳动者尽己所能的劳动，是每一个劳动者内心与言行一致的最好诠释。中学生要诚实劳动，要朝着同一个梦想而努力奋斗，为了美好明天而真诚付出。

中学数学、地理、活动课等科目要培养科学的劳动态度、劳动规范意识、劳动创新精神。设计劳动相关的一些问题，让学生们分成小组去讨论，让小组分工协作解决，同时进行充分的探究和谈论。教师不要直接去回答学生的疑惑，让他们学会质疑、探讨，从而想出解决问题的办法，通过对问题的思考，他们的科学劳动态度、劳动规范意识、劳动创新精神都会相应提高。

不管是文科还是理科，每个科目的教师都应坚持以人为本的理念，在课上有意识地渗透劳动教育理念，培养学生正确的劳动意识，让劳动教育不再是纸上谈兵，提升劳动的社会价值和实用价值。让中学生带着劳动的喜悦与成功，踏出校门，走向社会，为实现中华民族伟大复兴中国梦、全面建成小康社会打下坚实的基础。

---

① 王飞、徐继存，大中小学劳动教育实施现状的调查研究［J］. 课程·教材·教法，2020.40（2）：第12—19.

（3）习惯养成策略：在课外校外活动中安排劳动实践

劳动教育的内容和形式既要避免过于单一，更要让学生面对真实的个人生活、生产和社会性服务任务情境，增强孩子们分工协作的意识和自力更生的能力，亲历实际的劳动过程，善于观察思考，注重运用所学知识解决实际问题，提高劳动质量和效率。① 中学劳动教育要从知识育人向实践育人转变，中学应该把有意识地引导学生劳动观念、情感发展，促进学生劳动技能提升当作劳动教育首要目标。在城市上学的中学生，因为较少接触自然，反而更应该让他们在课后多亲近大自然，从大自然中亲身感受劳动的快乐。内容丰富多彩的社会实践劳动，也是学生了解社会的途径，还能培养学生的公民意识和奉献精神，增强了学生的社会责任感，这样，能更加完善学生的劳动习惯，提升他们劳动的社会价值。社会实践活动会开阔学生的视野，使他们的目光不再只局限于课桌间。总之，实践是中学生成长过程中很重要的一部分，老师要学会转变教育理念，引导学生们多参与社会实践。

（4）文化熏陶策略：在校园文化建设中强化劳动文化

树立劳动新风尚，将劳动作为中学校园文化。一、定时评比劳动标兵，劳动榜样宿舍，并给予一定的奖励，这有助于强化孩子们的正确劳动行为，适当的奖励可以增加这种表现出现的频率，激励孩子们主动劳动。二、树立劳动榜样，让中学教师成为劳动教育的示范者，以身作则给学生们树立榜样。三、每周每月开展一次劳动主题活动，利用校园设施，开展丰富多彩的寓教于文、寓教于乐的劳动教育活动，平时校园走廊上要挂一些文明劳动标语，营造一种轻松愉悦的劳动教育氛围。四、通过新媒体平台宣传劳动教育思想。目前新媒体宣传方式广受中学生喜爱，利用新媒体可以增加中学生与劳动教育的良性互动，可以建立专门的校园劳动教育网站，以及及时在学校微信公众号上推送一些劳动模范的文章，增强劳动教育的时代感、优越性、吸引力。六、在校园内建立劳动知识文化墙。每周更新一次墙上的劳动教育小知识，配上生动的小插图，吸引学生们来观看、学习劳动知识，丰富他们的课余生活。

（5）素质评价策略：劳动素养纳入学生综合素质评价体系

把劳动素养纳入学生综合素质评价体系是衡量中学生全面发展很重要的一个环节，还能作为评优评先的重要参考，意义也很重大，尤其体现在毕业时，能作

① 中华人民共和国教育部．大中小学劳动教育指导纲要（试行）[Z]．2020-07-16.

为高一级学校录取的重要参考或依据。平时都是以成绩说话，很少把综合教育素质考虑在内。劳动评价内容应该包括中学生劳动次数、劳动的态度是否端正、实际操作是否正确得当、获得哪些劳动成果等方面。其中，实际操作是劳动课教学的主要形式和方法，要把实际操作当成评定的一个重要指标。

（6）角色扮演策略：让学生体验不同劳动角色

联合国教科文组织曾经对教育下过这样的定义："学会生存"。劳动是生存的基本能力，是做人的起点，分数不能决定一切，立足于社会靠的是生存能力。教育劳动课在一些中学实施以来，教育内容相对枯燥，教育方法比较单调，致使劳动教育工作进步迟缓。想要中学生在劳动课中从被动者成为一个主动者，需要经常开展角色扮演活动。例如：让学生们在学校食堂进行职业体验，分成几个小组，小组组员分别担任厨师、打饭人员、保洁人员、端菜人员等，让他们明确自己的岗位职责，做好本职工作。

同时学生通过自己角色的转换，明白在平凡的岗位上，简单的事做好了也是一种不平凡，同时还锻炼了他们的社交能力，适应社会的能力也增强了。对各个行业有了进一步的体验，了解到了劳动者的不易，在自己感悟的过程中体会自己在为别人服务的过程中自己也享受到别人对自己的服务，因此懂得了要尊重别人的劳动，从而对劳动创造价值和劳动人民创造历史有了深入了解。此外，教师要关注学生劳动过程中的体验和感悟，引导学生感受劳动的艰辛和收获的快乐，增强获得感、成就感、荣誉感。①

① 王家源．劳动教育是什么？教什么？怎么教？——《大中小学劳动教育指导纲要（试行）》解读．[N]．中国教育报，2020-07-16.

第五章 05

效能强化：统合新时代中学劳动教育的实施途径

加强政府统筹，拓宽劳动教育途径，整合家庭、学校、社会各方面力量。家庭劳动教育要日常化，学校劳动教育要规范化，社会劳动教育要多样化，形成协同育人格局。

观念培育：深植正确劳动价值观的初中学校教育研究①

新时代背景下，劳动已成为影响经济、社会发展的重要因素，而学生作为未来的社会主义事业的建设者和接班人，其劳动价值取向将在很大程度上影响我国未来经济社会的发展走向。对于当前初中学生群体中存在着较为普遍的不爱劳动、不想劳动、眼高手低，甚至是厌恶劳动的现象，结合时代要求，学校应结合初中学生的身心发展特点，从劳动知识学习、劳动实践活动开展和广泛进行劳动宣传三方面强化初中学生的劳动认识，推动初中学生正确劳动价值观的形成。

随着时代的快速发展变化，“劳动”日益成为影响国家经济、社会发展的重要因素——人民能否投身于劳动中，直接影响着一个国家生产力发展水平的高低与物质财富创造的丰富程度，影响着国家运行、人民生活的方方面面。而重视劳动教育，培育学生形成正确的劳动价值观则是“从娃娃抓起”，使学生在获得劳动知识、提高劳动能力中形成“劳动最光荣、劳动最崇高、劳动最伟大、劳动最美丽”的观念，为学生将来步入社会、投身社会主义建设奠定坚实基础。

早在民国时期，大教育家蔡元培就提出了“德智体美劳”五育并重的教育方针，赋予了劳动教育发展的契机；而在中华人民共和国成立后，党和政府日益重视劳动在社会主义建设中发挥的作用，不断调整、完善相关的方针政策。在2018年举行的全国教育大会中，习近平总书记首次提出了“培养德智体美劳全面发展的社会主义建设者和接班人”的教育方针并将其写入了国家法规文件中加以贯彻落实，强调了劳动教育的重要性，指出“劳动可以树德，可以增智，

---

① 作者简介：黄新怡，佛山科学技术学院学科教学（思政）硕士研究生，主要从事思想政治教育研究。

可以强体，可以育美”。2020年3月，中共中央、国务院印发《关于全面加强新时代大中小学劳动教育的意见》，坚持立德树人，把劳动教育纳入人才培养全过程。在此背景下，学校作为初中学生接受教育的主要场所，应切实承担开展劳动教育的主体责任，重视学生劳动价值观的正确培养，认真寻求学生劳动价值观的培育途径，将劳动教育更好落到实处。

1. 初中学校劳动教育中存在的现实问题

劳动是人类的本质特征，人类在劳动中创造了丰富的物质财富和精神财富。马克思曾在《资本论》中指出：“未来教育对所有已满一定年龄的儿童来说，就是生产劳动同智育和体育相结合，它不仅是提高社会生产的一种方法，而且是造就全面发展的人的唯一方法。”① 由此可见，劳动教育不但有利于社会的生产发展，而且可以促进初中学生的健康成长与全面发展，能够帮助学生形成正确的价值观念，更好投身于社会主义现代化建设之中。

然而，随着我国的快速发展，外来文化的冲击、市场经济对效益的追求与素质教育、道德建设相对落后的矛盾在一定程度上造成了社会功利化的取向。而初中学生正处于从关注外部世界到注重内部精神世界的过渡时期，认知能力在一定程度上有所提高，开始关心国家、民族的命运和发展，对学习各方面的新知识表现出强烈的兴趣，好奇心强、责任感强，正是树立正确的世界观、人生观和价值观的重要时期。然而，此阶段的中学生也往往阅历尚浅，对判断是非的能力有所欠缺，容易受社会环境的影响。在此情况下，社会中暗潮涌动的利己主义、拜金主义等观念，新兴却略显畸形的网红职业、“一夜暴富”的观念日益冲击着初中生尚未完全形成的道德观和价值观，使得不劳而获、好逸恶劳、不尊重劳动、职业观念扭曲、贪图享乐的思想在初中学生群体中泛滥。同时，受“重智轻德”的错误思想与应试教育的影响，学生在学校的学习往往以知识获取和应试选拔为主，大多数家长对孩子的要求往往也是“把书读好以后才能出人头地，不用做脏活累活依靠体力劳动谋生”，使得一些中学生不能全面地认识劳动，简单地将劳动等同于“脏活累活”，片面注重个人学识和成绩的提高而忽略了自身劳动能力、生活能力的培养，对基层劳动者尤其是体力劳动者如建筑工人、环卫工人、蓝领等职业存在歧视，眼高手低、能力不足却又看不起劳

① 马克思恩格斯全集：第23卷［M］. 北京：人民出版社. 2007：530.

动人民。此外，受“劳动教养”的影响，大多数学校在劳动教育中还存在着把劳动当作惩罚的教育误区，对上课分心、打架斗殴、成绩下降的同学采用简单的打扫卫生等劳动方式作为惩罚而忽视了对学生的引导教育，使得劳动这一锻炼身心、有意义的活动在学生眼中变成了“错误”的代名词，学生厌恶劳动、不愿劳动的观念便在潜移默化中形成了。对此，在劳动教育越来越受重视的新形势下，如何引导初中学生形成正确的劳动价值观成为学校教育需要重视并亟需解决的一大问题。

2. 新时代劳动教育的价值要求

开展劳动教育是培育社会主义建设者和接班人的重要内容，也是学生成人成才的必由之路，具有树立正确的道德观念、提高知识水平、强健体魄、培育审美的综合作用。开展劳动教育就是让学生在系统的文化知识学习之外，有目的、有计划地组织学生参加日常生产劳动和服务性劳动，让学生动手实践、出力流汗、接受锻炼、磨炼意志，从而能够在理解、实践中形成马克思主义劳动观，牢固树立劳动最光荣、劳动最崇高、劳动最伟大、劳动最美丽的观念。① 对此，劳动教育对新时代的中学生价值观培育提出了多方面的要求。

（1）价值取向

劳动不分贵贱，无论是体力劳动还是脑力劳动，其在法律地位及尊严上都是平等的，只要是通过切实的劳动获得的报酬与认可都是值得尊重的。初中生应在劳动体验中正确认识劳动，出力流汗并不可耻，劳动对人而言也不是一种惩罚，更多的是对人的一种磨炼与认可——通过付出一定的体力或脑力劳动创造出相应的物质财富或精神财富，既能充分发挥个人能力、展现个人风采，又能为人民的生活提供便利、推动社会的发展进步，在实现自我价值的同时也凸显社会价值。因此，劳动教育应使初中学生在劳动中学习与感悟，体味劳动创造美好生活，树立正确的劳动价值观；并使学生正确认识劳动，尊重劳动、热爱劳动，初步形成认真负责、吃苦耐劳的优秀个人品质；增强对劳动人民的情感，形成正确的职业认识，以更好地服务社会、报效国家。

---

① 中共中央国务院关于全面加强新时代大中小学劳动教育的意见［M］. 北京：人民出版社. 2020：4.

（2）能力培养

培育初中学生形成正确的劳动价值观，应当包含促进学生全面发展的能力与目标导向，从而使学生在有意识的劳动中提高自身的综合素养，在劳动中有所收获、有所成长。

培育初中学生形成正确的劳动价值观，应促进学生通过切实的行动化劳动认识为劳动行为。劳动教育是实践导向的教育，只有在切实的劳动中学生才能够将头脑中的意识与所学知识转化成行为，以主观见之于客观的实践活动对社会生活进行改造。对于当前初中学生眼高手低、不想劳动、不会劳动的现象，应帮助学生树立正确的劳动价值观，引导学生改变对劳动的错误看法，将所学的劳动知识运用到实践中，从而实现理论联系实际、在实践中不断提高自己的劳动能力的目的。

培育初中学生正确的劳动价值观，应引导学生关注生活，从身边的小事做起、从生活小事做起，不断提高自身的生活能力，学会解决基本的生存问题。面对社会上屡见不鲜的中学生步入大学后生活无法自理从而导致退学等情况，培育初中学生形成正确的劳动价值观，应能推动学生正确认识劳动对个人发展的意义，推动学生主动进行劳动学习，在学习烹饪、整理房间、打扫卫生等家政劳动过程中不断提高满足生存发展需要的基本劳动能力，养成良好的劳动习惯。

当今世界是科技快速发展、日新月异的世界，而时代的发展与进步离不开人的劳动在其中的创新与推动。对此，培育中学生形成正确的劳动价值观，还应关注中学生创新能力的培养，使中学生的劳动能够更好适应现代化的科技发展和产业变革。培育初中学生形成正确的劳动价值观，应为学生创造环境、搭建平台，引导学生积极关注新兴技术和社会服务的新变化，使中学生对社会的发展及科技的进步形成整体的认识，在劳动过程中注重对其加以探索和创造，从而推动劳动技能及水平的不断革新与进步。

初中生的劳动教育既包含了个体劳动，也包含了集体劳动，而集体劳动则必然会涉及沟通协作。对此，培育初中生形成正确的劳动价值观，应融入沟通交往能力培育的内容，帮助学生形成认真倾听、理解他人的发言和意见，积极主动合作、珍惜劳动成果的优良品质，同时对中学生进行集体主义教育引导，使学生在劳动中感受集体的力量，增强集体责任感和使命感，从而能够更主动、更积极地投入到劳动中。

3. 培育初中学生劳动价值观的有效途径

结合新时代对初中学生劳动教育提出的新要求，学校作为学生受教育的主要场所，应根据初中学生的身心发展特点对劳动教育的内容及形式进行开放性设计，从而赋予劳动教育更为丰富的内涵，推动学校在培育初中学生劳动价值观中发挥主体作用。

（1）在劳动知识学习中形成正确的劳动价值观

初中学生的知识学习主要源自学校课程的开展，对此，在课程设置方面，学校应根据初中学生的身心发展特点与学业要求设立劳动教育必修课，在每周进行劳动知识传授的同时对学生每天的课外劳动时间做出具体规定。学校常规的劳动课程主要可以分为专职劳动教师授课和专题讲座两种形式。

学校开展劳动教育，应在劳动课时得到保证的前提下聘请专职的劳动教师进行授课，以形成一支专业的校内劳动课程教师队伍，便于结合学生特点与地方特色设置劳动课程，推动初中学生劳动价值观的培育体系化、专业化。由于劳动教育的覆盖范围广、内容丰富，劳动教师应有针对性地根据初中学生的身心发展特点及可开展的劳动活动设置劳动专题进行授课，如奠定劳动认知基础的劳动知识讲授、职业认同分析、劳模精神、工匠精神学习等理论课学习，使学生能够通过系统的课程学习获得劳动知识，正确认识“劳动教育”与“劳动教养”的区别，深刻体会劳动之于人民、社会发展的重要意义，“以辛勤劳动为荣，以好逸恶劳为耻”，增强对劳动人民的情感，形成正确的劳动观念，强化教育效果；同时，课堂理论学习还需与课后劳动实践紧密结合，如在家政、垃圾分类、社区服务等课堂知识讲授后还需注意安排学生进行相关的课后劳动，使学生在习得劳动知识后及时投身到劳动实践中，动手实践、出力流汗、接受锻炼，从而在劳动中获得切身体会，巩固劳动的认识，形成正确的价值观念，并初步形成认真负责、吃苦耐劳的品质，提高动手能力和生活能力。

除常规授课外，学校还应根据国家经济社会的发展形势及党和国家的大政方针，精心挑选主题，定期邀请劳动模范、非物质文化遗产传人、专业技术人员等劳动代表为学生开展客座讲座。在劳动代表的经历分享、事迹宣讲、技艺展示中，中学生能够走出课堂，领会劳动代表爱岗敬业、淡泊名利、甘于奉献的精神，强化对开展社会服务、弘扬传统文化、发展科学技术等方面的认同感和使命感，对劳动形成更为深刻而直接的认识，增强自身的劳动意识，形成正确的劳动价值观，进一步形成崇尚劳动、尊重劳动的良好态度和作风。

（2）在劳动实践中形成正确的劳动价值观

初中学生的劳动行为能够使其更好体味劳动之于美好生活创造的重要意义，深化劳动认识，从而在实践中逐步将自身的劳动感知转化为正确的劳动价值观；与此同时，正确的劳动价值观的形成又能够反作用于中学生的劳动行为，指引学生积极主动、正确参与到劳动中。因此，将劳动意识与知识转化为劳动行为至关重要。对此，学校首先应了解本阶段学生对劳动的认知情况，鼓励、赞扬劳动行为，有针对性地创设劳动活动，如设置劳动教育周、劳动教育月，促使学生在切实的劳动实践中走出认知误区，并有效提高自身的动手能力、创新能力、团队协作能力与沟通交流能力等，在劳动感知中树立正确的劳动价值观；同时，学校还应结合具体条件尽可能地为学生提供丰富的劳动平台和劳动形式，如鼓励学生在校内空地建设种植园、生物园，积极参加木工、3D 打印、环境清洁等活动，使劳动活动与学生所学的劳动知识紧密结合；鼓励学生走出校园、走向社会，积极进入到农业生产、工业体验、商业服务等各个领域中，提前获得生产劳动经验，深化职业认同和劳动认同感，激发学生的劳动创新意识。此外，学校还应注重引导学生积极参与到社会公益事业中，如组织学生开展社区志愿服务活动，维护社区整洁、进行垃圾分类、开展普法宣传等，使学生在志愿服务中体验劳动，在志愿服务中感悟劳动，在帮助他人、服务社会中获得一定的成就感、责任感与自豪感，体味劳动带来的“苦与乐”，从而正确认识劳动，形成热爱劳动、尊重劳动、践行劳动的态度和观念，并在全社会营造一个积极热爱劳动的良好氛围。

（3）在广泛的劳动宣传中形成正确的劳动价值观

学校是初中学生接受教育的主要场所，学生的大部分时间都是在学校中度过的。除了传统的课堂教学方式之外，校园文化也是影响学生态度、价值取向的重要途径之一。因此，培育初中生形成正确的劳动价值观，还要重视校园文化的构建，营造良好的校园氛围，使劳动教育在榜样示范、宣传推广中深入人心。对此，学校可以以我国各行各业劳动模范和大国工匠的成长故事，抑或是劳动知识与技能科普等劳动内容为主题，在校园宣传栏、微信公众平台上进行专题宣传与推广，帮助学生更好地认识劳动。此外，学校也可以组织开展“主题板报”评选、“校园劳动模范”评选等校园文化活动，使劳动教育成为校园文化的一部分，让初中学生在丰富的校园文化情境与活动中受到陶冶，自觉或不自觉地接受劳动教育所传递的信念与要求，在潜移默化中增强对劳动的心理认同，从而把个人劳动行为与国家发展变化紧密联系起来，增强劳动意识，尊重劳动、热爱劳动，树立正确的劳动价值观。

落实机制：激发三大主体“启蒙—主导—引领”效用①

新时代劳动教育的重视程度在不断加深，但仅仅停留在表面，如何落实仍然是亟需解决的重大问题。青少年的劳动意识欠缺，学校也存在形式主义，这些都大大阻碍了劳动教育的发展。要让劳动教育的观念深入人心，需要发挥家庭、学校和社会三方力量的作用，共同促进劳动教育落到实处。

如今，新课改新理念强调学生要全面发展，则是指德智体美劳缺一不可。无论缺少了哪个部分，都无法成为一个完整完善的人。劳动教育，简称劳育，是指让学生树立正确的劳动观点和劳动态度，热爱劳动和劳动人民。劳动习惯的教育，必然要通过生产劳动等形式表现出来。学生在学校就读期间，必然是要遵循教学计划和教学大纲的规定，来参与劳动教育的学习。

1. 中学劳动教育的重要性

中共中央、国务院印发了《关于全面加强新时代大中小学劳动教育的意见》，就全面贯彻党的教育方针，加强大中小学劳动教育进行了系统设计和全面部署。意见里面表示，在大中小学中必须要设立劳动教育的课程，并且要相当重视学生的劳动素养。必要情况下，将劳动素养纳入评价体系中，从而作为学生升学方面的一大重要依据。

马克思主义的重要主张之一就是强调劳动的重要性，要求教育要与劳动二者相结合。马克思主义哲学认为，劳动推动社会历史进步，是人作为人最本质最显著的特征。马克思在《1844 年经济学哲学手稿》中指出：“正是在改造对象世界中，人才能真正地证明自己是类存在物。”他强调：“对社会主义的人来

---

① 作者简介：蒋欣，佛山科学技术学院教育硕士，主要方向为学科教学（思政）。

说，整个所谓世界历史不外是人通过人的劳动而诞生的过程。”因此，人民创造历史，劳动开创未来。劳动是推动人类社会进步的根本力量，是人民美好生活的源泉。①

劳动教育能够促进学生的全面发展。诚然，劳动教育当然是要提倡学生自己投入劳动、切身体会，那么这就有利于学生形成勤俭节约的良好品德。彼此的互帮互助、互相依靠也让孩子们形成了团结协作的好习惯。品德的修养绝非一朝一夕即可养成的，是需要在长期的生活中，不断去沉淀，不断去磨合。劳动教育能够帮助中学生努力践行社会主义核心价值观，把中华民族的优秀传统文化发扬出去，为实现中华民族的伟大复兴而奋斗。

劳动能够激发学生的创造力，培养学生的创造性思维。劳动属于创造性的活动，当孩子自己动手去做一件事情的时候，他就会思考、会总结，当遇到瓶颈时教师再给予适当的指导，从而克服所遇到的困难。显然，这样是能够培养他的创造意识的。由此可以看出，劳动教育不仅能够在学生的生活方面展现出有利作用，在人的体力和智力发展上，也是有着一定帮助的。②

劳动分为两种，体力劳动和脑力劳动。二者有所区别，但不管是哪种，都需要用心，都需要努力，都得脚踏实地一步一步去付出。只有自己去亲身经历了，才更能有克服困难的勇气和毅力。孩子只有从小自己去动手操作，才能一步步找到自信。

2. 中学劳动教育未落到实处的表现

（1）青少年的劳动意识和劳动观念欠缺

有这样一些现象，比如小学生不会剥煮好的鸡蛋、不会用扫把打扫卫生，大学生把脏衣服打包回家让父母帮忙清洗。③ 诸如此类现象表明，在部分学生和家长心中，劳动是无关紧要的，他们觉得劳动教育是可有可无的。如今很多家长对于孩子都是处于一种过分关心的状态，对于孩子的一切事情都是一手操办。这也是造成青少年劳动观念缺失的主要原因，导致孩子不会劳动、不想劳动，甚至连尝试劳动都不愿意，从而失去了自我独立生活的能力。更有甚者不

---

① 赵美艳、隋宁．新时代劳动教育的意涵建构与现实审思［J］．沈阳师范大学学报（社会科学版），2020，44（03）：33—39.

② 党评文．弘扬劳动精神　培养劳动能力［J］．学校党建与思想教育，2020（08）：1.

③ 朱雪军．劳动教育不可弱化［N］．江西日报，2020-05-05（001）.

尊重别人的劳动成果，以为一切都得来容易，生活不节俭，这也不利于青少年养成正确的消费观念。

（2）劳动教育存在形式主义

尽管对劳动教育的重视程度在不断加深，然而仍存在不少学校未开设劳动课程的现象。部分学校虽然开设了劳动课程，但却只是做着表面功夫，劳动课形同虚设，没有发挥实质性的作用。学校安排给学生的劳动课程也是少之又少的，大部分是一周一次这样的频率。在这节课上，老师对于劳动教育的知识也只是粗略带过，不会详细展开，更不要说是案例补充和实际操作了。这样一来，便大大减弱了学生的动手能力。有部分学校的劳动课程更是形同虚设，只是为了应付检查，没有任何实质性的作用。等检查的一走，这节课便会用来上其他的课程。

（3）形式过于单一，不能结合实际情况

首先，目前学校的劳动教育都是以课程设置为主，单向地向学生灌输，这样很容易产生事倍功半的效果。毕竟劳动教育最终是要回归社会回归实践的，那么提升学生的实际动手能力是必不可少的。其次，学校对学生的劳动教育不能仅仅停留在课程中，这是较为表面的做法，应当把这种教育渗透到学生的思想中去，从而达到潜移默化的效果。要让学生从心底里接受劳动教育、尊重劳动，才能愿意主动投身于劳动之中。再者，劳动教育的形式种类越丰富，则越能引起学生的好奇心，以达到提升学生积极性和参与度的效果。脱离实际也是不可取的，很多学校只是一味地给学生讲解各种大道理，看着便是空泛之谈。对于学生而言，过于遥远和抽象的理论，是不会引起他们心中的感触的，更别提想要在他们脑海中停留一些时间了。

3. 中学劳动教育未落到实处的原因

（1）家长对孩子的过度保护和溺爱

很多家长不愿意让自己的孩子去“沾染阳春水”，不愿意孩子去吃苦去付出，总是竭尽所能地包办孩子的一切，从衣食到住行，没有一件事不是亲力亲为。① 此类家长会给孩子灌输一些错误的劳动观念，诸如：一、看不起普通的

① 张志勇、杨玉春．深刻认识新时代劳动教育的新思想与新论断［J］．中国教育学刊，2020（04）：1—4，61.

劳动者，告诉孩子，如果不好好学习，就只能去扫大街；二、觉得孩子始终都是小孩子，跟劳动是没有关系的，也不需要孩子去付出劳动；三、认为劳动实则是一种负担，会影响孩子的学习，孩子只需要把一门心思全放在学习上就好；四、如今的勤劳已经是跟“贫困”沾边的词语了，请得起保姆反而才更有面子，并不是非要自己动手；五、有些家庭会用劳动来作为惩罚措施，那么孩子就会形成一种定性思维，觉得只有做错事才需要劳动，我只要学习没有掉队就不需要参与劳动等思想。

（2）学校无法给予各方面应有的支持

首先，在安全保障方面，学校并未有一个合理且规范的安全制度，那么实际劳动操作就会存在很大的安全风险。① 在实际的劳动教育中，责任划分不清晰，学校不敢把学生带出校园，这对学生接收知识有着一定的影响。一旦出现了任何状况，就很容易发生互相推卸责任的局面。其次，劳动教育的专业师资力量跟不上。学校里面除了打扫卫生的场地之外，就没有其他的劳动实践基地了，这样的条件要开展劳动教育是尤其困难的。硬件条件跟不上，再怎么向学生灌输理论也是无济于事的。

4. 中学劳动教育如何落到实处的建议

（1）重视家庭教育对孩子的启蒙作用

家庭教育持续时间长，与孩子的成长是有着密切联系的，因此家庭教育是所有教育的基础。② 首先，应当转变家长的教育观念。家长对劳动的态度会直接影响孩子的劳动观念，只有从观念上转变过来，孩子才会真正接受劳动教育。可以通过在学校举办劳动教育的讲座或者家访等形式，使家长意识到劳动教育的重要性。其次，依靠家庭教育培养孩子的劳动习惯。当劳动观念转变之后，就要培养孩子的实际动手能力。家长要指导孩子劳动，并且与孩子一起劳动，感受劳动所带来的快乐。父母是孩子的第一任老师，不仅要言传，更要身教，才能发挥良好的启蒙作用。

---

① 何云峰、宗爱东．中小学劳动教育的现状、问题及对策［J］．青年学报，2019（01）：6—11.

② 付瑶．新时代劳动教育的理论基础与实践路径［J］．沈阳师范大学学报（社会科学版），2020，44（03）：46—51.

（2）强调学校教育对孩子的主导作用

学校是专门进行教育的机构，是培养人才的场所，因此学校教育占据着主导地位。在课程设置上应当给予劳动教育一定的重视程度，潜移默化地强化学生的劳动观念。同时要注意结合不同年龄阶段学生的情况，制订不同的课程计划，系统地传授劳动教育知识。此外，校园文化的重要作用也不容忽视，在校园中营造良好的劳动教育氛围是能够培养学生的劳动品质的。例如利用校园广播、黑板报宣传劳动教育相关知识，或者在班会活动中贯穿劳动教育的主题，从而增加劳动教育的感染力。

（3）发挥社会教育对孩子的引领作用

一个时代有一个时代的精神，有那个时代所赋予它的独特内涵。开展新时代劳动教育，应当在全社会范围内传承和弘扬中华传统劳动文化的精华。社会不仅应当提供精神引领，还需要给予足够的资源保障。劳动教育不应当仅仅放于学校之中，还应向社会延伸，重视校外劳动实践场所的建设，积极扩宽教育渠道，为劳动教育注入新的生机和活力。中学可以与校园周边的商场、社区等联系，安排学生参加志愿者活动。①

① 付瑶．新时代劳动教育的理论基础与实践路径［J］．沈阳师范大学学报（社会科学版），2020，44（03）：46—51.

策略融合：整饬思想政治课与劳动教育的有机关联[①]

初中思想政治课是落实劳动教育的主阵地，加强初中学生劳动观念、劳动知识与能力和掌握基本劳动技能的教育是学科教学应有之义。一段时期以来，教育对劳动教育重视不足导致学生劳动观念、劳动习惯和劳动技能弱化。新时代促进学生全面发展、培养学生核心素养，必须充分发挥劳动教育的价值，使思想政治教育和劳动教育更加深度融合。初中思想政治课与劳动教育融合，需要打造具有劳动教育特色的初中思想政治课堂，整合具有劳动教育特色的初中思想政治课资源，开发具有劳动教育特色的初中思想政治实践作业。

中共中央、国务院印发《关于全面加强新时代大中小学劳动教育的意见》（2020 年 3 月）指出，近年来一些青少年中出现了不珍惜劳动成果、不想劳动、不会劳动的现象，劳动的独特育人价值在一定程度上被忽视，劳动教育正被淡化、弱化。新时代，迫切需要初中思想政治课在劳动教育方面发挥更大作用，实现德智体美劳全面发展的育人目标。

劳动教育是对学生进行热爱劳动和劳动人民，珍惜劳动成果，树立正确的劳动观点和劳动态度，通过日常生活培养劳动习惯和技能的教育活动。[②] 劳动教育在促进学生全面发展，培养学生核心素养方面不可或缺。劳动教育的基本任务是在教育中培养学生热爱劳动的品德，形成良好劳动观念，获得一定的劳动知识与能力，掌握基本劳动技能。学生通过劳动得到一定磨炼，能获得更好成长。初中学生身心发展不成熟，正处于人生发展和正确价值观念形成的关键

---

① 作者简介：何永佳，法学学士，佛山市南海区大沥镇黄岐初级中学政治学科一级教师，主要从事中学政治学科教学与研究。

② 辞海编辑委员会.《辞海》语词分册［M］. 上海：上海人民出版社，1977：1729.

时期，迫切需要正确的教育引导，加强思想政治教育和劳动教育是促进学生全面发展的有效途径。但是，近年来，学校劳动教育淡化，家庭劳动教育弱化，社会劳动教育浅显化，学生的劳动观念淡薄，劳动技能薄弱。初中思想政治课可以帮助学生提高道德水平，进行劳动观念教育，推进劳动教育的实施，最终促进学生综合素质的提高，使学生得到全面的发展。

思想政治课作为一门重要的德育和知识课程，对当代中学生的劳动观念、劳动技能和劳动技术知识的培养与提高有着十分重要的作用。思想政治课是对学生进行必要的知识和道德教育，使学生形成积极正面的观念和人生态度的教育活动。它在促进学生提升品质和认识水平的同时，引导学生以实践来检验和使用知识，给学生以劳动教育。① 发挥思想政治课的思想引领作用，加强初中学生劳动观念、劳动习惯和劳动技能是学科教学应有之义。初中思想政治课与劳动教育融合，要充分体现初中思想政治课的思想性、人文性、实践性和综合性课程性质，打造具有劳动教育特色的初中思想政治课堂，创新初中思想政治课活动教学方法，整合具有劳动教育特色的初中思想政治课资源。

1. 打造具有劳动教育特色的初中思想政治课，促进学科教学内容与劳动教育深化融合

打造具有劳动教育特色的初中思想政治课、促进学科教学内容与劳动教育深化融合是新时代教育新要求。思想政治课中落实劳动教育是在学科教学基础上展开的，不能脱离学科教学内容和学科教学目标，劳动教育的目标最终要服务于学科教学目标。② 思想政治课具有综合性特点，包括道德、法律和国情方面的内容，涉及政治、经济、文化、生态等具体知识，与生活密切相关。教师可在讲解学科知识时整合劳动教育内容，达到知识构建和传递劳动观念的效果。教师教学要针对初中学生的可塑性特点，在生活化情境中引导学生树立正确的劳动观念。例如，在讲解服务社会和奉献社会的内容时，教师设计生活化的社会公益活动情境，如环境保护、社区服务。教师依据环境保护、社区服务等情境设计问题，让学生思考我们可以通过哪些劳动服务和奉献社会。生活化情境

① 曾静．基于初中思想政治课对学生进行劳动教育的探析［J］.《现代交际》. 2019（9）：165—166.

② 蔡晓琳．高中思想政治课落实劳动教育的实践探索［J］. 现代教学 . 2019（5B）：36—39.

的教学设计可使学生在生活化情境研讨中体会劳动的美好，以及对他人和社会的价值，领悟到服务和奉献社会需要我们努力学习、增强劳动观念、培养敬业精神，进而学会全力以赴、精益求精、追求卓越，为将来成为合格的社会主义建设者做好准备。

初中思想政治课的道德、法律和国情教学内容可以结合劳动教育进行全面而深入的讲解，教师要挖掘并传授思想政治课中关于劳动价值观的理论。在思想政治课教学中帮助学生树立正确的劳动观念，培养学生热爱劳动的情感和习惯，完善学生对劳动的认知结构。① 初中思想政治课教学以学科教学为主，融合劳动教育内容，以学科知识的逻辑体系来实施劳动教育更具可操作性，劳动教育是学科教育的延伸，服务于学科教学目标。思想政治课学科内容和劳动教育结合，有利于学生体会劳动的价值，树立正确的劳动观念。例如，在学习我国分配制度内容时，让学生认识到分配制度是我国基本经济制度，分配是对劳动者劳动成果的一种肯定，它体现了劳动者的个人价值。合理的分配制度有助于调动劳动者的积极性，促进社会的建设和发展。在讲解劳动权时，让学生认识到劳动权是公民基本权利，人们通过劳动，参与社会生产，获得劳动报酬和其他收益，既可以保障合理的生活水平，实现自身价值，也为国家和社会做出贡献。一切有劳动能力的公民有劳动就业和取得劳动报酬的权利，这是公民赖以生存的基础。

劳动塑造人的勤奋、诚实、纪律、严谨、创新等品质，是人生经验的积累，是从成长到成熟的转折点，实现以劳树德；能够在社会实践活动中获得科学知识，以劳增智；能够通过劳动强身健体，获得劳动技能，以劳健体；能够通过劳动陶冶情操，创造幸福生活，以劳溢美；能够在劳动过程中发挥想象力和创造力，转变思维，以劳促创新。教师可结合教学内容引导学生积极参与劳动实践，对已有的劳动认知结构进行调整和完善。② 初中思想政治课具有知识性、人文性、实践性和综合性的特点，是帮助学生增强社会理解和参与能力的综合性、活动型学科课程。教师应依据教材内容与劳动教育紧密联系的内容设计教学活动。例如，在讲解多彩职业时，通过组织模拟招聘会，思考未来的职业理想，了解职业的要求，让学生在实践活动中学习职业生涯规划。教师设计活动

---

① 朱雅．劳动教育中的立德树人［J］．基础教育研究．2019 年（6）：9—13.

② 朱雅．劳动教育中的立德树人［J］．基础教育研究．2019 年（6）：9—13.

的目的是使学生理解在未来的工作中要处理好职业与兴趣的关系，在工作中培养兴趣，履行好工作职责，爱岗敬业。学生在模拟招聘活动中会经历成功或失败，从而体会当经验、能力与职业要求差距较大时，要加强学习，提高自身素质，适应工作岗位的要求，满足国家与社会发展的需要。通过对不同职业的了解，理解劳动创造价值，只有热爱本职工作，脚踏实地、勤勤恳恳、刻苦钻研、精益求精、不断创新，才能成就一番事业，实现自己的人生价值。

2. 创新初中思想政治课活动教学方法，树立学生劳动观念

思想政治课是一门理论与实践结合的综合课程，以初中学生生活为基础，具有思想性、实践性与综合性特点。初中思想政治课具有学科知识的逻辑和劳动教育的实践逻辑，劳动教育是思想政治课教学的内容之一，教师在相关劳动知识传授中，应转变教学方式，增强思想政治教育效果。思想政治课应针对初中生思想活动和行为方式的可塑性特点，创新初中思想政治课活动教学方法，树立学生劳动观念。

活动教学是根据思想政治课教学要求和学生获取知识的过程为学生提供适当的教学情境，根据学生身心发展的程度和特点，创设适合学生掌握知识、培养能力，树立正确的情感、态度和价值观的教学活动。活动教学兼顾知识与能力，重在活动体验中生成知识、培养能力。活动教学是改变重知识传授、轻能力培养，忽视情感、态度和价值观培养的教学方法。教学中，我们既需要重视劳动知识的传授，也要重视劳动实践的落实。课堂上要坚持以学生为主体，教师为主导的教学模式，创设真实的教学情境，多采用合作探究、自主学习、问题启发、实践操作等教学方式，实现从知识传授到素养培育的转变。① 思想政治教师在教学过程中应转变应试教育思想，面向培养学生核心素养进行教学探索，努力实现思想政治课教学与劳动教育内容融合，激发学生劳动观念。

思想政治课教师在实施活动教学中，应依据学科有关劳动教育知识逻辑，设计生活化情境问题，组织实践性活动，让学生掌握知识技能，在知识传授和活动教学中以劳树德、以劳增智、以劳健体、以劳溢美、以劳促创新。将智力劳动与体力劳动相结合，融入思想政治课实践活动过程，进而培养学生热爱劳

① 张童明、丁玲．核心素养视角下中小学劳动教育再思考［J］.《中小学德育》．2018 年（7）：14—17.

动的情感，养成热爱劳动的习惯。思想政治课教学过程中的实践活动，内容必须与时俱进，形式要新颖多样化，操作要有挑战性，这样既可以激发学生对实践活动的浓厚兴趣，又可以调动每一个学生参与劳动的积极性与主动性，达到潜移默化的正面教育效果。①

初中思想政治课的教学内容涉及健全人格、自我管理、服务社会、责任担当、劳动权利、多彩职业和分配制度等知识，其本身有内在的知识逻辑结构，并与劳动教育密切相关。目前，重应试教育轻素质教育的取向，学校教育重智力轻劳动的思想，导致学生能了解相关知识，但缺乏相关行为和能力。创新初中思想政治课活动教学方法，激发学生劳动观念，需要思想政治课教学与劳动教育融合，让学生在活动实践过程中体会劳动价值，生成知识，培养能力和树立正确的价值观。教师可依据相关教学内容设置与劳动教育紧密联系的实践活动。一方面可以让学生在活动中加深对知识的理解；另一方面可以让学生在活动参与过程中体验劳动带来的愉悦感和自我价值实现的满足感。② 思想政治课活动教学依据知识、能力和价值观不同层次的要求，可设计不同的活动教学形式。例如，有关知识生成的活动教学形式如辩论赛。教师在讲解分配制度的时候，可以我国现有的分配制度是否公平为主题开展。有关能力培养的活动教学，如志愿服务、模拟情境。教师在讲服务社会和多彩职业的内容，可布置学生参加学校或社区的志愿服务，组织模拟招聘会让学生体会个人能力与职业要求的差距，认识职业劳动的社会价值，增强爱岗敬业的精神品质。有关情感、态度与价值观的活动教学，如探访楷模人物、制订人生规划，教师在讲解多彩职业和责任担当时，可让学生探访身边的优秀人物，学习制订个人职业生涯规划。

3. 整合具有劳动教育特色的初中思想政治课资源，培养学生劳动习惯和技能

初中要注重围绕增加劳动知识、技能，加强家政学习，开展社区服务，适当参加生产劳动，使学生初步养成认真负责、吃苦耐劳的品质和职业意识。家庭劳动教育要日常化，学校劳动教育要规范化，社会劳动教育要多样化，形成

---

① 朱雅．劳动教育中的立德树人［J］．基础教育研究．2019 年（6）：9—13.
② 朱雅．劳动教育中的立德树人［J］．基础教育研究．2019 年（6）：9—13.

协同育人格局。① 初中思想政治课依据教学内容，结合劳动教育的要求，整合课外资源，整合家庭、学校、社会各方面力量，为学生创设劳动教育实践平台。培养学生劳动习惯和技能，要教育他们从小事入手开展劳动实践教育，从课内到课外，引导他们通过家务劳动和社会实践等方式形成良好的劳动习惯。例如，思想政治课的作业除了知识性作业，还适当布置活动类的实践性作业。例如，布置家务劳动作业，增强家庭责任感；布置校内实践作业，组织学生参加社团活动，通过社团活动感受个人劳动能创造成果的成就感；布置社区服务作业，让学生走进社区、服务社区，通过参加志愿者活动感受个人劳动能为社区创造价值，实现个人价值。

思想政治课教师通过布置活动类的实践性作业将学习内容与现实生活相联系，充分利用家庭和社区资源让学生在“做中学”，实现“教学做合一”。教师以活动教学方法将课内教学与课外实践相结合，通过活动类的实践性作业帮助学生树立劳动观念，养成热爱劳动的习惯，掌握劳动技能。思想政治课教学过程中应注重课堂明理，课外导行，知行合一，帮助学生树立正确的劳动观念，激发学生的劳动兴趣，完善学生的劳动认知结构，使学生掌握基本的劳动技能，养成良好的劳动习惯。教师可结合教学内容引导学生积极参与劳动实践，对已有的劳动认知结构进行调整和完善。② 例如，在“人民当家作主”的教学过程中，可让学生分工劳动，进入社区进行考察，搜集人民依法直接参与民主选举、民主监督的积极表现。在“服务社会”的教学过程中，可让学生参加志愿者活动，服务社会，体会个人劳动为社会创造价值，增强责任担当意识。

思想政治课教师应积极开发具有劳动教育特色的初中思想政治课实践作业，在课堂外加强劳动实践教育，安排多种多样的实践活动作业供学生选择。2016年9月，《中国学生发展核心素养》明确指出，实践创新是培育“全面发展的人”素养中的一项重要内容。在实践创新内涵中，重点围绕“劳动意识”，我们强调尊重劳动，掌握一定的劳动技能，创新劳动方式，提高劳动效率等，在学生核心素养的培育中将劳动素养摆在了重要的位置。③ 劳动实践作业可挖掘的

---

① 中共中央国务院. 关于全面加强新时代大中小学劳动教育的意见［N］. 人民日报. 2020-03-20（1）

② 蔡晓琳. 高中思想政治课落实劳动教育的实践探索［J］. 现代教学 . 2019（5B）：36—39.

③ 谈俊. 思想政治学科社会实践中的劳动教育研究［J］. 教育参考 . 2019（4）：62—66.

资源包括家庭、学校和社会资源，可参与的活动在学校具体为社团学习兴趣小组，在社会具体为公益活动，在家里具体为家务劳动。例如，通过布置社会考察研究让学生深入社区了解社会行业百态，了解各行业劳动者的工作，增强劳动创造价值的观念。组织学生参加社会服务公益活动，在服务他人的过程中感悟劳动造福他人，实现个人价值。组织学生参加职业体验，了解个人能力与职业要求的差距，认识增强自身知识和能力、培养综合素质才能适应未来工作需要。以上活动，充分利用了社会资源，使学生在实践活动中形成正确的劳动观念、增强社会责任感、体验劳动价值。

新时代的教育要实现德智体美劳的均衡，尤其是要实现劳动教育的常态化、科学化，必须打破原有的评价体系，建立多元的评价体系，实现教育出路的多元化和学生发展的多路径化。① 初中思想政治课需要适应新时代的教育要求，不断探索回应新时代的教育发展命题。初中思想政治课教师需要合理开发和利用有关劳动教育的教材内容并结合新时代劳动教育的要求，挖掘家庭、学校和社会的教育资源，帮助学生树立劳动观念，掌握劳动知识和技能，养成劳动习惯。教师应该充分发挥初中思想政治课学科优势，促进学科教学内容与劳动教育深化融合，转变学科教学方法，激发学生劳动观念，实现初中思想政治课与劳动教育融合发展。

---

① 郭维刚．新时代劳动教育的实现路径探析［J］．教学与管理．2019（30）：41—43.

方法探究：促成劳动教育与中学思想政治教育间耦合①

2020年3月20日，中共中央、国务院印发了《关于全面加强新时代大中小学劳动教育的意见》（简称《意见》）。这充分印证了新时代要大力发展中学劳动教育，培养德智体美劳全面发展人才的新思想。基于此，本文从分析现状、当下存在问题以及提出相关建议等方面，对中学劳动教育与思想政治教育进行结合探究，以期促进新时代劳动教育的发展。

近年来，国家对中学劳动教育问题的重视程度愈来愈高。在当今以立德树人作为育人目标的大背景下，积极推进劳动教育，不仅能够促进劳动教育的逐渐完善，还能够有效促进学生的全面发展。劳动一直以来是人类生存发展的基础，以马克思主义来解释的话，便是“劳动创造了世界，劳动创造了历史，劳动创造了人本身”。另外，中学阶段是一个孩子发展的黄金时期，劳动教育作为我国教育体系中不可缺少的一环，发挥着至关重要的作用。

1. 发展现状：劳动教育与思想政治教育

自新中国成立以来，国家最高层面首次对大中小学劳动教育进行顶层设计和系统部署，这充分体现了党和政府对大中小学劳动教育的高度重视。② 国家对劳动教育重视程度的提高，逐渐带动了各级学校对劳动教育问题的重视。因此，整体促进了我国劳动教育的基层发展。

《意见》中明确提出，要求“把劳动教育纳入人才培养全过程，贯通大中小

---

① 作者简介：黄佳荫，佛山科学技术学院学科教学（思政）研究生，主要从事思想政治教育研究。

② 张志勇、杨玉春．深刻认识新时代劳动教育的新思想与新论断［J］．中国教育学刊，2020（04）：1-4，61．

学各学段，贯穿家庭、学校、社会各方面，与德育、智育、体育、美育相融合”。这也就是说，劳动教育是培养德智体美劳全面发展的社会主义人才的主要发展途径。德育作为教育过程的基础，对中学劳动教育的发展也起到了奠基作用。

目前，不论是学校、教师、学生还是家长，对劳动教育都有一定的基础认识，而且对劳动教育的开展也都持支持态度。特别是作为一名新时代的人民教师，在劳动教育的目标定位上有着较正确的态度，较大部分都能够对劳动教育有全面、客观的认识。

其实，思想政治教育与劳动教育在很大程度上有着相似之处。在中小学思想政治教育中，现有的课程设计、教育内容基本上能够满足学生发展的需要。但这涉及的多是理论问题，在一些实践课中，思想政治教育目前的教学活动还较为单一，无法满足学生的动手需求。

在学校劳动教育与思想政治教育的规划上，各级学校能够积极响应国家的各项意见，落实劳动教育课程的比重。把劳动教育分别安排到综合实践活动、劳动与技术、道德与法治等课程中，逐步开展劳动教育渗透工作。劳动教育课程以校园内活动为主，除此之外，以家庭作业的形式开展校外活动。

在学校日常活动上，随着学校在日常活动中对劳动教育、思想政治教育越来越重视，学生在学校活动中所涉及的劳动教育、思想政治问题也越来越多。除了校内的一些活动之外，还会布置一些家务劳动，像洗碗、扫地、擦桌子等。虽然劳动教育问题目前发展的活动比较单一，但是都在朝“通过劳动发展品德”这一方向努力着。

在学生的劳动态度上，大部分的同学都有较好的劳动意识，能积极地参与到劳动中去。有一部分学生能够将一些劳动认为是自己本应该做的事情，不会让父母帮忙完成，能够很好地做到“自己的事情自己做”。不仅仅在家务劳动中，在校园生活中，他们也能够主动承担起劳动的责任，比如，打扫地上的纸屑和垃圾。

总的来看，目前各中学校都在积极地发展劳动教育与思想政治教育。不仅是从校园生活、课程设置这些方面，还把劳动教育延伸到家庭活动中。让我们切实地感受到劳动教育与思想政治教育在新时代中学教育中的勃勃生机，然而我们在看到它的积极面之外，还要意识到劳动教育与思想政治教育背后所存在的问题。

2. 存在问题：劳动教育与思想政治教育的发展局限

《意见》的出台，一方面突出了中共中央、国务院对劳动教育的重视，另一反面其实也映射出当下劳动教育在中学教育中的边缘化现象。当今，随着社会的快速发展，学生所接受到的信息更加直接、快速，从而导致在思想道德上面临着诸多挑战。

首先，劳动教育与思想政治教育二者无法深入结合。众所周知，劳动是我们人类生存的根本条件，是发展各项潜能的基础。而培养人类的各项劳动能力又是思想政治教育的职责所在，二者本应是相互促进、共同成就的关系。但在具体实践中，中学劳动教育的概念却往往被限定在特定的活动中。例如，有时会把劳动作为某项课程的工具，形成“有劳无育”的状态；或者说，仅仅拿劳动进行说教，期望通过道德教育来培养学生的劳动素养，这类便是“有育无劳”的现象。

其次，劳动教育与思想政治教育在实施阶段重视程度不高。正如“劳动”不等于“生产劳动”一样，现代教育已经越来越不等同于学校教育。“教育与生产劳动相结合”里的“教育”也不应该等同于“学校教育”。① 当下劳动教育与思想政治教育的实施只在学校教育中进行，极大地限制了二者的发展。

另外，在中学的劳动教育与思想政治教育的开展过程中，各级学校在对教师进行劳动教育培训时，没有准确地将劳动教育、思想政治教育的内涵特征表达出来，因此容易出现疏漏问题。甚至会有一些中学，教师在实施过程中，没有正确地将劳动教育的价值观念传授给学生，反而将劳动教育当成一种惩罚措施执行。比如，在学校如果没有按时完成作业，学生将会被罚打扫教室卫生等。此时的劳动教育将会成为一种厌恶刺激，不利于学生的健康发展。

最后，劳动教育与思想政治教育相结合的支持力度不足。在大部分地区，劳动教育的发展依然没有很完善。作为一个发展比较弱的领域，劳动教育与思想政治教育相结合在整个中学的教育问题上仍缺乏大力度的支持。这里的支持包含人力、物力、财力三方面，专业的劳动教育教师团队，以及一些劳动教育的相关机构、制度等。这些资源的缺乏将会直接影响劳动教育在各个阶段的

① 檀传宝. 何谓“教育与生产劳动相结合”——经典论述的时代诠释 [J]. 课程·教材·教法，2020，40（01）：4—10.

发展。

不管是劳动教育与思想政治教育的结合问题，还是说实施阶段的重视程度，亦是说缺乏支持力度，这些问题的提出，都是想要更好地建设新时代劳动教育体系。尤其是在各平台资源的整合问题上，从学校到家庭再到社会，劳动教育绝不只是学校这一方面需要做的事情，它更应该将自身的本质、内涵渗透到家庭、社会中。将三者联系在一起，一定会把劳动教育的长处发挥得淋漓尽致。

3. 秉要执本：新时代实施劳动教育与思想政治教育相结合的必要性

正如毛泽东同志在《关于正确处理人民内部矛盾的问题》中明确提出："我们的教育方针，应该使受教育者在德育、智育、体育几方面都得到发展，成为有社会主义觉悟的有文化的劳动者。"反之，劳动教育能够帮助学生完善人性，也能够使其增加智慧，发扬自身美德。

新时代实施劳动教育与思想政治教育相结合必要性的原因，最早要追溯到新中国成立之后。当时，中国处在百废待兴的状态，在经济、政治、文化各个方面都面临着巩固发展的任务。在这一大背景下，凭借对思想政治的教育宣传，培养出一大批"热爱祖国、热爱人民、热爱劳动"的学生，他们积极的劳动态度构建出当时和谐的劳动关系。同时，作为社会主义新人，他们对劳动的态度，以及对劳动教育观念的认同感，使整个社会的学生都积极投身于新中国的建设中。

当今，各大教育工作会议中，都会提到培养学生核心素养的问题。这是学生应该具备的，也是社会所必需的必备品格和关键能力。其中，劳动教育、思想政治教育是培养全面发展的学生中的关键一环。二者既能够通过劳动实践完成对知识技能的传授，又能够使学生从劳动中收获快乐和成长。

习近平总书记曾在全国教育大会中提到"要在学生中弘扬劳动精神，教育引导学生崇尚劳动、尊重劳动，懂得劳动最光荣、劳动最崇高、劳动最伟大、劳动最美丽的道理，长大后能够辛勤劳动、诚实劳动、创造性劳动"，"要形成更高水平的人才培养体系"。① 人们能够通过劳动教育、思想政治教育获取知

---

① 习近平．坚持中国特色社会主义教育发展道路，培养德智体美劳全面发展的社会主义建设者和接班人［EB/OL］. http：//m. xinhuanet. com/2018-09/10/c_ 1123408400. htm. 2018-09-10.

识，同样也能从深层知识底蕴中探寻劳动与思想政治的奥妙。

2020 年全国教育工作会议强调要提升立德树人根本任务的针对性、实效性。而且在此次会议中，提出了要对准“五育并举”体系中的短板弱项。其实，将这一问题聚焦到劳动教育与思想政治教育问题上来看，构建完善的劳动教育与思想政治教育链条，并非大力开展脑力劳动，而是要补齐体力劳动这一短板问题，从而促进学科与实践的结合。

中共中央、国务院本次印发的《意见》，不仅为新时代劳动教育的发展指明了方向，确定了其发展宗旨，同时也提供了全新的发展方案，从劳动教育课程的设置、教育评价到该课程实施的途径，都做出了全面细致的设计。这对新时代劳动教育的发展具有重大意义。

由此来看，在我国的整个教育体系中，劳动与思想政治教育相结合一直作为教育方针贯穿其中。当下到了信息技术高速发展的新时代，二者的结合更加紧迫了。从上述各文件中，我们也能体会到，处在新时代的中学生，他们对待劳动的态度将成为劳动教育、思想政治教育进展是否顺利的衡量标准。

4. 实施建议：劳动教育与思想政治教育的未来发展

劳动教育与思想政治教育的结合，关键在于要强化二者之间的相互植入。简单来说，在提高思想政治课程中劳动教育摄入的同时，也要提升劳动课程中思想政治教育问题的渗透。这样才能够保障劳动教育与思想政治教育的未来发展，让彼此都能不止于课堂教学，力争发扬至其他学科教育的阶段。

第一，坚守劳动教育与思想政治教育的本质。就像劳动教育的传授媒介是以劳动为主，但是不能仅因为这一劳动媒介，而将其简单化，不去思考深层次的教育本质问题。说到底，劳动教育是想要培养学生健康向上的劳动观，热爱劳动的品质，并且具有一定的劳动能力。而思想政治教育的本质问题是把特定的社会思想、价值观、世界观、道德规范等，转化成为受教育者自身的某种品德。

二者在本质上有着相类似的点。当然，这不是劳动教育与思想政治教育相结合的根本原因，而是作为这两者结合的基础前提。坚守劳动教育与思想政治教育的本质，能够更加遵循其本质发展，因此，无论在何种环境下都不会迷失发展。这是劳动教育与思想政治教育相结合的目的，也是它们的本质特点。

第二，多开展一些社会实践活动，以此促进劳动教育与思想政治教育的发展。身处新时代，劳动教育与思想政治教育最有效的开展途径便是社会实践活动。社会实践活动，可以说成是一种弹性较大的特殊课程，可以安排相应的劳动体验和思想政治实践活动在其中。这样一来，既可以使学科知识联系劳动实践，又能增加劳动教育与思想政治教育的体验机会。

社会实践的选定，并不是没有依据的。它是既符合劳动教育与思想政治教育在目标、内容、方式上的具体要求，又具有可行性的实践方案。实践活动中带入劳动教育与思想政治教育，能够共同培养出教育活动所需要的全面人才。劳动教育与思想政治教育借助社会实践活动的实施，在应用频率上会有大幅度的增加，除此之外，社会实践还能够有效地帮助学生巩固实践知识，在实践中培养劳动素养与健康向上的品德。

第三，建立劳动教育相关的制度、机构。新时代中学的劳动教育，单凭中学的发展，是无法顺利开展的。思想政治教育与劳动教育的结合亦是如此。因此需要各界相关机构的支持，首先涉及的便是劳动教育相关的制度文件。建立了相关制度，它们也就有了实际落地的保障，解决了“无制度可循”的问题。① 比如，在处理如何保障劳动教育课程不被其他课程占用的问题上，有了制度的规定后，课程便不会被轻易地挪用。

成立劳动教育相关的机构，就能够解决一些原来没有机构管理的问题。倘若应对的事务没有专门的机构负责管理，那就容易造成责任的混乱。应对劳动教育这一问题，政府要先成立相关负责任的机构。其次，要监督各级学校对制度的执行，为整个中学劳动教育的发展起到规范性、指向性的作用。

第四，发挥家庭在劳动教育与思想政治教育中的作用。劳动教育相比较一些其他的课程教育而言，发展得并不是那么完善，在很多方面还比较薄弱。仅靠学校这一方的支持，还不足使劳动教育与思想政治教育成熟地发展，因此，需要联动社会、家庭的支持。这一点正印证了《意见》中所提到的：“加强政府统筹，拓宽劳动教育途径，整合家庭、学校、社会各方面力量。家庭劳动教育要日常化，学校劳动教育要规范化，社会劳动教育要多样化，形成协同育人格局。”

在优化新时代劳动教育问题时，我们要利用好学校、社会、家庭三者之间的关系。把学校对劳动教育的作用视为主导，社会支持劳动教育，而家庭需要

① 赖慧玲．新时代的小学劳动教育［J］．基础教育研究，2019（13）：11—13.

在劳动教育中扮演的“角色”便是根基。家庭对一个孩子的成长有着重要的奠基作用，而家庭生活离不开劳动，因此，家庭教育也离不开劳动教育与思想政治教育。作为父母，从小就要培养孩子的动手能力以及劳动情感，一个良好的劳动习惯，对孩子日后的思想品德发展会有着潜移默化的影响。

意识培养：拓宽新时代中学劳动教育的有效途径①

劳动教育是我国中学素质教育的重要内容，家校合作是联通家庭、学校联系的重要方式。当前中学生劳动意识培养存在教育培养片面化、实践活动形式化、劳动意义惩罚化、价值取向功利化的问题。针对现存的问题，通过家校合作培养中学生劳动意识，是新时代中学促进学生全面发展的必要之举。我们可以通过构建家校合作平台，达成劳动教育共识；落实家校教育职责，加强劳动培训指导；开展家校特色活动，强化劳动行为体验；完善家校评价机制，坚持劳动激励原则。

劳动作为社会最基本的实践活动，是人类最为本质的活动形式。马克思认为："任何一个民族，如果停止劳动，不用说一年，就是几个星期，也要灭亡。"② 可见，劳动对社会发展的重要性。近日，中共中央、国务院下发《关于全面加强中小学劳动教育的意见》中强调：劳动教育是中国特色社会主义教育制度的重要内容，要构建德智体美劳全面发展的教育体系，明确劳动教育的重要意义和实施途径。劳动教育不仅是学校实现立德树人根本任务的客观需要，还是实施全面素质教育的内在要求。习近平总书记在全国教育大会上强调："要在学生中弘扬劳动精神，教育引导学生崇尚劳动、尊重劳动，懂得劳动最光荣、劳动最崇高、劳动最伟大、劳动最美丽的道理，长大后能够辛勤劳动、诚实劳动、创造性劳动。"当前，中学生劳动意识较薄弱，在个人发展上出现片面性，如：某些学生在德、智、体、美方面表现优异，但在生活中，由于缺少劳动锻

① 作者简介：苏婷婷，法学硕士，佛山市顺德区成美初级中学《道德与法治》教师，主要从事中学《道德与法治》学科课程讲授工作。

② 马克思恩格斯选集：第2版第4卷［M］. 北京：人民出版社，1995：580.

炼而丧失基本的生活自理能力，懒惰散漫、惧怕困难。因此，借助家校合作平台，培养学生劳动意识，丰富劳动情感，提高劳动能力显得尤为重要和必要。

1. 当前中学生劳动意识培养存在的主要问题

中学生劳动意识普遍较为薄弱，原因既有学校教学理念、教学方式的影响，也有来自家长的价值取向和对劳动态度的影响。深入了解这些因素，可以让我们更加有针对性地进行家校合作，提高中学生的劳动意识。

（1）教育培养片面化，忽略劳动意识品格培植。

自实施素质教育以来，很多学校尽管一直强调德智体美劳全面发展，强调素质教育，但在“升学率”的影响下，不得不把智育放在首位。教师“以分数论英雄”的思想根深蒂固，在对学生实际的考核中还是以学生的考试成绩为主要标准。如期末考试中，能拿到“三好学生”荣誉的往往正是那些考试分数较高的学生，而对于这些学生的其他方面，如集体观念、互助精神、良好行为习惯等却鲜有考虑。同样，家长方面，只看重孩子的学习成绩，要求孩子只需专心学习就好，其余劳动事项一字不提。学校和家长过于看重考试分数，而忽视了学习本身是一种劳动，忽略了学生劳动意识和思想品格的培植。

（2）实践活动形式化，过于注重理论知识传授。

苏霍姆林斯基在《给教师的100条建议》中说：“对于孩子来说，体力劳动除了让小孩获得一定程度的技能和技巧，还在劳动过程中对其进行思想道德教育，更能使孩子获得一个异常丰富的思想世界。”① 实践活动能够激发学生的智力、意志，获得情感体验，让学生认知世界。但在具体的学校劳动教育课程中，老师的讲授模式多为理论灌输，忽视实践活动。即使有些学校有组织一些动手类的活动，如劳技课上做手工艺品，也只是暂时性的，没有系统化固定化。家庭中更是如此，为了让孩子专心学习，家长把家庭劳动全部包办，单纯口头进行劳动教育，导致孩子缺失生活自理能力，意志力薄弱，抗压能力较差。

（3）劳动意义惩罚化，漠视思想道德教育价值。

很多老师和家长漠视劳动的价值和意义，把劳动作为孩子表现不好的惩罚手段。如很多学校老师在处理孩子“上课迟到”“课堂捣乱”“打架斗殴”，或者成绩下降问题时，会简单粗暴地让学生直接承担班级的卫生劳动。家长在家

① 党群．对学生主动参加劳动教育的思考［J］．小学时代（教师版），2009（5）：18.

教育孩子的时候也是如此，当孩子不听从管教、行为有偏差，或者做事拖拉、粗心时，通常会采用搞卫生的惩罚方式对孩子进行提醒和惩戒，甚至让孩子觉得被罚劳动是一件丢脸的事情。劳动本来是一件有益于身心健康的、有意义、有价值的事情，在老师和家长的变相处理后，变成了众矢之的的劳动惩罚。当然，也有的老师和家长意识到劳动的重要性，对孩子有相关的劳动要求，但可惜只停留在“劳”，而无“教”，劳动教育自然也就无法到达预期的效果。

（4）价值取向功利化，忽视劳动能力习惯培养。

改革开放以来，我国经济飞速发展，人们的生活水平得到了极大提升。但同时，混乱繁杂的西方社会思潮也汹涌流入中国大地。随着社会利益多元化，享乐主义、功利主义、拜金主义等不良奢靡之风扭曲了部分老师和家长的价值观念和价值取向。如有时我们会听到老师教导说：“专心学习，考个好大学，才能找到不错的工作，积累丰厚的物质基础。”我们经常会听到家长对孩子说：“你的任务就是好好学习，其他的不用管，家务也不用做。”专心学习当然没有错，但忽视劳动教育是不可取的。孩子走上工作岗位也需要积极作为，吃苦耐劳，才能有所成就。如果从来没有受到劳动的训练，何谈有劳动的能力和习惯。

2. 家校合作培养中学生劳动意识的实践路径

培养中学生的劳动意识，是新时代劳动教育的重要组成部分，是学校实施素质教育的重要任务，同时也是促进学生全面发展的重要举措。分析中学生劳动意识教育存在的问题，通过家校合作尝试提出解决问题的对策，有利于提高中学生劳动教育的实效性。

（1）构建家校合作平台，达成劳动教育共识。

以班级为依托，以教室为阵地，开办家长学校。由校长挂帅，德育处主任、班主任和家长代表等组成多元稳定的讲师队伍。一方面，由学校组织开展关于劳动教育的主题讲座，宣讲知识经济时代的人才要求、未成年教育的法律法规，心理健康与安全知识教育等当代劳动教育的热点问题。如“适当的家务劳动有助于提高学习效率”和“如何指导孩子做家务”等讲座，以转变家长对劳动教育的认识。另一方面，结合本地的成功家庭教育案例，指导家长家庭劳动教育的具体方法。除了主题培训外，还可以与家长会相结合、与班主任家访相结合、与培优扶困相结合、线上线下相结合等多种形式。在家校沟通过程中，我们还可以采用“老师教家长、家长教老师”互相学习的合作模式，让家长更容易接受，与学校共同达成劳动教育共识。

（2）落实家校教育职责，加强劳动培训指导。

充分发挥家长委员会的纽带作用，明确学校、家庭的教育职责，有利于增强劳动意识，保证家校合作常态机制正常运行。一方面，由学校校长统筹全局，德育主任亲自落实各自岗位职责，保证家校合作各项措施要求执行到位。同时，健全家校合作规章制度，如家长学校计划、人员工作职责、绩效考核制度等，为家校合作促进学生教育意识培养提供可靠保证。另一方面，借助教育实践活动、利用现代教育技术手段加强家长劳动培训指导。如对家长进行“一帮一”“师徒结对”等形式的专业指导，让家校合作在沟通磨合中深化共识。班主任老师可通过“手机信息”“校讯通”“微信”等交流平台，加强与家长的沟通与联系。通过明确教育职责，加强劳动意识指导，让学校与家庭在学生劳动意识培养途径、措施和方法上形成教育合力。

（3）开展家校特色活动，强化劳动行为体验。

苏霍姆林斯基曾经告诫学生：“要知道，很少有人生下来就有牛顿或爱因斯坦那样的天赋。要做最不利的打算，即使你没有天赋，你要用劳动和创造来培养和发展你的能力。”劳动是手脑并用的过程，只有学生亲身参与劳动过程，强化劳动行为体验，才能切身地感受劳动的内涵、意义，自觉养成良好的行为习惯。学校可与家庭共同开展一些特色活动，如：设立公益劳动周活动：在家务劳动周期间，要求学生进行家务整理、帮厨洗衣、扫地抹桌等，并在活动期间要求家长对学生的行为进行监督和检查，做好相关记录，及时反馈给学校。学校相应可开展劳动小能手、劳动明星等评选活动，对表现突出的学生及时给予肯定和奖励，强化劳动最光荣意识。此外，学校还可把劳动体验活动迁移到校外，增加劳动行为体验真实感。

（4）完善家校评价机制，坚持劳动激励原则。

劳动意识为学生综合素质的重要组成部分，学校在对学生综合素质的评价过程中，评价方式需科学、合理。《基础教育课程改革纲要（试行）》指出：“评价学生旨在辅助学生争取认识自我，建立人生自信，最终发挥评价的教育功能，促进学生在更加科学而全面的道路上发展。”因此，家校的评价机制应避免片面性，以“促进学生全面发展”为最终目标，重点评价学生的劳动态度、劳动习惯及劳动技能的掌握情况。此外，坚持劳动激励原则，重视学生的个性发展。激励性原则主要包括以下要求：“一是将物质奖励和精神鼓舞相结合。为了生存和发展，人不仅有物质上的需要，同时也有精神方面的追求。”学校要完善劳动教育体系，对学生劳动教育培养给予充足的经费和物质支持。另外，家长配合精神鼓励助推学生在不断进取过程中养成劳动责任意识。

主体联动：探寻小学劳动教育的教学策略与方法论①

近期，中共中央、国务院发布《关于全面加强新时代大中小学劳动教育的意见》，对新时代劳动教育做了顶层设计和全面部署。劳动教育是新时期党对教育的新要求，是中国特色社会主义教育制度的重要内容，它可以树德、可以增智、可以强体、可以育美，具有综合育人价值。然而，随着生活水平的提高、独生子女的增多，社会上出现了鄙视体力劳动的现象，导致新一代人劳动观念淡薄，从而影响了学校的劳动教育。

在新课程的教育理念下，社会越来越重视劳动教育。小学作为学生形成人生观、价值观的关键阶段，是扣上人生“第一粒扣子”的重要时期，应当从小树立劳动光荣、劳动崇高的思想。因此，我们必须增强全面贯彻党的教育方针、抓好新时代劳动教育的紧迫感、责任感。鉴于此，作为一线的教育工作者，笔者认为，教师不仅要通过学科教育向学生渗透劳动意识，还要争取家长的配合，借助家庭教育的力量引导学生树立劳动观念。只有家校这两个主体联动，通力合作，正确地对学生进行劳动教育，才能更好地培养学生的劳动意识。

习近平总书记在全国教育大会上曾经指出，社会“有用人才”的一个重要特征，就是具备劳动的素质，能够弘扬劳动精神、崇尚劳动、懂得劳动最光荣。他说：“生活靠劳动创造，人生也靠劳动创造。”② 由此可见，劳动教育是提高中小学生综合素质、成就幸福圆满的人生的有效途径。然而，从学校、家庭、社会等诸多方面看，忽视学生劳动教育的现象比较严重，问题突出。

---

① 作者简介：王宇静，佛山市南海区丹灶镇金沙小学语文学科二级教师，讲授语文、道德与法治等课程。

② 习近平出席全国教育大会并发表重要讲话［EB/OL］. http：//www. gov. cn/xinwen/2018-09/10/content_ 5320835. htm，2018-09-10.

1. 小学劳动教育存在的问题

我国中小学劳动教育虽然一直受到党中央领导的高度关注，但由于多种因素的影响，小学劳动教育仍存在不少问题。现在的孩子娇生惯养，他们过着饭来张口、衣来伸手的生活；学习压力又大，家长心疼孩子，就将孩子所有的事情大包大揽，导致孩子只会读书，不会劳动，孩子的动手能力、自理能力差；加上部分学校对知识教育的重视度高于对劳动教育的重视度，由此导致学生学习成绩优异但缺乏必备的劳动意识、劳动技能；有些学校虽然开设了劳动课，但劳动课时间却大多不能得到保证，难以进行科学化管理；除此之外，小学劳动教育缺乏创新性，形式单一，学生提不起兴趣，老师应付完成，难以取得实质效果。

小学生正处于学知识、长身体的时期，忽视劳动教育对他们良好思想品德的养成和身体心理素质的提高都十分不利。基于以上种种忽视劳动的现象，笔者认为应该结合家庭与学校的力量，通过家校联动，正确地对学生进行劳动教育，帮助他们树立正确的劳动观念和态度，从小懂得劳动光荣、好逸恶劳可耻，引导学生爱上劳动。

2. 对小学生进行劳动教育的措施

针对以上问题，笔者清楚地认识到小学劳动教育与学校、家庭息息相关。因此，只有家校两个主体联动，才能共同为学生创造美好生活！

家长是孩子的第一任老师，家庭是实施劳动教育的重要场所，让孩子参与家务劳动，是获得生活体验、拥有正常生活技能的重要教育契机。笔者认为，家长可以通过以下几个措施对孩子进行劳动教育。

父母是家庭教育的施教者，开展劳动教育的关键是父母要走出认识上的误区，树立新理念。家长不要总是过分宠溺孩子，以为劳动跟学习会互相冲突，其实不然，劳动教育对孩子健康成长有着重要意义，它具有树德、增智、强体、育美的综合育人价值。特别是在当前这一特殊的居家抗疫期，家长要充分利用孩子的一日生活教会他们劳动，如：学会收拾自己房间、洗自己的衣服、整理自己的书包、学会拖地等，明白自己的事情自己做的道理。

美国心理学家布鲁纳说：“最好的学习动力莫过于学生对所学知识有内在兴趣。”确实，兴趣是最好的老师。要想让孩子自觉乐意地进行家务劳动，那么家长可以通过创设游戏化的劳动情境来激发他们劳动的兴趣。笔者的一位家长朋友分享了他对孩子进行劳动教育的方法——“故事比拼、游戏闯关”，请看案例：

在本次“停课不停学”期间，A家长特别设计了《家庭亲子“战疫”》手册，将劳动教育与“故事比拼”以及“游戏闯关”相结合，设立了“故事之星”“劳动之星”等荣誉称号。每天晚上，A家庭会抽空进行劳动故事的讲述，如《懒惰的熊》《愚公移山》等，让孩子在这个过程中感受到劳动最光荣、劳动是件快乐的事情，加上小学生的好胜心比较强，他们热衷于获得“故事之星”“劳动之星”的称号，所以他们就更加认真去感受故事中蕴含的道理，并学着故事中的主人公去进行劳动。一个假期下来，孩子的劳动能力得到了很大的提高。此外，A家庭还经常利用“游戏闯关”的方式来进行家务劳动。一般把家务活分为“容易—中等—较难”三个等级，按照“由易到难”的规则，父母与孩子进行“家务游戏闯关”，孩子对于游戏的形式特别感兴趣，所以家务劳动完成得也比较高效，而且往往比大人更细心。在整个劳动过程中，家长也要及时肯定孩子的劳动成果，让孩子有成就感。以此会促使孩子更加热爱劳动！

孩子良好的劳动习惯的培养，光靠兴趣、光有新鲜感和劳动热情是不够的。家长可以根据家庭实际情况或孩子的喜好制订一份“家庭劳动计划表”，给孩子安排一些固定的劳动岗位，并详细记录孩子在家劳动的情况，确保劳动时间和内容的落实。例如：吃饭前拿碗筷；每天饭后收拾桌子、倒垃圾；每天早上起床整理自己的床铺，折叠好被子。通过父母与孩子的共同劳动，分工合作，各自完成指定的劳动任务，让“家庭劳动计划”变为习惯，让孩子在生活和劳动教育中逐步提高实践能力、社会责任和创新精神等综合素养，养成爱劳动的好习惯。

家长作为孩子的第一任老师，在指导孩子开展劳动生活教育时，需要的不仅是口头上的说教，更应该是亲力亲为，勇于承担家务，用自己的行为去感染孩子。譬如，每天母亲整理卧室和客厅，父亲打扫厨房和卫生间，把家里打扫得干干净净。作为家庭的一分子，孩子看到家长每天带头做家务，就会跟着父母动手干活，这时，家长就应该为孩子布置力所能及的劳动任务，让孩子学会自己的事情自己做，如自己穿脱衣服、整理房间、收拾课桌等。

对于孩子的劳动行为，家长还要不失时机地进行表扬，如“你今天帮妈妈做饭、洗碗，真是给力的劳动小能手!”孩子听到家长的鼓励，会获得劳动的成就感。其次，家长可以将孩子劳动时的情景拍照或制作短视频，发到朋友圈或者微博，和家人、朋友一起分享，使孩子收获劳动的喜悦。再次，家长也可以结合孩子的劳动行为，对孩子进行有意义的奖励，使孩子感受到付出劳动之后的成就感。久而久之，孩子就会养成热爱劳动的良好品质！①

总而言之，从家庭层面上来说，可以通过上述 4 个方面对孩子进行有效的劳动教育，让孩子从小养成热爱劳动的习惯，在劳动中增长才干，在劳动中锻炼身体，在劳动中培养优良的品格，从而收获劳动的快乐！

（2）学校层面

劳动教育是德育乃至整个学校教育的重要环节，因此，在实施素质教育的今天，对学生进行劳动教育十分必要。学校作为对学生进行劳动教育的主要场所，可在原有资源的基础上，发挥学校的专业性，用科学的方法对学生进行劳动教育，应着重注意以下四点。

第一，设置劳动课程，营造和谐氛围。《关于全面加强新时代大中小学劳动教育的意见》指出："中小学劳动教育课每周不少于 1 课时，学校要对学生每天课外校外劳动时间作出规定。"因此，学校要把劳动技术课列入教学计划，开足课时，用好设备，规划好课程；要充分结合当地资源，开设手工、园艺、非物质文化遗产等劳动实践类拓展课程，融劳动教育于学校各类活动课程之中，协同发展。②

在劳动课堂上，学生可以发挥自己的特长，共同营造轻松和谐的课堂氛围。针对低年级同学，教师可以带领他们学唱《劳动最光荣》的歌曲，或者是给孩子们讲一些有关劳动的故事，激发低年级小朋友的兴趣，初步形成"崇尚劳动"的意识；中高年级的学生，由于他们已经具备一定的动手能力，所以教师可以把课堂还给学生，让他们以自己喜欢的方式开展相应的活动。以笔者所在的六年级为例，教师一般会让学生进行一些实践活动，例如"今天我当家""整理小达人"等，通过小组和学生个人的 PK，班上渐渐形成了"人人有活干，事事有人管"的氛围，从此班内环境特别整洁干净！

第二，以班队会活动为载体，加强劳动教育。班队会活动是进行学生思想教育的理想课堂，作为教育者，我们要紧紧抓住这一阵地对学生进行劳动教育。

---

① 张荣钢．当前家庭劳动教育存在的问题及改进建议［D］．湖南师范大学，2011.

② 比丽克孜·阿布都热木．小学劳动课教学初探［R］．中华创新教育论坛，2007.

如有针对性地开展以“我们是爸爸妈妈的好帮手”“最美劳动者”等为主题的班队会活动。以笔者任教的班级为例，笔者利用“腾讯课堂”里的班队会，向学生进行宣传教育。

在抗击疫情过程中，有数以万计优秀的医务工作者、警务人员、志愿者等“逆行者”，他们不顾个人安危，为全国人民筑起一道守护生命的安全屏障，为世界范围内的疫情防控做出了重要贡献。这些成效的取得，离不开千千万万“逆行者”的艰苦劳动。笔者在课堂中，向学生大力宣传钟南山、李兰娟等科学家的典型事迹，以最美劳动者为榜样，引导学生为祖国和人民无私奉献、奋勇向前，用艰苦的、创造性的劳动服务人民和社会，这才是最崇高的人生价值。

第三，创新教育方式，建立评价体系。“在劳动中创造”是习近平劳动观的理论精华，在教学实践中，教师可以将劳动教育与其他活动课程有机融合，让学生脑体齐动。这一点，笔者所在学校就做得比较到位，我们开设了以创新人才培养为目的的课程——“小小创客中心”，目的是提升孩子们的科学素养和创新意识，让孩子们了解科技创新和科技探索同样是一种新型劳动。这种创新的劳动教育方式，更有利于学生体验劳动的辛苦和乐趣。

但是，劳动教育的效果必须通过评估才有说服力。基于此，笔者认为，学校要健全劳动素养评价制度，将劳动素养纳入学生综合素质评价体系，制定含有劳动素养内容的小学生综合素养评价手册，鼓励学生每天进步一点点，日积月累，不断成长；教师还可以在班级内采取竞赛式评价，组织开展劳动技能和劳动成果展示、劳动竞赛等活动，全面客观记录学生课内外劳动过程和结果。

第四，五育融合，立德树人。新近印发的《意见》着重强调，把劳动教育纳入人才培养全过程，贯通大中小学各学段，贯穿家庭、学校、社会各方面，与德育、智育、体育、美育相融合。通过劳动教育强化其他四育，打通“五育”之间壁垒，实现有效融合、整合学习资源，实现立德树人根本任务，促进学生全面发展。① 下面笔者以“劳育”与“德育”融合为例，谈谈学校是如何对学生进行劳动教育的。请看案例：

人大附小曾坚持了 21 年的一年级入队亲子植树活动，将德育与劳育紧密结合，在亲子植树劳动中，孩子们将个人成长与祖国命运紧紧联系起来，从小树立自己与小树共成长、与祖国共成长的少年志向；学校的七彩小菜地是孩子们

① 郑瑞芳．中小学推进劳动教育的四个着力点［N］．中国社会科学网．2020-04-22.

动动手、出出汗，亲近泥土的综合实践乐园，也是实施五育并举的阵地之一，孩子们通过实践劳动，体会劳动的辛苦、收获劳动的快乐；学校开展连续九年的播种节，让孩子们亲近自然，亲近绿色，通过亲手种植蔬菜，体会劳动的美，感受劳动者的繁忙与劳碌，享受劳动者的快乐与幸福，懂得劳动最光荣、劳动最崇高、劳动最伟大、劳动最美丽的道理。①

从人大附小对学生进行劳动教育的措施中，我们可以看出：学校通过丰富的“以劳树德、以劳增智、以劳强体、以劳育美、以劳创新”活动，可以将学生教育成为一个热爱生活、眼里有光、心中有爱、手里有活的阳光少年。

总而言之，学校向学生进行劳动教育是培养学生热爱劳动，使其在德、智、体、美、劳诸方面全面发展，成为有理想、有道德、有文化、有纪律的社会主义公民和建设人才的重要途径。

3. 结语

劳动教育是人生的必修课。著名教育家苏霍姆林斯基说过：体力劳动对孩子来说，其意义不仅在于获得一定的实践技能、技巧，也不仅在于进行道德教育，更重要的是能给孩子们一个广阔无垠、丰富多彩、积极健康的精神世界，激发孩子的道德、智力、审美情感的培养，无论科技发展多么的进步，劳动依然是快乐之源，幸福之本。劳动不仅创造了美的生活，也创造了美的感受，作为家长和教师，每一个人都有义务、有责任关心孩子们的劳动教育，使他们从小懂得劳动光荣，帮助他们树立正确的劳动观念，引导他们积极参加各种劳动。只有在家长、学校这两个主体双管齐下、形成合力的基础上，劳动教育才能获得良好的效果，为孩子创造美好的生活、美好的未来！

---

① 瞿葆奎．劳动教育应与体育、智育、德育、美育并列？——答黄济教授［J］．华东师范大学学报：教育科学版，2005（3）．

立足“班情”：开创以劳树德、育美的家校联动范式①

劳动是成功的必由之路，是创造价值的源泉。劳动教育是中国特色社会主义教育制度的重要内容，直接决定社会主义建设者和接班人的劳动精神面貌、劳动价值取向和劳动技能水平。前不久，中共中央、国务院印发《关于全面加强新时代大中小学劳动教育的意见》，强调劳动教育是中国特色社会主义教育制度的重要内容，就全面贯彻党的教育方针，加强大中小学劳动教育进行了系统设计和全面部署。《意见》的出台，让全社会进一步认识到加强劳动教育的重要意义，有利于推动劳动教育与德育、智育、体育、美育相结合，更好发挥劳动育人功能，促进学生形成正确的世界观、人生观、价值观。

劳动教育具有树德、增智、强体、育美的综合育人价值。笔者学校从这两个层面来推进劳动教育。

1. 学情调查

本次调查问卷在容桂小学五年级 1 班和 7 班发放，共 100 人，有效问卷为 80 人，根据调查的结果，笔者展开家校联通开展劳动实践的初探。

小孩子会主动参加家务劳动吗？

---

① 作者简介：杨润懿，佛山市顺德区容桂小学语文学科二级教师。
吴秋玲，佛山市顺德区容桂幸福陈占梅小学语文教师。

选项	小计	比例
从来不会	2	2.5%
偶尔会	64	80%
经常会	14	17.5%

小孩子一周大约能参加多长时间的家务劳动?

选项	小计	比例
不参加	5	6.25%
一个小时	42	52.5%
两个小时	21	26.25%
三个小时以上	12	15%

家长会主动给孩子分配家务劳动任务吗?

选项	小计	比例
经常会	29	36.25%
偶尔会	49	61.25%
从来不会	2	2.5%

家长会以报酬的形式激励孩子参加家务劳动吗?

选项	小计	比例
经常会	3	3.75%
偶尔会	35	43.75%
从来不会	42	52.5%

你认为孩子参加的最复杂的家务劳动是以下哪一类？

选项	小计	比例
扫地拖地	8	10%
洗衣洗碗	10	12.5%
整理房间	20	25%
做饭	35	43.75%
其他（请补充在后面横线上）	7	8.75%

当孩子不愿意参加家务劳动时，家长的态度是什么？

选项	小计	比例
鼓励	62	77.5%
训斥或埋怨	13	16.25%
无所谓	5	6.25%

你认为参加家务劳动会有什么好处？

选项	小计	比例
锻炼孩子独立生活的能力	77	96.25%
提高孩子的操作技能	61	76.25%
增强家人感情	45	56.25%
提高学习成绩	13	16.25%

你认为劳动教育是素质教育的一部分吗？

选项	小计	比例
是	79	98.75%
否	1	1.25%

孩子有保持家庭卫生的习惯吗？

选项	小计	比例
一直都有	42	52.5%
偶尔会有	35	43.75%
从来没有	3	3.75%

如果老师要求同学们轮流值日打扫教室卫生时，有些家长建议家长凑钱请钟点工代为打扫，你同意这种做法吗？

选项	小计	比例
同意	8	10%
不同意	72	90%

你认可劳动创造了人类本身这个阐述吗？

选项	小计	比例
认可	66	82.5%
不认可	3	3.75%
半信半疑	11	13.75%

2. 开展校本特色劳动教育课程，树立正确的劳动观

立德树人需要渗透在教育的全过程，我们教育者需要拥抱新时代的素质教育。一方面结合学校的实际，挖掘出校本课程的教育价值，在教学中渗透德育教育，引导孩子健康而又积极地成长，让学生不再“四体不勤，五谷不分”，让学生不仅关注知识堆叠的厚度，更关注涵养的高度；另一方面，盘活校园周边资源单位，打造具有鲜明区域特色、符合小学生特点和成长需求的实践类课程，让小学生在家门口就能享受到丰富多彩的劳动课程教育。

劳动教育课程五大板块内容

	"校园小达人"活动	"班级劳动技能"活动	"小发明小创造"活动	"家务小能手"活动	"我为社区增光彩"活动
一年级	认识校园花草	清洁自己的书桌	彩泥陶艺系列	铺床、叠被子	爱护社区环境
二年级	爱护校园花草	打扫课室	纸花艺术系列	整理自己书包、书桌	主动捡起小区垃圾
三年级	植物认养行动	打扫公区	创意手工系列	打扫自己房间	清理小区花坛垃圾
四年级	绿化带捡垃圾	清洁窗户	小工具大改进	洗衣服、鞋子	清理楼梯过道垃圾
五年级	跟着修整绿植	清扫栏杆过道	园艺布景系列	整理家庭物品	爱护环境宣传员
六年级	一米菜园种植	班级植物养护	环保创新发明	日常烹饪	植树造林活动

劳动教育最大的特点是注重实践性。学校结合学生的年龄特点和实际能力，从学生实际出发开展一系列有效的实践活动。以"校园小达人活动"板块为例，从一年级到六年级，校园劳动的主题分别为"认识校园花草""爱护校园花草""植物认养行动""绿化带捡垃圾""跟着修整绿植""一米菜园种植"，每一个阶段的实践内容都是在上一个阶段基础上的再深入，同一个板块有不同的侧重点，促使学生在小学六年时间里学到更多的知识，获得更深的体验，逐步树立他们热爱劳动、崇尚劳动的劳动观。

3. 推进家庭劳动教育，改变"一手包办"的现状

经过调查研究发现学校有25%的家长是"包办型父母"，他们管理着孩子的一切大小事，从吃穿住行到学习运动，甚至孩子跟谁玩、玩什么都要管。这些"包办型父母"认为"把作业写好就行，事情不用孩子做"。这些父母培养出来的孩子缺少独立，如果继续这样下去，孩子长大以后也会特别依赖父母，会缺少主见，也可能成为"啃老族"。推进家庭劳动教育，改变"一手包办"的现状，迫在眉睫。

通过班主任作为一个家庭的媒介，逐个做好思想工作，达成一个"劳动教育可以树德、增智、强体、育美"的共识，慢慢把孩子培养成新时代"劳动小达人"。小学生做家务的好处有很多，家庭可以选择一些孩子力所能及的家务让孩子做。比如洗米、煮饭，家长与孩子一起参与，并告诉孩子舀量多少；洗米时，也可以告诉孩子，这水除洗米外，还可以留着做其他用途；洗菜时，除了让孩子参与家务外，还能教育孩子节约的观念；叠衣服时，孩子也可以学习折叠及分类放好；铺床、整理自己的玩具，玩完后归位；饭后擦桌子，给大人递拖鞋或递物品；将垃圾丢进垃圾桶内、喂宠物、给植物浇水等等。

孩子的良好习惯的养成不是一蹴而就的，童年时期的生活，对以后生活和学习都会产生深远的影响。在劳动教育问题上，家长应放手让孩子做一些力所能及的事情，在这个过程中引导孩子明白，自己的事情自己做，培养孩子做一个独立自主、自尊自信的人。

劳动创造美好生活。今天，人类劳动的形态已经发生了巨大变化，开展劳动教育也须与时俱进。以《意见》印发为契机，全面构建体现时代特征的劳动教育体系，广泛开展劳动教育实践活动，我们就一定能引导学生树立正确的劳动观，在劳动中提升综合素质、促进全面发展，让孩子努力成长为担当民族复兴大任的时代新人。

系统推进：破解中学劳动教育现实困境的必经之路①

劳动教育作为全面培养教育体系的组成部分，一直以来是整个教育体系中的短板。新时代呼吁劳动教育的复归，中学劳动教育的重视程度有所提升，劳动教育取得一定成效的同时也面临新的困境，亟需进一步厘清现实问题，探索推进中学劳动教育的优化路径。

习近平总书记在2018年的全国教育大会上提出“培养德智体美劳全面发展的社会主义建设者和接班人”②，强调补足劳动教育这一薄弱环节。国家对此高度重视，积极探索具有中国特色的劳动教育模式。今年3月，《关于全面加强新时代大中小学劳动教育的意见》③（简称《意见》）首次以中央文件的形式对加强劳动教育做出顶层设计，将劳动教育纳入新时代育人体系。7月，教育部印发《大中小学劳动教育指导纲要（试行）》④（简称《纲要》），细化了中央意见的要求，明确规定具体内容和实施要求，切实把劳动教育落到实处。全面构建新时代劳动教育体系的宏伟蓝图已经绘就，在实现蓝图的大路上，中学劳动教育仍存在不少问题，需要我们厘清面临的现实困境，明晰其推进路径。

---

① 作者简介：钟桂莹，女，佛山科学技术学院教育硕士，主要从事中学政治学科教学与研究。

② 新华网，习近平在全国教育大会上强调：坚持中国特色社会主义教育发展道路，培养德智体美劳全面发展的社会主义建设者和接班人，2018-09-10.

③ 中共中央国务院关于全面加强新时代大中小学劳动教育的意见［N］. 人民日报. 2020-03-20（1）.

④ 教育部关于印发《大中小学劳动教育指导纲要（试行）》的通知［EB/OL］. www. moe. gov. cn/jyb. xwfb/gzdt/s5987/202007/tz0200715. 472806. html，2020-07-09.

1. 中学劳动教育现实困境

（1）劳动教育价值认识存在偏差

劳动教育相关政策一出台便引发热议，大部分人赞同加强劳动教育，认为劳动教育对于中学生的成长来说有其必要性，认同劳动教育对学生的全面发展具有一定价值作用。但也存在部分人认为加强中学劳动教育是“小题大做”，学生的任务就是学好知识，学习即是劳动，无须专门开设课程挤占其他课程的时间。劳动的教育性价值没有得到广泛认识，还体现在将劳动教育局限地理解为体力劳动，甚至将劳动惩戒作为一种教育手段，造成学生不热爱劳动、不珍惜劳动成果、不尊重劳动的现象层见叠出。

（2）劳动教育实施效果差强人意

加强中学劳动教育的号召一出，各方积极响应，但实际开展劳动教育工作的实效性有待加强。“喊口号”式的呼应，看似干劲十足，却始终停留在口头上重视，未落到实处。不少中学的劳动教育课程形同虚设、名存实亡，只存在于课程表上以应付上级检查，变相地改为自习或被其他科目占用。此外，一些学校在开展劳动教育课程教学时，存在教学内容单一、教学方式方法陈旧，与家庭和社会生活脱节的问题，对学生能力的培养效果微乎其微。

（3）劳动教育保障机制亟待加强

在相关国家文件下放后，各地区的部署情况、执行力度和实施成效存在较大差异，仍有不少地区迟迟没有开展实施劳动教育。教育水平较高的地区对中学劳动教育重视程度相对较高，能够发挥自身优势推进劳动教育，而一些落后地区则限于自身条件不足，难以开展劳动教育工作。仅有政策支持是远远不够的，中学劳动教育的组织工作仍面临师资力量薄弱、经费有限、缺乏场地、安全无法保障等问题，这些问题如果没有得到一定的保障，劳动教育便难以真正落实。

（4）劳动教育评价体系有待完善

长期以来，劳动教育与德智体美相比，受重视程度较低，劳动教育评价一直没有形成一个系统体系。近年，中学劳动教育取得了一些成果，但在评价方面仍然止步不前，不能适应加强劳动教育的新要求。《意见》提出：“把劳动素养评价结果作为衡量学生全面发展情况的重要内容，作为评优评先的重要参考和毕业依据，作为高一级学校录取的重要参考或依据。"① 将劳动素质纳入学生综合评价体系这一举措能够引起人们的重视，同时也存在许多争议，"评什么""怎么评"的问题需要进一步探索，当前中学劳动教育评价目标维度单一、标准不清、过程不规范的问题还未解决，人们对评价的公平性存怀疑态度。因此，构建系统科学的劳动教育评价体系亟需提上日程。

2. 中学劳动教育问题归因

（1）落后教育理念影响

随着国家大力推进教育体制改革创新，素质教育理念已得到社会各界的认可，但应试教育的固有弊端导致了教育价值观念不可避免地功利化。知识教育的价值被过分放大是劳动教育价值被轻视的主要原因，追求升学率的教育导向，不但造成劳动教育边缘化，而且还灌输给学生漠视劳动、厌恶劳动、轻视劳动者的扭曲价值观。"没写作业罚扫地""成绩不好只能去职业技校""不好好学习以后只能去工地搬砖"……诸如此类的话常常被老师和家长挂在嘴边，使学生容易对劳动产生一种抵触情绪。加上重视理论学习、轻视实践锻炼的传统教育理念影响，学生实践参与劳动教育活动的机会少之又少，没能亲身体验劳动的艰辛及其成就感，便很难真正认同并乐于接受劳动教育。

（2）劳动教育环境制约

中学劳动教育在实施过程中受到来自家庭、学校、社会因素的影响，三者之中任何一个环境没有形成良好的氛围，都将影响到劳动教育的实施效果。在家庭方面，一些家长惯着小孩，不舍得让孩子参与家务劳动，导致学生缺乏日常生活的自理能力；在学校方面，劳动课程流于形式，课程资源的开发以及相关教学研究较为薄弱，教学内容单一，多数以"大扫除""老师授课""宣传劳动"为主，停留在理论教育层面，缺乏学生亲身实践的活动，导致学生动手能力薄弱；在社会方面，社区、企业单位不积极参与劳动教育工作，加上"享乐主义""不劳而获"等不良社会风气对学生的劳动价值观产生负面影响，造成学生知行脱节。家庭、学校、社会既是制约中学劳动教育的环境因素，同时也是开展劳动教育的主体，因此，如何将三者联动起来发挥作用，为劳动教育创造

① 中共中央国务院关于全面加强新时代大中小学劳动教育的意见［N］. 人民日报. 2020-03-20（1）.

一个良好的环境是个需要攻克的难题。

（3）劳动教育管理缺位

中学劳动教育是一项系统性的教育工程，需要政策、经费、师资、安全等多方面的保障，相关部门的正确管理是切实保障的关键。各级各类学校开展中学劳动教育时“走过场”式应付上级任务很大程度上是因为相关部门管理松懈。在政策方面，国家高度重视顶层设计，积极提出促进劳动教育的政策，为中学劳动教育提供了方向指引，但教育部未进一步制定实施细则，导致学校劳动教育像“无头苍蝇”缺乏针对性；在师资方面，学校很少聘用专门从事劳动教育的教师，绝大多数由班主任或其他科目的老师兼任，教育部门没有组织从事劳动教育的老师进行培训，缺乏一定的专业性；在经费方面，由于劳动教育实践场地范围广，但缺乏一定的平台资源，相关部门没有对社会资源进行有效整合，仅靠政府的资金投入是较为局限的；在安全保障方面，开展多样化的劳动教育需要学生去到许多校外活动场所，不确定因素增加，管理部门责任缺失，家长不放心，学校不敢做，安全问题缺乏有效保障，是阻碍劳动教育实践活动顺利开展的重要原因。

（4）轻视劳动教育评价

劳动教育评价往往是被忽视的环节，教育部门没有明确规定劳动教育课程的评价要求，也没有将劳动教育实施效果纳入中学办学质量监管中，各级各类学校对学生劳动素养的评价缺乏系统的评价方案和具体指标。当前学校劳动教育评价一般比较笼统，以劳动结果为单一考核内容，缺乏多维度的评价目标，评价方式随意性大，没有具体的考核标准，考核过程也没有记录，劳动教育评价的有效性、客观性无从考究。由于劳动教育评价无法以“分数”加以量化，较难实现科学评价，劳动素养始终没有与升学考试挂钩，所以无论是学校、家长还是学生都不太重视劳动教育评价。长期忽视劳动教育评价导致整体参与劳动教育的积极性不高，不利于劳动教育的推进。

3. 中学劳动教育推进路径

（1）注重引导，树立正确劳动价值观

价值认同是普及劳动教育的思想基础，也是落实劳动教育的强大动力，中学劳动教育要从源头抓起，注重思想观念的引导，解决认识问题。首先，应深刻理解劳动教育的目的。教育家陶行知先生认为：“劳动教育的目的，在谋手脑相长，以增进自立之能力，获得事物之真知及了解劳动者之甘苦。”我们必须认识到，中学劳动教育的目的不仅仅是要培养学生自立自强，还应树立学生正确的劳动价值观。

正确认识中学劳动教育的价值，应围绕劳动的本体价值和劳动的育人价值展开。一是劳动的本体价值即劳动创造一切物质财富和精神财富，引导学生牢固树立劳动最光荣、劳动最崇高、劳动最美丽的观念，体悟劳动创造美好生活，培养学生尊重劳动、热爱劳动、积极创造劳动的劳动素养。二是劳动的育人价值即劳动对学生全面发展、健全人格的作用。劳动教育具有树德、增智、强体、育美的综合育人价值，有助于学生全面发展。学生从劳动教育活动中学习劳动技能并亲身体验劳动过程，加深对劳动的理解，有助于培养学生勤奋、创新、奉献的劳动精神。

加强中学劳动教育宣传引导要坚持弘扬劳动光荣、创造伟大的主旋律，将劳动精神与时代精神相统一。重点关注社会重大事件中辛勤劳动、诚实劳动、创造性劳动的典型人物和事迹。引导学生向优秀劳动者学习不畏辛劳、艰苦奋斗的品格，体会劳动不分贵贱，尊重每一个劳动者。世界观决定方法论，只有树立正确的劳动价值观，各方力量才能支持并配合学校劳动教育的开展，学生才会乐于接受并积极参与劳动教育，中学劳动教育思想层面上的障碍才能得以解决。

（2）形成合力，推进家校社协同共育

家庭、学校、社会在中学劳动教育过程中发挥作用的方式有着明显区别，但在培养学生劳动素养方面有着共同追求，需要共同承担起促进劳动教育的责任。为确保中学劳动教育的实效，需要家庭、学校、社会形成有效合力，联动发力，构筑家校社协同共育的教育格局。

家庭是劳动教育的第一课堂。家庭教育是劳动教育的基础环节，其关键在于家长。家长的劳动价值观、日常言行都对孩子起着耳濡目染的作用。首先，家长在家庭生活中应当树立良好的劳动榜样，发挥榜样示范作用，引导孩子形成正确的劳动价值观，指导孩子掌握基本的生活劳动技能。其次，家长应在家庭生活中发现并创造劳动教育的机会，鼓励孩子积极参与家务劳动，并适当奖励以激发孩子的劳动兴趣，增强劳动能力，养成良好的劳动习惯。

学校是劳动教育的主要阵地。学校是统筹实施劳动教育的主要场所，在劳动教育中发挥主导作用。学校应利用自身优势，开发和设计劳动教育课程，设立劳动教育必修课，确保每周不小于1课时，落实劳动教育常态化。在课程内容的设置上，应根据不同学段、不同类型学生的特点，以日常生活劳动、生产劳动和服务型劳动为主要内容开展劳动教育。在教学方法的选择上，根据不同劳动教育的形式以及学生的需求，灵活选择、综合运用，探索多样化的劳动教育形式，切忌局限于课堂理论教学，坚持理论与实践相统一、课内外相结合，开展有教育性、有针对性、有创新性的劳动教育活动。

社会是劳动教育的坚实后盾。社会教育体系中的劳动教育对象广泛、内容丰富、形式多样，图书馆、博物馆、展览馆、剧场、公园等都可以成为劳动教育的场域，对学校教育体系中的劳动教育有很好的补偿作用。① 相关企业、单位应该履行社会责任，为中学劳动教育提供可靠的实践场所，提供多样化的活动平台，让学生有机会体验各式各样的劳动，理解劳动创造价值，体悟“工匠精神”，了解各行各业的劳动特点，有助于树立正确的择业观，探寻为之奋斗的人生理想，为今后融入社会打下基础。

家庭、学校、社会三者在中学劳动教育中所起的作用是相互联系、不可分割的，其中任何一个环节的缺位，都会弱化劳动教育的实施效果。因此，家庭、学校、社会应该三管齐下，发挥合力效应，为劳动教育提供全方位有针对性的指导。

（3）加强督导，落实全面的保障机制

推进中学劳动教育，应加强有关部门保障劳动教育情况的督导工作，确保相关部门履行好领导决策、统筹协调的管理职能，从不同层面提高劳动教育质量，明确相关部门在中学劳动教育每一环节的职责，构建和完善全面的保障机制，落实劳动教育的保障机制，为中学劳动教育保驾护航。

在政策设计层面，相关部门应积极开展劳动教育的研究，做好顶层设计，根据劳动教育目标，制订教育大纲、教育计划，让中学劳动教育有章可循。推动劳动教育相关法规的颁布和实施，对执行不力的学校和教育主管部门依法问责，让中学劳动教育有法可依。

在经费投入层面，加大劳动教育投入在教育投入中的比重，要求各地同步配套资金，建立专门的资金项目。对于经济基础较薄弱的地区加大教育扶持力

---

① 任强．重申劳动教育的时代意义与复归路径［J］．湖州师范学院学报，2020，042（001）：52—55.

度。可采取政府购买的服务方式，吸引社会各界力量参与到劳动教育中。相关部门应合作共享资源，配备劳动教育场所、设备，为劳动教育搭建活动平台。

在人才管理层面，加强中学劳动教育师资队伍建设，加强劳动教育师资培养。人力资源管理部门应拓宽劳动教师社会化选聘渠道，根据实际情况为学校配备专任教师或兼职教师，定期开展劳动教育教师培训，提高劳动教育专业化水平。

在安全保障层面，构建学校劳动安全工作保障体系，设立劳动教育安全工作组，明确各方责任，做到权责统一。强化对劳动教育活动过程中的安全监管，对劳动教育活动中的安全风险进行科学评估，并认真排查隐患，完善应急与事故处理机制。

（4）制定标准，构建科学的评价体系

劳动教育的评价标准作为参考的基准，具体评价应坚持因地制宜，具体问题具体分析，切忌“一刀切”的评价方式。中学劳动教育评价首先应从多个维度展开评价，改变过去单一的评价指标。中学生劳动素养评价指标要点，可从劳动认知、劳动情感、劳动习惯和劳动精神等维度进行构建。① 根据不同学段的特点有所侧重，比如，中学阶段的劳动教育评价应更多地关注学生劳动习惯的养成。其次，中学劳动教育评价应坚持过程性评价与结果性评价相统一，全面记录课内外劳动过程和结果，明确学生任务清单，做好相关记录，纳入学生综合素质档案。再者，中学劳动教育评价应恰当采用多种评价方式。除了课程考核评价，还应积极开展劳动技能竞赛、评选劳动标兵、开展劳动成果展等形式的评价活动。值得关注的是，刚颁布的《纲要》中指出：利用大数据、云平台、物联网等现代技术，改进评价方式手段。② 例如，疫情期间居家学习，学校可组织学生通过影像、图片、文字等方式记录在家的劳动过程，通过互联网线上开展劳动成果展示。最后，中学劳动教育评价应遵循发展导向而不是甄别选拔，因此不能“以分数论英雄”。在进行劳动教育评价时坚持用发展的眼光看待学生，以评价激励学生，促进学生全面发展。

在新时代背景下，全面加强中学劳动教育，努力提高学生的劳动素质，对

---

① 刘茂祥．基于实践导引的中学劳动教育评价研究［J］．教育科学研究，2020，299（2）：18—23.

② 教育部关于印发《大中小学劳动教育指导纲要（试行）》的通知［EB/OL］．www. moe. gov. cn/jyb. xwfb/gzdt/s5987/202007/tz0200715. 472806. html，2020-07-09.

学生个人成长和国家发展都有着深远意义。建立完善体现时代特征的劳动教育体系是一项长期且极具挑战性的工作，需要全社会共同努力攻克当前劳动教育的难题，推进劳动教育的高质量发展，激励中国新一代青年以劳动托起中国梦。

第六章 06

因地制宜：导出新时代中学劳动教育的佛山经验

根据各地区和学校实际，结合当地在自然、经济、文化等方面条件，充分挖掘行业企业、职业院校等可利用资源，宜工则工、宜农则农，采取多种方式开展劳动教育，避免“一刀切”。

着眼农村：利用生活资源夯实劳动教育根基①

思想政治课是面向全体学生的一门智育与德育内在统一的显性德育课程，以马克思主义基本观点为核心的社会主义公民素质课程，其目的是在获取理论知识基础上使学生树立正确价值观，是为了关注学生的全面发展，提高学生综合素质，为社会培养高素质人才，使学生达到智力与人格的和谐发展。内容主要包括马克思主义常识教育、道德教育、劳动教育等。目前，中共中央、国务院印发《关于全面加强新时代大中小学劳动教育的意见》中强调把劳动教育纳入人才培养全过程，② 也是根据地区和学校实际情况开展具体劳动教育课程，在实践中引导学生形成正确的三观和劳动观。劳动教育是思政课程的组成部分和实践教学任务之一，以思政课为核心，构建政治课与劳动教育课程的“命运共同体”，使二者相互配合形成合力促进学生全面发展。

中学政治课从核心价值看，是一门进行马克思主义基本观点教育的课程，从基本内容来看，是一门提高学生认识、参与当代社会生活能力的课程。提高认识和参与社会生活需要理论联系实际，需要将所学书本知识与实际生活经验相结合，运用实践经验去印证和解决问题，才能更好地掌握所学知识和参与到社会中去，达到提高学生品德素质和政治素质，实现学生综合素质的全面发展、培养新时代社会主义接班人的目的。在全面发展中劳动教育是各育实践前提，在此基础上才能实现“五育并举”为社会输送所需人才。马克思关于人的全面发展学说是我国教育目的的确立依据，其内容中提到实现人全面发展的唯一途径必须将教育与生产劳动相结合。《意见》中强调劳动教育课程不单指提高孩子的动手操作能力，也不是对各种生活劳动技能的简单学习，而是理论联系实际，

---

① 作者简介：闫露露，佛山科学技术学院研究生，主要研究方向为学科教学思政。

② 中共中央国务院关于全面加强新时代大中小学劳动教育的意见［N］. 人民日报 . 2020-03-27（1）.

根据学生的年龄段和身心发展规律实施不同方案，在学会劳动的基础上增强体质和创造力，养成爱劳动的习惯和劳动品质，树立正确劳动价值观，提升学生综合素质来实现全面发展，培养能够担任复兴中国梦的时代新人，为国家和社会做出贡献。

当前学生多数是在家人的溺爱中成长，几乎不会体力劳动，全身心投入“考进大学”的目标中，长此以往使得孩子们对劳动价值的认识发生变化，导致错误的劳动观形成，因此我们的“五育”并未“并举”，而是形成了重知识、轻品德、体能下降、缺乏劳动能力等现象。这些现象在农村中的学校也很严重，为了改善这一现象，将劳动教育课程融入政治课中，以思政课为核心分阶段开展具体劳动教育课程，将政治课与劳动教育课程结合在课外活动中，通过实践帮助学生树立尊重劳动、崇拜劳动、热爱劳动、以劳动为荣的观念，① 使二者相互配合形成合力，促进学生全面发展。

1. 小学阶段

在小学阶段开设《品德与生活》《品德与社会》主要是丰富学生的教学空间，主张从课堂延伸至社会，在丰富的社会活动中帮助学生形成良好的品德和行为习惯。劳动教育课程主要是让学生参与劳动，在实践中去体会劳动所带来的快乐，注重劳动意识的启发，注重孩子劳动习惯的养成，二者所要达到的最终目标是一致的，都是通过课外活动获得经验和体验，为能更好地参与生活、奉献社会和形成正确的“三观”奠定基础。

地处农村的学校要充分利用乡土资源，可利用开放式的教学理念将劳动教育带入政治课课外活动环节中，因为课外活动也是政治课达到教学目标、完成教学任务的手段之一，通过课外活动不仅可以提高学生解决实际问题的能力，还可以增强学生体质，改善体能下降、缺乏劳动能力的现象，养成良好行为习惯和劳动品质。

学校可与当地村委会进行协商成立课外小型实践基地，使其成为学生参观、进行社会实践活动专用场所，对思政教师进行农作物的生产及种植知识的培训，增加教师在劳动教育模块的知识，在教学中增添课外实践活动环节，选择贴近学生生活的知识，以年级为基本单位，班级为一个小组，通过竞赛形式开展课

---

① 中共中央国务院关于全面加强新时代大中小学劳动教育的意见［N］. 人民日报. 2020-03-27 (1).

程，运用政治课中常用的参观访问和社会调查方法进行组织教学。

例如在油菜籽收割季节，学校可组织学生到校外基地参与力所能及的收割劳动，让政治教师在课堂中讲解菜籽油是经过了收割、放在田里暴晒干、在烈日下用农具翻打出菜籽、用筛子或者风车筛掉杂质、最后去农村的榨油坊炸成菜籽油五个阶段的理论知识，然后再到基地观察并参与、记录整个过程，采用“课堂+基地”“传统与现代”教学形式组织学生进行实际操作，鼓励孩子去体验和感知整个过程，参与到采收菜籽油的每个环节，激发孩子参与劳动的热情，使孩子在劳动中体会劳动艰辛和所带来的趣味性，树立热爱劳动的观念，让孩子更加珍惜劳动成果，养成热爱家乡、热爱生活、勤劳朴素的品质。

2. 中学阶段

在中学阶段，开设初中思想品德课主要是提高学生的道德素质，侧重于道德教育；高中思想政治课主要是提高学生的政治素质，侧重于政治教育。从培养目标来看是一门培养社会主义公民素质的课程。其学科知识是基础，其主要目的是在获取书本知识基础上提升综合素质和促进学生的全面发展，为树立正确的世界观、人生观、价值观打下基础。但高中理论知识一般比较抽象难以理解，需要学生将课本知识与社会实际相结合才能更好地理解和分析解决问题，注重理论联系实际。

在初高中开设劳动教育课程主要是注重劳动知识与技能的增加，理解劳动能够创造价值，形成马克思主义劳动观，树立尊重劳动、崇拜劳动、热爱劳动、以劳动为荣的观念，促进学生形成正确的世界观、人生观、价值观。

劳动教育课程是一门可以实现“以劳树德、以劳启智、以劳健体、以劳育美”的课程，① 政治课也是一门具有人文性、知识性、实践性、思想性等特点的综合性课程，二者在提高学生综合素质和实现全面发展中起着重要作用，都是引导学生自主参与丰富多彩的活动，在认识、体验与践行过程中促进良好道德素质的形成和正确劳动观、价值观的养成，其获得知识与技能是次要，最终目的是在实践基础上收获课本中无法给予的知识，再将书本知识内化于心、外化于行，不断提高分析解决问题能力，体验劳动能够创造价值。将二者结合在课外活动中，既体现中学政治课核心理念和增加实施教学的领域，又拓展了劳

① 中共中央国务院关于全面加强新时代大中小学劳动教育的意见［N］. 人民日报. 2020-03-27（1）.

动教育课程的场所。

重庆市江津区三口中学在2009年被评为重庆市首批科技教育特色学校。三口中学是一所农村初中学校，学校根据实际情况自编初中校本教材，将农村资源融入学校各学科教学中，再结合实践活动学习相关农业技术，在此过程中不仅培养学生热爱家乡、热爱农村、热爱劳动的情感，还让学生拥有能够建设家乡和农村的能力以及良好的劳动品质。从目标和内容上来看，这也是劳动教育课程和政治课所要达到的教学任务之一。①

江津花椒种植面积高达50万亩，全国青花椒70%的产量都出自江津。② 但地处江津农村的中学学生，由于家庭灌输的"两耳不闻窗外事，一心只读圣贤书"等思想，导致学生对花椒的认知局限于"了解"而非"知道"程度。为深入贯彻《意见》中将劳动教育贯穿人才培养全过程，学校与花椒种植地联系，组织学生进行社会实践活动，采用"线上"请专业种植人员对政治教师进行花椒的形态特征、繁殖方法、栽培技术、使用价值等知识的讲解的方法，这些知识经过政治教师内化再以适当手段讲授给学生，让学生对花椒有一个整体的认识。"线下"到花椒基地进行实践操作，让学生经历选苗、种植、管理、采摘花椒过程，运用"线上+线下"、理论联系实际的方式将两种课程结合，在获得花椒种植知识基础上改变轻视劳动、不珍惜劳动成果等现象，树立正确的劳动观念和价值观，这不仅是中学政治课的教学原则，还充分体现了加强劳动教育课程在培养复兴中国梦的时代新人的重要性。

本文选取位于重庆市江津区的农村中小学校为例，根据地区特色和条件构建适宜的劳动教育体系，利用乡土资源开设相应实践活动，分析如何在农村中学思政课中开展劳动教育并提出相应具体措施，通过将思想政治课与劳动教育课程结合于课外活动，在实践和获取劳动知识的基础上改变学生对劳动教育的观念，从而引导学生树立正确的价值观和树立尊重劳动、崇拜劳动、热爱劳动、以劳动为荣的劳动观，在劳动实践中培养创新精神，进而进行创造性劳动，促进学生全面发展，努力使学生成为新时代的主力军。

---

① 办最符合农村实际的特色学校［EB/OL］. https：//www. xzbu. com/1/view-301402. html，2020-05-11.

② 重庆种植作物介绍［EB/OL］. http：//m. ishare. iask. sina. com. cn/f/iSlZpYYplI. html，2017-05-25/2020-05-11.

围绕传统：开展劳动教育且弘扬佛山文化①

近日，中共中央、国务院发布的《关于全面加强新时代大中小学劳动教育的意见》中指出，劳动教育是中国特色社会主义教育制度的重要内容，直接决定社会主义建设者和接班人的劳动精神面貌、劳动价值取向和劳动技能水平。长期以来，各地区和学校坚持教育与生产劳动相结合，在实践育人方面取得了一定成效。同时也要看到，近年来一些青少年中出现了不珍惜劳动成果、不想劳动、不会劳动的现象，劳动的独特育人价值在一定程度上被忽视，劳动教育正被淡化、弱化。对此，全党全社会必须高度重视，采取有效措施切实加强劳动教育。②

佛山人民历来以勤劳勇敢而著称，自古以来，佛山人民通过自己的辛勤劳动创造了优秀的佛山传统文化。其中，有许多已进入了国家非物质文化遗产的行列，如石湾陶艺、佛山剪纸、佛山版画、佛山彩灯等。为了积极开展劳动教育，弘扬佛山传统文化，提出了以下观点。

1. 开展劳动教育的必要性

几年前，曾经有一个视频引起了网友的广泛讨论，一位初到美国留学的男孩不知该如何做西红柿炒鸡蛋，为了招待朋友，男孩发微信向母亲求助。为了满足儿子的需求，大洋彼岸的父母，隔着时差大半夜爬起来，到厨房为他录制番茄炒蛋的视频。最后，男孩做出了满意的西红柿炒鸡蛋，他的聚会很成功，

---

① 作者简介：魏盛宝，佛山市顺德区道德与法治教研员，高级教师，主要从事道德与法治学科教研工作。

② 中华人民共和国教育部、共青团中央、全国少工委．关于加强中小学劳动教育的意见[EB/OL].（2015-07-24）［2019-07-15］. http：//www. moe. edu. cn/srcsite/A06/s3325/201507/t20150731_ 197068. html.

朋友们也都很开心。这个事例从一个侧面说明了开展劳动教育的必要性。

（1）是人类生存和发展的需要。

人类要生存，离不开劳动，只有通过劳动，才能获取食物、创造价值；人类要健康，也离不开劳动，因为劳动是人类运动的一种特殊形式，通过劳动，可以增强体质、强健体魄。劳动，既是一种生存的技能和本能，也可以使人从中获得快乐和成就。因此，劳动无论作为一种能力，还是作为一种美德，到任何时候都不能被荒废，是人类生存和发展的需要。

（2）是劳动本身的重要性和社会现实决定的。

劳动是推动人类社会进步的根本力量，是一切成功的必经之路。劳动本身的重要性决定了劳动被作为一项教育内容单独提上重要日程。全面建成小康社会，进而建成富强民主文明和谐美丽的社会主义现代化强国，根本上靠劳动、靠劳动者创造。没有劳动，一切梦想都只能是空中的楼阁、幸福的泡影。

多年来，受应试教育思想的影响，从学校到家庭、从老师到家长，重智轻劳的观念较重，片面强调考试分数的高低，而忽视了劳动的重要性。这些社会现实也就导致整个社会呈现出劳动教育淡化、弱化，一些青少年不珍惜劳动成果、不爱劳动、不会劳动的现象较为普遍。这不得不使我们产生一种危机感。少年强则国强，如果少年不知劳动、不爱劳动、不会劳动、不能劳动，国家的未来靠谁来建设、谁来肩扛？

（3）是培养担当民族复兴大任的时代新人的需要。

要培养担当民族复兴大任的时代新人，就必须切实加强劳动教育，这是中国特色社会主义教育制度的重要内容，不可偏废。劳动教育不是简单的劳动，而是一门重要的学科，拥有一套完备的教育体系。它贯穿家庭、学校、社会各方面，与德育、智育、体育、美育相结合。如果认为上好劳动教育课，就是让孩子业余时间多做些家务、多参加些社会实践就万事大吉，便是误解了劳动教育的本义。①

2. 佛山传统文化的历史与现状

悠久的历史，孕育了独具魅力的岭南传统文化。佛山素有陶艺之乡、粤剧之乡、武术之乡、广纱中心、岭南成药之乡、南方铸造中心、民间艺术之乡等

① 邵泽斌. 进一步拓展劳动教育的内容与形式［N］. 中国教育报. 2019-04-09（A1）.

美誉。

石湾陶艺、佛山剪纸、佛山版画、佛山彩灯都属于非物质文化遗产项目。素有南国陶城美誉的佛山石湾，与江西的瓷都景德镇齐名，制陶业已有1000多年的历史。河宕贝丘遗址数以万计的陶片证明，早在距今5000年前的新石器时代，石湾先民已经在挖土烧陶。

佛山剪纸全国闻名，已有500多年历史。其风格既有北方剪纸苍劲雄浑的特色，又有南方剪纸剔透秀丽、明静清雅、严谨工整的长处。中国民间木版门画，除了为人们所熟悉的杨柳青和桃花坞版画外，佛山的民间木版门画也具有相当悠久的历史。早在500多年前的明代，佛山就有木版门画制作，清代中叶至抗日战争前是它的全盛时期。每年门画季节，从事门画的画、刻、印的作者近千人，出版及发行的有70余家，年销量1万份以上，成为华南门画产区的中心。

佛山彩灯在民间俗称灯色，是广东省佛山市的传统手工艺品。它具有南方彩灯精巧秀丽的特色，是传统彩灯艺术的主要流派之一。它包括大型彩灯和头牌灯、人物故事组灯、彩龙、灯笼四大门类，彩灯的扎制，全过程都是艺人手工操作。佛山彩灯为中国民间彩灯的代表，是岭南民间艺术的奇葩，也是广大群众文化生活的重要内容。

然而，随着时间的推移和选择机会的增加，许多人不愿意继续传承和发扬佛山的这些优秀传统文化，甚至导致这些传统文化濒临消失的边缘。因此，积极开展劳动教育，发扬佛山传统文化是非常有必要的。

3. 开展劳动教育，弘扬佛山传统文化的措施

（1）学习佛山传统文化中传统工艺的流程

为了开展劳动教育，发扬佛山传统文化。可以先带学生走进佛山传统文化，让学生学习了解佛山传统文化中传统工艺的流程。

石湾陶艺的制作工艺有设计构思、制模、注浆成型、修坯、上釉、龙窑煅烧6个环节，其中煅烧的火候全凭师傅的心得体会。龙窑的上、中、下、有高、中、低3种火，分别用于移动烧制物品的不同部位，只有技艺娴熟的工匠才能把握。陶塑工艺产品生产的成型技法上，至今还保留着手印和卷筒塑制空。在原有的传统技法上，根据普及品的不同要求，适当采用了现代的注浆成型技法，既保留了传统的手工特色又满足了大批生产的要求。在产品的造型技法上，继承和发展了传统的刀塑、按塑、捏塑、贴塑4种方法，使各种造型具有气韵生动的艺术效果。在产品的施釉技术方面，也是多法并用，经常采用的上釉方法有搽、挂、挡、泼、滇、刮、雕等十多种按法，各种单色釉和复色釉都要求有艺术效果的大统一和小变化，因此，窑变也是石湾美术陶瓷工艺产品的一个主要特色。

佛山剪纸在本地汉族民俗文化中有着重要地位，无论岁时节日、婚丧嫁娶、寿辰祭祀、交际礼仪，以至人们日常生活用品、儿童玩具都喜欢用剪纸作装饰。如春节，家家门楣上都贴上“五福临门”的横批，在横批下帖上五张铜衬料福字笺花钱，大神、祖先、门官、土地、灶君、井神等，在左右上角都插上一对“金花”。过去，佛山有金花行，生意兴旺。大神的金花有二层或三层，每层一张铜凿料剪纸，中间用通木架起，下层大、上层小，富于立体感，金花上还用绒球作装饰，十分夺目。图案多以金瓜顶、莲花座装饰左右招财童子。其他家神所用金花大致相同，祖先神用中号，其他神用小号，也是一至二层不等，婚嫁喜庆，所用礼盒、礼品都用剪纸贴上作装饰；七月摆七夕时，妇女们用剪纸装饰果盘、香案、烛台，放贡品的碗也用剪纸盖顶，姑娘们精心制作的冬瓜灯、芝麻船、柚子等以及各式人物扎作，都少不了用剪纸作装饰。通常，乞巧节所用的剪纸，也是姑娘们比手艺的项目之一。

佛山剪纸按其制作原料和方法分别有铜衬、纸衬、铜写、银写、木刻套印、铜凿、纯色等大类。其利用本地特产的铜箔银箔，用剪、刻、凿等技法，套衬各种色纸和绘印上各种图案，形成色彩强烈、金碧辉煌，富有南方特色的剪纸。佛山剪纸既有纤巧秀逸的表现手法，又有浑厚苍劲的表现手法，按使用的需要而选材施艺。

佛山版画的制作过程步骤如下：第一步，绘稿。在画稿中对画面的构成、造型、黑白灰关系及刀法组织都要有一个完整的考虑。在最初的小稿中，应对画面的语言和最终效果，以及制作过程有一个基本考虑，但画稿并不需要将每一细节具体画出，而应根据创作的整体构想和画面的生成关系，随机处理。第二步，备版。版材在刻制前需进行抛光和硬化处理。硬木版材经细砂纸打磨后即可用于刻制，对于木质较绵软、表面有凹痕的版材还得刮填腻子找平，并且使版面硬化。转稿之前要在版面表面涂刷一层颜色，以便刻制时能够清晰地看出画面关系。

佛山彩灯，在广东佛山民间称为灯色，是中国传统彩灯艺术的主要流派之一，也是中国南方彩灯的代表。佛山彩灯具有中国南方彩灯精巧秀丽的特色，扎制工艺水平在国内领先，以品种丰富、款式新颖、装饰独特、工艺精致、富丽堂皇而深受群众喜爱。

佛山彩灯制作分设计、扎廊、扪衬、装配四大工序。

设计：根据特定环境和需要，由工艺师设计彩灯的平面图，佛山彩灯的形状变化、色彩和装配千姿百态，没有固定样式，全凭工艺师的创造，既要保持传统风格，又要美观新颖，力求达到完美的效果。然后交由车间技术员按平面图要求设计出立体施工图，包括彩灯的整体和局部大小、规格尺寸、用料要求、色彩、装配的纹样、数量、大小等。

扎廊：选用柔韧性好的竹篾或铁线按形状规格扎成立体灯形，所用竹篾的粗细、间距的疏密根据不同物体和形状而定，一般间距约 10 至 15 厘米，工艺讲究细致，每个交接口用纱纸条缠紧，灯廊要求造型准确、对称平衡、牢固美观。扎廊工序是彩灯成型成败的关键所在。

扪衬：扪灯的材料包括各种色彩的布料、丝绸、尼龙、色纸、玻璃纸等，扪面前必须先将面料扫水，布料缩水后再用胶水作粘料扪上灯面，使灯面保持平滑美观。室外的大型组灯扪面，需使用防水防晒的新材料“色丁”，以保持长时间户外展览最理想的艺术效果。

佛山彩灯主要用佛山独有的铜凿衬色剪纸作图案纹样装饰，使用的纹样以民间喜爱、寓意吉祥的龙凤、金钱、寿字、万字、牡丹花卉、瓜果以及各种几何图案等等，装饰纹样丰富、色彩艳丽、金碧辉煌，富有岭南文化艺术风格和典型的佛山地方特色。大型组灯的扪衬工序最为讲究，如头牌灯，灯高数米，分上、中、下三层。底座以莲花造型；中层是主灯，以四柱分隔为内外两层，中景灯屏是山水、人物、书法诗句，外层装龙凤、麒麟、人物、花卉灯；上层为亭台楼阁式或牌楼式，四周檐角吊挂各种造型的小彩灯做装饰。整个头牌灯大灯中有小灯，工艺十分精细。

装配：佛山彩灯除元宵灯、中秋灯外，随着人们物质文化生活和欣赏水平的不断提高，室内外展览的彩灯多以大型组灯为主，如 2005 年第七届亚洲艺术节的大型龙凤彩灯；2007 年春节送台湾展览的大型彩灯，灯高 20 多米，分上中下多层组合、男女人物共 16 个、各款彩灯共 180 个组合装饰。运输和现场安装工程浩大，安全系数要求高，必须认真仔细地实施。

（2）整合家庭、学校、社会各方面力量

要想真正提高劳动教育实效，实现知行合一，需要家庭、学校、社会的共同合作、协同发力，守好各自的岗，尽好各自的责。家长应当好课后“辅导员”，主动转变观念，以积极的心态和姿态在劳动教育上多给予孩子鼓励和帮助；学校应承担起专业教育之责，科学合理地设置和安排课程；社会应为学生提供更多实践劳动教育的机会和平台，共同推动形成热爱劳动、崇尚劳动，以劳动为荣、以劳动为责、以劳动为趣的良好风尚。

家庭是对子女进行劳动教育的基础。首先，家长要知道劳动教育对子女的重要意义。从小培养孩子爱劳动，可以使孩子养成爱劳动的好习惯，能懂得幸福生活要靠劳动；孩子爱劳动，就能尊重劳动人民，懂得珍惜别人的劳动成果，爱惜公共财物；孩子爱劳动，才能培养好的思想品德，养成勤俭朴实、热爱集体、尊重他人、吃苦耐劳、谦虚谨慎的良好品质；孩子爱劳动，才能在劳动中体会创造的成功与快乐，学会发明和创新。

其次，要针对不同阶段的孩子给予不同的劳动内容。对于 8 岁以下的孩子来说，可以指导他们做一些简单的手工劳动，如玩彩泥、剪纸、折纸和基本的绘画技巧等等。对于 8 岁以上的孩子来说，可以指导他们学习制作石湾陶艺、佛山剪纸、佛山版画、佛山彩灯的基本理论知识、基本技能，尝试制作一些作品。

学生作为成长中的人，需要劳动的支撑。在多种形式的劳动中，学生的能力会获得提升、理智会得到培养，美好生活才会得到创造。学校重视劳动教育要做到以下几点。一是统筹协调，推动建立课程完善、资源丰富、模式多样、机制健全的劳动教育体系。在课程方案中将劳动教育进一步完善和规划，开足开好综合实践活动课程，并加强学科渗透。结合实际情况在地方和学校课程中开设手工、非物质文化遗产等相关课程。探索开展校内劳动，在学校日常运行中渗透劳动教育；开展与劳动有关的兴趣小组、社团、俱乐部活动；充分利用劳动教育实践基地、综合实践基地和其他社会资源，结合研学旅行、团日队日活动和社会实践活动。

二是提升教师专业能力，将劳动教育落在实处。教师是课程实施的主体力量，广大教师不仅要提升认识，进一步了解劳动价值观的内容和重要意义，而且要加强实践操作技能的训练，进一步提高自身实施课程的能力；更要在实施过程中创造性地推进劳动教育，采用灵活多样的教学方法、教学手段实现教学目标。

关于劳动与社会的关系，马克思认为，劳动是社会的基础；没有劳动社会不能存在，也不能运转；任何一个民族，如果停止劳动，不用说一年，就是几个星期，也要灭亡。通过劳动教育和手工活动，弥补互联网时代的弊病和人性缺憾，让人回归本心，在简单平实的工作中，找回踏实、安宁、幸福，再造社会根基，助力社会和谐。①

在社会中，组织学生定期参加志愿活动，走进敬老院开展助老活动，适时到工厂、农村参加一些力所能及的劳动，塑造中学生正确的价值观。创造条件，在合适的场所建立中学生劳动基地，让中学生的劳动教育社会化、常态化。劳动教育、手工活动能够让人在简单、踏实的工作中找到安定感、满足感；在兴趣爱好中体会创造带来的乐趣；在极具挑战性、创造性的工作中，找到好奇心、满足感、实现感。如果人们都通过本职工作和 8 小时以外兴趣爱好的手工活动，获得了踏实、安宁和幸福感，社会就会因此更加和谐安定。

---

① 王菲．劳动是教育之责［EB/OL］．http：//cd. wenming. cn，2020-04-26.

结构反思：城镇高中劳动教育的功能加强①

通过分析城镇普通高中加强劳动教育的时代背景，深刻认识新时代加强劳动教育的重要性和艰巨性，探索城镇普通高中实施劳动教育的有效途径，构建相应的劳动教育课程体系，反思劳动教育过程中还存在的问题，树立正确的劳动教育观念，更好地发挥劳动教育的综合育人功能。

劳动教育是中国特色社会主义教育制度的重要内容，直接决定社会主义建设者和接班人的劳动精神面貌、劳动价值取向和劳动技能水平，具有非常重要的战略意义和现实意义。2020年3月，中共中央、国务院印发《关于全面加强新时代大中小学劳动教育的意见》（以下简称《意见》）②，强调要以习近平新时代中国特色社会主义思想为指导，全面贯彻党的教育方针，落实全国教育大会精神，坚持立德树人，把劳动教育纳入人才培养全过程，贯通大中小学各学段，贯穿家庭、学校、社会各方面，与德育、智育、体育、美育相融合，紧密结合经济社会发展变化和学生生活实际，积极探索具有中国特色的劳动教育模式。笔者所在的学校是一所地处珠江三角洲的城镇普通高中，在对学生加强劳动教育方面做了许多有益的探索与实践，取得了一定的成绩，同时也存在需要进一步改进和完善的问题。

1. 城镇普通高中加强劳动教育的实践背景

（1）新时代党和政府高度重视劳动教育凸显其必要性和重要性。立德树人

---

① 作者简介：刘红，佛山市顺德区罗定邦中学副高级教师，主要从事高中语文教学和德育研究。

刘彦，佛山市顺德区罗定邦中学正高级教师，主要从事思想政治课教学和德育研究。

② 中共中央国务院关于全面加强新时代大中小学劳动教育的意见［EB/OL］. http：//www. gov. cn/zhengce/2020-03/26/content_ 5495977. html，2020-3-20.

是新时代中国特色社会主义教育发展的根本任务，全面贯彻落实党的教育方针，必须构建德智体美劳全面培养的教育体系。2018 年 9 月，习近平总书记在全国教育大会上明确提出将劳动教育纳入社会主义建设者和接班人的总体要求。党中央和国务院最近发布的《关于全面加强新时代大中小学劳动教育的意见》，充分体现了党和政府对大中小学加强劳动教育的高度重视。党的十八大以来，我国各项事业的发展站到了新的历史起点上，中国特色社会主义进入了新时代，国家的综合国力迈上新台阶，人民生活水平实现新跨越。随着社会经济和信息技术的快速发展，人工智能、互联网+、第五代移动通信技术，这些都在深刻地改变着人们的劳动观念和劳动认知。近年来我国的产业结构在不断升级，社会的劳动形态也在发生着巨大的改变，脑力劳动、服务性劳动、复合型劳动比重空前增加。新时代条件下如何与时俱进地开展劳动教育，树立正确的劳动意识，提高创造性劳动能力，已经成为学校加强劳动教育面临的新任务、新挑战。

（2）城镇普通高中学校加强劳动教育更具紧迫性和艰巨性。伴随着中国经济发展和城镇化进程的加快，城镇普通高中的学生所占比重越来越大。“城镇”是城市和集镇的简称，通常指的是以非农业人口为主的人口聚居地区。① “普通高中”即普通高级中学，属于高级中等教育学校的范畴，用以区别中师、中专、职高、技校等学校，② 它是我国高级中等教育的主体，是学生进入高等教育学校或社会的过渡阶段。本文中的“城镇普通高中”主要是指经济相对较为发达地区的普通高中学校，这类学校在珠江三角洲和长江三角洲等地区的大中城市都比较普遍，学校所在的城市一般不具备进行农业生产等劳动教育的条件。一般来说，城镇普通高中的学生家庭经济条件较好，高中阶段的学生也已具备基本的劳动能力，但是要面对沉重的学业负担和高考压力，不少家长把学生的日常生活包办到位，导致学生对劳动的重要性和必要性认识不够，劳动观念淡薄，劳动习惯较差。针对这类学校的学生加强劳动教育的难度更大、任务更艰巨，非常值得我们去思考与探索。

（3）当前的现实困境亟待强化劳动教育的可操作性和有效性。《意见》指出，当今社会普遍存在劳动观念不正确、学校劳动教育削弱、家庭劳动教育缺

---

① 刘冠生．城市、城镇、农村、乡村概念的理解与使用问题［J］．山东理工大学学报（社会科学版），2005（1）：54—57.

② 秦晓梅．“选课走班制”普通高中教学楼廊道空间设计研究［D］．西安建筑科技大学，2018：13.

失、社会劳动教育缺位等现象。长期以来，忽视劳动教育的传统观念根深蒂固，人们对于学校的评价标准比较单一。尤其是针对城镇普通高中的评价，社会、家庭、学生、教师、学校都把高考成绩作为衡量一所学校办得好坏的一项重要指标。更有甚者，错误地理解劳动的育人功能，长期把体力劳动作为学生违规违纪的惩罚手段，比如学生违纪后要罚做清洁卫生等。对于课业负担压力大的普通高中学生来说，学校片面追求升学率，把通用技术课等课程的时间也分给了高考学科，家长尊崇唯学习论，社会保持不干预，从而导致学生的劳动机会越来越少，甚至出现了轻视劳动、不会劳动、不珍惜劳动成果的现象。面对目前的现实困境，急需从思想认识、情感态度、能力习惯等方面强化劳动的综合育人功能，为高中生的全面发展和健康成长进行积极的探索和实践。

2. 城镇普通高中加强劳动教育的实践探索

关于新时代劳动教育的基本内涵，《意见》明确实施劳动教育的重点是在系统的文化知识学习之外，有目的、有计划地组织学生参加日常生活劳动、生产劳动和服务性劳动，让学生切实经历动手实践、出力流汗、接受锻炼、磨炼意志，培养学生正确的劳动价值观和良好劳动品质。笔者所在学校根据劳动教育的基本内涵，实施内容丰富、形式多样的劳动教育，注重围绕丰富的职业体验，开展服务性劳动，参加学农综合实践等生产劳动，掌握一定的劳动技能，努力构建既体现时代特征又符合城镇普通高中实际的劳动教育课程体系，大胆探索加强劳动教育有效途径，初步形成具有综合性、实践性、开放性、针对性的劳动教育课程体系。

（1）设立劳动教育必修课程，全面加强劳动教育。结合全寄宿制城镇普通高中的特点设置劳动教育的必修课程，分为校内劳动教育必修课程和校外劳动教育必修课程。

校内劳动教育必修课做到每周不少于1课时，主要包括两大类课程。首先是按照国家教学计划开设的通用技术课和综合实践课，还有各学科教师结合教学内容进行的劳动教育渗透，以及班主任利用班会课进行的劳动教育等。其次是每天安排值日学生进行早晚两次的校园环境卫生清洁、本班教室卫生清洁、学生宿舍内务卫生清洁等爱国卫生劳动。还规定每周三下午的第九节课，全校学生参加校园卫生立体大清洁，包括学校全部的实验室、图书馆、体育馆等各功能场所。上述各项劳动内容都有主管部门的老师或者学生干部进行检查考核，将劳动质量、劳动态度和劳动效果作为班级、宿舍、小组考核评价的依据，形成量化激励机制。

校外劳动教育必修课主要安排在每年的九月下旬，组织高二年级的全体师生到距离学校一百多公里的广州市越秀区学农综合实践基地，进行为期三天的学农综合实践劳动教育，老师和学生同吃同住同劳动，共同接受劳动教育。学生在学农基地实行半军事化管理，每天开设四门课程，课程内容丰富多彩。其中学农类劳动课程主要有稻田插秧、除草施肥、挖土、挑粪、浇菜、清理淤泥、割草喂鱼、野炊砍柴、烧火做饭、无土栽培、定向越野、家禽养殖等。德育教育类课程主要有国防教育、消防安全教育、青春期教育、禁毒教育、法制教育、爱护环境教育、热爱尊重生命教育等。该项学农综合实践活动自 2012 年开始实施，至今从未间断，取得良好的教育教学效果，深得学生及家长的好评，成为学校德育工作的一个示范性品牌。学生离开家庭和学校，到实践基地亲近大自然，与同学伙伴、老师教官，共同生活、共同劳动、共同活动，这是在学校和家庭里从来没有过的劳动体验，大家一起收获劳动成功的快乐，在高中的学习生涯留下一段美好而难忘的深刻记忆。

（2）开设劳动教育选修课程，完善劳动教育课程体系。劳动教育选修课也分为校内选修课程和校外选修课程两大类。

校内劳动教育选修课主要通过每年四、五月份举办的科技文化节实施劳动教育活动。学校在科技文化节期间，邀请许多高等院校的专家教授对师生进行当代最前沿科学的专题报告，进一步提升师生的科技和人文素养。科技文化节还邀请当地的职业中学师生共同参与，开设汽车维修保养、茶艺展示、理发美容化妆、家电维修等日常生活技能方面的劳动体验活动，学生可以根据自己的兴趣爱好，自由选择学习内容，既可以掌握一些基本的生活技能，又可以亲自参与动手实践、出力流汗，得到很好的锻炼。学校的各类学生社团和各班级开展了喜闻乐见的校园活动，爱心超市、水火箭发射、创客教育与机器人大赛等，大大丰富了学生的校园生活，进行了智慧性劳动和服务性劳动的教育。

校外劳动教育选修课主要是充分利用当地经济比较发达、知名企业比较多的优势，发挥学校发展促进会、校友会等社会资源和有利条件的作用，跟 10 多家知名企业签订学生生涯规划教育基地和假日社会实践基地，组织学生到工厂企业进行学工实践活动，到养老院和社区做志愿者服务等实践类课程。校外课程是学生劳动教育的拓展、延伸、补充，是学生学习综合实践课程的专门课堂，是学生留下集体美好记忆的乐园。

3. 城镇普通高中加强劳动教育的实践反思

我国的劳动教育时废时兴，经历了曲折发展的历程。早在 20 世纪 50 年代国家提出的教育工作方针中就包含着“教育与生产劳动结合”的内容。1995 年 3 月 18 日，第八届全国人民代表大会第三次会议，通过了《中华人民共和国教育法》。《教育法》规定：“教育必须为社会主义现代化建设服务，必须与生产劳动相结合，培养德，智、体等方面全面发展的社会主义事业的建设者和接班人。”① 上述规定对于指导和加强劳动教育工作具有十分重要的意义，在劳动育人方面也取得了一定成效。

但是，新时代中学生劳动教育的现状却不容乐观，特别是随着新时代城镇化速度加快和信息化、智能化时代到来，人们享受着高科技带来的物质成果，思想上却鄙视劳动。家长对小孩过于溺爱，再加上普通高中的高考压力、学校劳动教育课程的缺失、劳动教育教学研究的缺乏、教育观念的偏差导致思想的扭曲等。与德智体美相比，劳动教育受重视程度还不够高，经常处于“说起来重要，做起来次要，考起来不要”的尴尬境地，劳动的独特育人价值在一定程度上被忽视。关注新时代下劳动教育的变化，着重解决城镇普通高中这一重要且特殊的学生群体对劳动教育的独特需求，这是一项非常重要和艰巨的任务。

全面加强新时代大中小学劳动教育，需要各级政府从上至下的推进与落实。学校要切实承担劳动教育主体责任，要在劳动教育中发挥主导作用，树立正确的劳动教育观念。但是，加强劳动教育涉及整个社会的方方面面，涉及每个家庭，需要有健全经费投入机制和安全保障机制。只有深入领会党和政府有关加强劳动教育的方针政策，认真贯彻执行《意见》精神，才能结合新时代特点和高中生身心发展规律，将劳动素养纳入学生综合素质评价体系，落实我国劳动教育的“硬指标”，打造一支强有力的劳动教育师资队伍，规范教学流程，搭建教师教学交流及课题研究平台，整合劳动教育的教学资源，切实保证劳动教育课程体系可操作、可落实、可评价，需要各级政府、学校、社会、家庭的共同配合，确保劳动教育能够真正得到有效实施。

---

① 吴云助．建国以来党的教育方针的演变及其启示［D］．合肥：安庆师范学院，2011：21.

“纸上得来终觉浅，绝知此事要躬行。”劳动教育是人生的“必修课”，劳动教育是学生成长的必要途径，具有树德、增智、强体、育美的综合育人价值。回顾学校近十年来加强劳动教育的实践探索，已经初步构建适合城镇普通高中劳动教育的课程体系，取得了丰硕的教育教学成果，促进学生全面发展，《基于责任教育的体验式德育实践研究》获得广东省教育厅基础教育成果二等奖。我们将继续努力，让劳动教育成就学生更加美好的未来，用心培育爱劳动会劳动懂劳动的时代新人。

实践探索：劳动教育中具象解决现实问题

教师忽视劳动课，轻视劳动意识教育；学生拈轻怕重，依赖成性，劳动技能低下。这种现状显然与教师、家长和学生对劳动重要性的认知密切相关。作为肩负国家教育使命的当代教师，必须采取科学有效的教育手段加以改变。

班级劳动教育的意义：

班级劳动教育是构建学生德智体美劳全面培养教育体系的重要环节。一方面，劳动与德育、智育、体育、美育密不可分，学生在劳动中培养道德情感、增长见识、锻炼身体、提高审美；另一方面，劳动教育强调手脑并用、知行结合，在实践中获得劳动技能、培养劳动素养，发挥着独特的育人功能。正如陶铸所说："劳动是一切知识的源泉。"

班级劳动教育及劳动现状：

本人从事中小学教育三十余年，发现不少教师只重视孩子的文化知识传授，忽视劳动意识教育，甚至把一周一次的劳动课改上成语数英主课；有时为了应付学校检查，劳动课便轻描淡写敷衍而过。而孩子们呢？劳动课上无心听讲，甚至把该课当成聊天玩耍的休闲时间，劳动意识越来越淡薄，敷衍甚至拒绝学校或班级布置的校外实践任务。劳动技能一届不如一届，具体表现为：不爱劳动，把劳动当成负担；怕苦怕累，想方设法逃避；高度依赖父母，肩不能挑，手不能提，甚至衣来伸手，饭来张口；不懂劳动基本技能，劳动姿势别扭或错误；不严肃认真，把劳动当成游戏般打闹；劳动效率低下，拖拖拉拉，延时成性。

形成的原因：

首先，由于"劳动"不属于考试科目，与教师期末业绩考评无关，更不属于升中考试范围，与班级升学率无关，所以大多数教师便有意无意地把劳动课"置之度外"，认为不值得花费和主科同样的时间和精力，于是把劳动课篡改成语数英主课便成为一种选择，当这些教师尝到教学成绩优于平行班的甜头之后，篡改行为自然愈演愈烈，久而久之，劳动课就消失得无影无踪了。教师如此轻视，学生又怎能重视呢？因此，学生劳动意识淡薄、劳动技能空白就不奇怪了。

其次，在家长的心目中，考上重点初中才是孩子们的头等大事，这将为孩子考取重点高中和名牌大学奠定良好的基础。因此注重主科学习，忽视劳动教育便成为一种普遍现象。家长们为了使孩子考上名校，哪怕省吃俭用，也会出钱让孩子上各种补习班，而孩子的劳动能力培养，则根本不放在心上。不但如此，有些甚至包揽了孩子除学习以外的所有杂务，生怕劳动耽误孩子宝贵的学习时间，导致最终培养出一个只会读书、不会生活自理的高智低能儿。

再次，随着我国城镇化建设的加速发展，越来越多的农村人特别是青壮年都进城务工，把孩子留给老人照管，而大多数老年人读书少，缺乏科学育人理念，为了弥补孩子父爱母爱的缺失，便对孩子一味地溺爱，从而导致孩子“畸形”发展——自私、懒惰、畏难、依赖。等到这些孩子父母打拼出了一片天地，把小孩接到城里读书时，孩子们好吃懒做的不良习惯已经形成了。

另外，有些家长文化素质较低，加上久居他乡，与孩子交流、沟通的时间极少，导致亲情疏远：一方面，父母因工作忙，很少与小孩联系，沟通少必然导致情感淡薄；另一方面，因老人教育不当，孩子已经习惯坐享其成——“衣来伸手，饭来张口”，根本没有劳动意识，总认为父母的付出是理所当然的，一旦有劳动任务在身就闹情绪要求回到老人身边。

最后，部分家长既不懂培养孩子正确的劳动观，也顾不上配合学校加强对孩子的教育管理，更谈不上引导孩子全面发展，以为只要给孩子吃饱穿暖就足够了，孩子交给了学校，学校和老师就得负责孩子的一切，对孩子的在校表现不闻不问，甚至放任自流。因此养成了孩子们不听从管教、自由懒散、唯我独尊、目无尊长、不愿付出等不良习惯。

显然，以上劳动教育的现状与新时期培养学生德智体美劳全面发展的教育宗旨严重背离。运用科学合理的教育手段加强对学生的劳动教育，重塑孩子美好心灵是刻不容缓的。

基于以上现状和原因，本人制定并实施了以下对策：

1. 思想熏陶

“品学兼优”，强调的是品德在先，学业在后。我们都清楚，一个人只有品行端正，才能成为国家栋梁之材；反之，一个学业出众而品行不正的人，不但不能为国家做贡献，反而会对社会造成更大的危害。可见，培养孩子的优良品德是多么重要。而帮助学生从小树立热爱劳动的意识，就是非常重要的品德教育之一。加强学生的劳动教育，不仅能够让学生学到必要的劳动知识和技能，形成良好的劳动意识，还能够帮助学生形成健全的人格和良好的思想道德品质，这也是当今国家坚持立德树人、深化教育领域综合改革的现实需要。

根据中学劳动教育最基本的内容——体力劳动和生产劳动，本人从以下几方面进行了思想熏陶：

利用思品课教育孩子树立正确的劳动观点，使他们懂得劳动的伟大意义。让孩子明白人类的历史首先是生产发展的历史，是劳动人民创造的历史；辛勤的劳动是建设社会主义和共产主义的根本保证；劳动是公民的神圣义务和权利。懂得轻视体力劳动和体力劳动者，是数千年来剥削阶级思想残余；理解把脑力劳动同体力劳动相结合的重要意义。

借助语文课渗透。例如，巧用古诗教学培养学生热爱劳动和劳动人民的情感。从“锄禾日当午，汗滴禾下土”，“昼出耘田夜绩麻，村庄儿女各当家”，“大儿锄豆溪东，中儿正织鸡笼”等古诗体会劳动人民的辛苦与伟大，从而教育孩子养成劳动的习惯，形成以劳动为荣、以懒惰为耻的品质。抵制好逸恶劳、贪图享受、不劳而获、奢侈浪费等恶习的影响。

设计系列主题班会课“我能行”进行劳动意识教育。引导孩子懂得劳动是一个人全面发展的重要因素，掌握劳动技能是成为独立自强的当代少年的必要本领。让孩子明白学习是学生的主要劳动，只有从小勤奋学习，将来才能担负起建设祖国的艰巨的建设任务，并教育孩子正确对待升学、就业和分配，懂得将来不论从事何种工作都是最光荣的。

认真设计教案，努力上好每一节劳动课。学校开设劳动课是贯彻教育部提出的教学要求的需要，是切实提高学生全面素养的必备课程。因此，对待每周一节劳动课，本人从不懈怠，总是孜孜不倦备课、认认真真上课，坚持布置课后劳动作业并及时检查落实，努力通过课堂教学让孩子们学习到必要的劳动知识和技能，形成良好的劳动意识，助其形成健全的人格和良好的思想道德品质。

2. 示范引领

班级每天要轮流扫地、擦窗、擦黑板，可是由于大部分学生不懂得正确的方法，导致清洁不到位，超时现象严重，经常被扣卫生分。为此，本人亲自示范，教孩子如何拿扫把，怎样按顺序扫，怎样才能把垃圾彻底扫进垃圾铲，如何擦窗才能既快又洁净等，使他（她）们逐渐掌握了最基本的劳动技能。

还有些劳动项目，例如植树，孩子们挺感兴趣，但不懂得如何栽种。为了掌握正确的植树方法，本人特地请来园林公司的专业师傅来植树场地示范讲解、指导栽种。

3. 树立标兵

榜样的力量是无穷的。为了使同学们劳有所学，激发孩子们劳动积极性，本人每周五都会评选“劳动标兵”：扫地标兵、擦窗标兵、板报标兵、擦黑板标兵、捡垃圾标兵、收发作业标兵、洗衣标兵、烹饪标兵等，在班会课上大力表扬并颁发“劳动标兵”奖章，在荣誉驱使下，先进的孩子努力保持，后进的孩子积极追赶，争当标兵，班级逐渐形成了比学赶帮超的超劳动氛围。

4. 强弱结对

家长对劳动教育的忽视，导致班级里出现了一批劳动技能几乎空白的孩子，在班级劳动氛围越来越浓的感染下，他们由不想动手转变为愿意尝试，可是试过几次后都没能成功，反而遭到一些同学的嘲笑。发现这种现象，本人立即批评那些起哄者，安慰鼓励被嘲讽的孩子，在班级树立正气、打击歪风邪气，并立即召开班委会研究对策，成立“强弱结对”小组，经过一段时间一帮一的实践，那些“弱”孩子的劳动技能和劳动效率有了明显的提高。

5. 竞赛促进

为进一步培养孩子的动手实践能力与创新精神，展示学生的劳动智慧，本人在班级和年级组经常开展丰富多彩的校内外劳动竞赛活动。如值日小组清洁教室竞赛、睡室叠被子竞赛、校园草坪拔杂草竞赛、拾枯叶竞赛、跳蚤市场卖物品竞赛、洗手帕竞赛、小组植树竞赛、野炊炒菜竞赛等等。每次比赛尽量做到人人参与，并动员家长协助指导。通过赛前准备、赛中竞争、赛后总结表彰，既巩固了孩子们的劳动意识，锻炼并展示了孩子们的劳动技能，又使孩子们充分认识到了劳动最光荣、最崇高、最伟大、最美丽，还体会到了劳有所获的巨大成就感。

6. 设立劳动周或劳动日

为了使劳动教育系统而连贯，每逢周末，布置一小时家务劳动；每逢五一假期，布置两小时家务劳动并制作一份精美的劳动节手抄报（其中要有自己劳动的图文）；每逢寒暑假，布置一周户外劳动实践活动，并以周记的形式记录劳动过程和体会。今年疫情长假，本人布置了五次劳动（做饭、洗衣、大扫除、制作蛋糕甜品、科技小制作）任务，两次抗疫宣传（手抄报和录制防疫视频）活动，每次活动都进行总结评比、表彰激励。事实证明，假期丰富多彩的主题实践活动，使班级崇尚劳动的风气越来越浓厚。

总而言之，通过对班级劳动教育和实践的探索，本人深刻地认识到：劳动能树德、能增智、能强体、能育美。对培育和践行社会主义核心价值观，传承和弘扬中华民族优良传统，培养担当民族复兴大任的时代新人，具有重大意义。劳动教育，任重道远，本人将在劳动教育的征途中上下求索，开创出中学劳动教育和实践的新天地。

个案分析：劳动教育对学生全面发展的有效促进①

中学生的劳动教育是学校教育的重要组成部分。近年来，由于社会的重视和政府的关注，中学劳动教育的现状有所改善，但是由于中学教育事实上不重视劳动教育、家长家庭劳动教育观念淡薄等原因，造成了目前城镇中学生的劳动教育难以落到实处。笔者针对城镇中学生劳动教育出现的典型问题，提出了家庭、学校、社区三者协同合作，以加强中学劳动教育，促进学生全面发展。

近段时间，中共中央、国务院印发了《关于全面加强新时代大中小学劳动教育的意见》，就全面贯彻党的教育方针，加强大中小学劳动教育进行了系统设计和全面部署。② 教育部印发的《教育部基础教育司 2019 工作要点》中明确指出要加强中小学劳动教育，明确指出新时代劳动教育仍有重要意义。③ 这一切都在告诉我们劳动教育在中学教育中仍起着十分重要的作用，对每一位学生的身心发展仍起着积极的促进作用。

随着教育水平的进一步发展，应试教育的竞争压力进一步加剧，劳动教育往往处于容易被忽视的状态。特别是中学阶段，城镇中学生的劳动教育落实方面仍不容乐观，因此，需要家庭、学校、社区三者协同合作，加大力度扭转城镇中学生劳动教育的颓势。

---

① 作者简介：郭慧莹，教育硕士，丹灶镇有为小学二级教师，主要从事小学学科教学与德育研究。

② 冀晓萍. 加强中小学劳动教育创新高素质人才培养路径——教育部基础教育一司就《关于加强中小学劳动教育的意见》答本刊记者问［J］. 人民教育，2015（017）：27—29.

③ 中华人民共和国教育部. 关于印发《教育部基础教育司 2019 年工作要点》的通知［EB/OL］.（2019-03-08）. www. moe. gov. cn/s78/A06_ gggs/A06_ sjhj/201903/t20190319_ 374131. html.

1. 典型案例分析城镇中学生劳动教育存在的问题

从以下三个典型案例进行分析，以“点”作为切入，从学校、学生的原生家庭、学生个人方面进行横向线性分析，从而清楚地了解城镇中学生劳动教育存在的问题。

[案例一]

小惠是笔者任教班级中学习方面比较吃力的同学。笔者所在的班级，每天都有值日安排，让学生在早晚两个时间段进行清洁劳动，而小惠家住得比较远，不能安排早上劳动。因此，笔者安排她晚上放学后扫地，但是她的理解能力比较差、成绩落后，需要老师课后给她“开小灶”，再次讲解课堂知识，经常晚上放学都需要留堂，而等她补完作业，值日的同学已经完成晚上的清洁了。所以，小惠每天在学校劳动的时间不足、劳动量不够。

问题分析：智育为先，单一化的结果性评价导致老师只能让像小惠那样学习比较吃力的同学暂时放弃在学校值日劳动，而这样的安排不利于对小惠进行劳动教育，更不利于在班级里形成良好的劳动教育氛围。

[案例二]

小源同学是班上有名的“书呆子”，小源的父母很重视培养孩子的学习能力，他的学习成绩一直在班上名列前茅。通过家访，笔者了解到小源的父母把家务都包办了，如果父母不在家，就由爷爷奶奶负责，他的父母认为小源目前的任务就是学习，家务是次要。家长觉得孩子平时上课，晚上回家做作业，已经够累了，舍不得让孩子进行家务劳动。因此，小源在学校里能看出生活自理能力不强，例如：在学校用餐后，不会清理自己的餐具；体育课结束后不会根据自己身体情况增添衣服，造成着凉感冒。

问题分析：家长劳动教育意识比较单薄，他们让孩子好好读书，认为“脑力劳动”最光荣，“体力劳动”是不光彩的，因此，他们也是在日常生活中这样教育孩子的。受此观念影响，家长对孩子的教育着重于智育方面，轻视劳动教育。对于家务他们一般选择包办，而不让孩子参与，另外，还有一些家长比较溺爱孩子，舍不得放手让孩子做家务。

[案例三]

小宇同学虽然学习成绩中等，但是他本身比较机灵、圆滑，班上的同学都喜欢和他交朋友，他在班上人缘也比较好。在一次常规值日中，笔者检查发现他的劳动岗位由另一位同学负责，经过询问了解到小宇同学叫他的好朋友帮他扫地，值日结束后会允诺送一支铅笔。小宇本身对劳动抱有消极态度，不愿意劳动、怕苦怕累，对于劳动值日只是停留在“不值日会被扣分”“不值日会被老师责怪”，对于劳动是被动的、消极的，因此，家长反映“孩子懒得很”，平时他自己的学习用品都是由妈妈负责整理，他们也表示无可奈何。

问题分析：有的学生出现怕苦怕累、贪图享乐的不良品格，不愿意劳动，甚至逃避厌恶劳动，父母在家里也让孩子生活在“温室”里，只投入时间和金钱，让孩子埋头于书本和作业，容易造成孩子四体不勤、五谷不分。

2. 聚三方之力，促劳育发展

让学生重视劳动，让劳动教育扎根在中学教育中，单靠个体的力量是不够的，需要学校、家庭、学生三方面合力，协同发展、相互贯通，全方面对学生进行劳动教育，促进学生全方面发展，把学生培养成合格的公民和社会主义事业的建设者。

（1）以学校为主导

学校是学生学习的主要场所，学校教育的目标是全方位培养学生德智体美劳，学校教育对学生的影响十分深远，因此劳动教育是以学校为主导。但是，城镇中学教育重智育、轻劳育的现状仍十分严重，笔者建议通过以下三方面落实学校劳动教育。

目前多数劳动课的落实大多流于形式，以教导讲授为主，学生实际操作为辅是劳动课存在的主要问题。学校要设立专门的劳动课程，制定每周课时量，① 另外，教学内容需要与时俱进，教授学生相应的劳动技能、生活小妙招等；教学形式要多样化，不仅仅日常值日劳动，还可以组织学生野炊、组织叠被子比赛等多种形式的活动，提高学生生活自理能力。

学校应该建立相关的课程评价机制和激励机制，② 提倡形成性评价，重视学生劳动过程。劳动教育是一个循序渐进的过程，学生的劳动技能不是一时半会就能形成，需要学生慢慢去领会、慢慢去感受。

---

① 赖慧玲．新时代的小学劳动教育［J］．基础教育研究，2019（13）．

② 薛妍．城市中小学劳动教育存在的问题及对策［J］，甘肃教育，2017（17）：28．

在当前的教育环境中，劳动容易成为惩罚学生的手段。① 对于学生犯错误这一问题，很多教育者会采取让学生课后扫地或做其他值日劳动的惩罚方式，长此以往，在学生内心会种下“劳动等于惩罚”这种思想，这种惩罚无疑是不科学的，会误导学生。在日常管教中，应该先和学生说明惩罚的原因，不能“一刀切”，劳动应该成为积极有效的教育活动。

从形态来看，校园文化分为物质文化和精神文化。校园物质文化是校园中的物质产品和体现，包括建筑风格、绿化设施等多方面因素；校园精神文化是在校园物质基础上产生的意识形态，包括办学理念、学习氛围、校园风气等多方面因素。

由于多种原因，城镇中学的校园面积比较小，尽管如此，笔者所在的学校会开辟一些植物角，让学生种植自己喜欢的植物，通过绿化来点缀整个校园，让学生通过自己的劳作，收获劳动成果，同时也会让学校充满人文气息。另外，学校每日都会针对班级卫生以及班级负责的卫生区域进行加分扣分，在一定程度上约束学生的不讲卫生行为，并对学生的良好行为起促进作用，更能让学生潜移默化地养成良好的劳动习惯。

中学阶段的学生具有向师性特点，意思是中学生有意识地模仿教师的行为，因此，教师的一言一行对学生的影响是十分深远的。② 除此之外，同伴群体的榜样作用也会对中学生的行为产生影响。

为了让师生时刻保持最好的精神面貌，学校在教室各处贴了学生爱劳动的宣传栏，让学校的每一堵墙都发挥教育作用，更让师生重视自己的言行。另外，为了树立学生的榜样作用，学校会采用拍摄的方式将学生的良好行为制作成文明礼仪宣传片，加以推广。通过直观的形式，让学生向榜样学习，学习榜样身上良好的行为，养成劳动教育习惯。

学校是学生学习，更是学生培养良好劳动教育习惯的主要场所。校园文化伴随学校产生，良好的校园文化氛围能够培养学生热爱劳动的行为习惯。

（2）以家庭为基础

开展案例教学，转变家长观念。学校可以通过家长会和学生家长进行沟通，

---

① 吴菊萍．如果把劳动当成教育中的一种惩罚……［J］．教育科学研究，2011（11）：81—82.

② 钱模简、常逢益．热爱学生、了解学生、做学生的榜样［J］．人民教育，1957（03）：34—36.

给家长树立正确的劳动教育观念。① 对于学生在家庭中出现的典型案例进行直接分析与指导，指出家庭劳动教育应该由“扶”到“放”，循序渐进，引导家长学会“放手”，慢慢养成学生的劳动习惯。

针对学生出现的行为问题，笔者借助真实相关的案例，进行案例教学，给学生的家庭教育带来启发。笔者利用家委会的力量，找到有相同教育经历的学生家长，设立“互助组”，让家长线下互动、线上经验交流，取长补短、互助共享，以提高家长的家庭教育水平，从而培养学生良好的劳动行为。

举办亲子活动，培养学生劳动技能。苏联教育家苏霍姆林斯基曾说：“孩子的智慧出在他的手指上。”有些学生在学校逐渐形成劳动意识，也渴望自己为父母分担家务，但是回到家里，容易和父母“重智育、轻劳育”的观念以及要求产生冲突，造成家庭不和谐，容易让学生对自身的行为产生困惑，不利于学生养成爱劳动的行为，更不利于学生形成良好的劳动习惯。

为了改变这一现状，笔者所在的班级开展了一些亲子活动，如：举办烹饪比赛，让学生在比赛中学会用柴生火，学会洗菜，学会炒菜，更重要的是让学生在活动中体会劳动的乐趣，让亲子关系得到进一步升华，从而促进学生养成爱劳动的好习惯。

印制家校手册，科学指导家长。随着时代的发展，越来越多家长希望学习到更多科学的育儿知识，让家长少走弯路，科学教育孩子。目前，很多城镇家庭缺乏科学的劳动教育观念和教育方法，让家长了解科学的育儿知识是十分必要的。② 父母作为孩子的第一任导师，对学生三观的塑造起着至关重要的作用。

笔者所在的学校为在校的学生设计了家校手册，将中共中央国务院《关于全面加强新时代大中小学劳动教育的意见》作为指导思想，借鉴国外优秀的案例，取其精华，制定每个年龄段的劳动教育要求，例如：瑞典在义务学习阶段十分重视学生的动手能力，即使经过多年发展，这一要求依然保留至今。手工劳动教育具有普适性，它能引起学生的兴趣，对于学生的身心发展和大脑的开发都起着十分重要的作用。因此，学校设计的家校手册把培养学生动手能力这一条建议编录进去，对家长进行科学指导。

---

① 张永安．中小学生劳动教育切忌走入误区［J］．山西教育：管理版，2015（11）：21.
② 朱桃英．对家庭劳动教育中存在问题的调查及思考［J］．当代教育科学，2003（017）：42—43.

（3）以社会为支柱

随着社会的不断发展，人们的经济水平开始提升了，而劳动意识越来越淡薄。受传统观念，社会上还有很多人持着“万般皆下品，唯有读书高”的观念，认为读书好的学生将来必定有出息，认为“读书好等于好前途”，“读书差就要体力劳动，就是不光彩”。据调查，72%的学生认识到体力劳动和脑力劳动都是劳动，56.2%的学生认为社会上没有最低贱的劳动，但只有6.8%的学生愿意将来做一个有技术的工人或农民。随着学段的升级，这个比例还呈下降趋势。① 可见，现实情况并不乐观，社会上有贬低体力劳动的言论，也看不起职业教育。

建立劳动教育基地。劳动教育基地作为学校劳动教育的延伸平台，能够为学生在校外劳动教育提供专门固定的场所，对于学生劳动观念、劳动技能、劳动习惯的培养和形成起着十分重要的作用，因此，城镇学校可以因地制宜，扎实推进劳动教育基地的建设。让学生在课外活动中体会劳动的乐趣，在实际劳动中体会劳动的乐趣与满足，树立科学正确的劳动观念。

建立相应保障制度。制度的支持和保障是劳动课程落实的重要条件，因此，科学有效的制度对于劳动课程有效落实起着十分重要的作用。社会方面，需要制定劳动教育课程的教学目标、每周最低课时量、学生的劳动技能要求、考核标准等，另外，需要确立监督机制，保证劳动教育课程有效落实而不流于形式，从制度上保证学生接受劳动教育的最基本权利。② 学校方面，唯劳动教育或者把劳动教育与其他教育形式相隔离是不科学的，可以将学生的劳动习惯养成纳入教学的命题中，打通劳动教学和学科教学的衔接桎梏，让劳动教育和德育、智育、体育、美育相互融合、相互贯通，才能发挥教育的最大作用，才能推动学校教育健康发展，才能让学生全面发展。③ 另外，学校可以将日常劳动表现纳入期末考核中，与学生期末奖项和荣誉的获得挂钩，激励学生逐渐养成劳动习惯，为学生树立正确的劳动观念奠定良好的基础。

教育家波利亚说过：“学习任何知识的最佳途径是由学生自己去发现，因为这种发现，理解最深，也最容易掌握其中的内在规律和联系。”正因如此，劳动

---

① 常保晶．当前小学生劳动教育问题探析［D］．湖北：华中师范大学，2005.

② 张文瀚．当代中国青少年劳动教育的问题、原因及其对策［D］．内蒙古：内蒙古师范大学，2008.

③ 邓晓燕．浅论小学生劳动意识的缺失及学科渗透策略［J］．基础教育研究，2012（018）：9—10.

教育对于学生的成长、学生的全面发展起着十分重要的作用，劳动教育不应该是人们最容易忽视的教育。习总书记曾强调，要在学生中弘扬劳动精神，教育引导学生崇尚劳动、尊重劳动，懂得劳动最光荣、劳动最崇高、劳动最伟大、劳动最美丽的道理，长大后能够辛勤劳动、诚实劳动、创造性劳动。因此，中学劳动教育应该是以学校为主导、以家庭为基础、以社会为支柱，多方面、全方位深入进行，培养学生劳动能力，形成正确劳动观念，养成持之以恒的劳动习惯，从而促进学生全面发展。

经验介绍：多管齐下推动高中劳动教育有序进行①

近日，中共中央、国务院印发了《关于全面加强新时代大中小学劳动教育的意见》。作为中学的一线教师，本人认为，贯彻落实《意见》，一要更多关注加强劳动教育的时代意义与价值；二要明确劳动教育的内涵与外延，重视新时代劳动教育形态的变化；三要注意从多种形态实施劳动教育。本人以线下日常课堂、第二课堂为载体，家校合力、多管齐下，探索让《意见》落地生根，贯彻落实高中劳动教育。

1. 关注加强劳动教育的时代意义与价值

（1）新时代劳动教育的必要性

劳动教育是陶行知教育思想的核心。著名教育家陶行知先生认为："劳动教育的目的，在谋手脑相长，以增进自立之能力，获得事物之真知及了解劳动者之甘苦。滴自己的汗，吃自己的饭，自己的事自己干，靠人，靠天，靠祖上，不算是英雄好汉。"今天看来，加强大中小学生劳动教育和这一思想不谋而合，具有重要的历史和现实意义。

"黎明即起，洒扫庭除"，热爱劳动是中华民族的优良传统，绵延至今。中华民族是勤劳勇敢的民族，正是劳动推动和创造了我们辉煌的历史。古有愚公移山、大禹治水的感人典故，毛主席自己动手、丰衣足食的题词教诲。今天的幸福生活更是无数先辈用劳动创造的，未来的美好梦想也要通过诚实劳动才能铸就。劳动教育是贯穿每个人一生的必修课程，从小历经劳动磨炼，"文明其精

---

① 作者简介：易彩云，法学学士，佛山市南海区南海中学政治学科一级教师，主要从事中学政治学科教学与研究。

神，野蛮其体魄”（毛泽东），才能无愧历史，创造未来。广大中学生，更应当铭记劳动传统，继往开来。

（2）新时代劳动教育的紧迫性和时代意义

“民生在勤，勤则不匮”，劳动是财富的源泉，也是幸福的源泉。《意见》指出，劳动教育是中国特色社会主义教育制度的重要内容，直接决定社会主义建设者和接班人的劳动精神面貌、劳动价值取向和劳动技能水平。

长期以来，各地区和学校坚持教育与生产劳动相结合，在实践育人方面取得了一定成效。同时也要看到，近年来一些青少年中出现了不珍惜劳动成果、不想劳动、不会劳动的现象，劳动的独特育人价值在一定程度上被忽视，劳动教育正被淡化、弱化。对此，全社会必须高度重视，采取有效措施切实加强劳动教育。

“幸福都是奋斗出来的。”如今我们建设新时代，从眼前的全面建成小康社会到长远的圆梦中华民族的伟大复兴，都需要通过每一个人持之以恒的劳动来实现，这就要求我们不断“培养德智体美劳全面发展的社会主义建设者和接班人”。全面加强新时代大中小学劳动教育，在学生中弘扬劳动精神，无论是对于国家发展，还是个人发展，都显得尤为重要。

2. 明确劳动教育的内涵与外延

《关于全面加强新时代大中小学劳动教育的意见》指出，劳动教育是国民教育体系的重要内容，是学生成长的必要途径，具有树德、增智、强体、育美的综合育人价值。（1）实施劳动教育重点是在系统的文化知识学习之外，有目的、有计划地组织学生参加日常生活劳动、生产劳动和服务性劳动，让学生动手实践、出力流汗、接受锻炼、磨炼意志，培养学生正确劳动价值观和良好劳动品质。（2）《意见》提出，要针对不同学段、类型学生特点，以日常生活劳动、生产劳动和服务性劳动为主要内容开展劳动教育，结合产业新业态、劳动新形态，注重选择新型服务性劳动的内容。（3）普通高中要注重围绕丰富职业体验，开展服务性劳动，参加生产劳动，使学生熟练掌握一定劳动技能，理解劳动创造价值，具有劳动自立意识和主动服务他人、服务社会的情怀。

3. 采取多种方式实施劳动教育　探索让《意见》落地生根

（1）线下日常课堂教学　融入劳动教育内容

《意见》指出，要根据各学段特点，在大中小学设立劳动教育必修课程，系统加强劳动教育。中学劳动教育课每周不少于1课时，其他课程结合学科专业特点，有机融入劳动教育内容。

目前笔者学校正在规划和探索设立劳动教育必修课。“世上无难事，只怕有心人。”笔者发现，高中政治四个模块中包含劳动教育内容的知识比比皆是。作为政治老师，在线下日常课堂教学中我注重挖掘教材资源，融入劳动教育内容。

例如，笔者在《经济生活》“劳动与就业”框题的教学中，大力宣传辛勤劳动、诚实劳动、创造性劳动的典型人物和事迹，弘扬劳动光荣、创造伟大的主旋律，潜移默化地引导学生崇尚劳动精神、劳模精神、工匠精神，使学生理解和形成马克思主义劳动观，牢固树立劳动最光荣、劳动最崇高、劳动最伟大、劳动最美丽的观念；体会劳动创造美好生活，体认劳动不分贵贱，要树立正确的就业观：职业平等观、自主择业观、竞争就业观、多种方式就业观。热爱劳动，尊重普通劳动者，培养勤俭、奋斗、创新、奉献的劳动精神。

例如，讲授《政治生活》中国共产党的有关知识时，我给学生观看基层的党员公仆、武汉市金银潭医院党委副书记、院长张定宇的先进事迹视频。在学生点赞中共党员的先锋模范作用的同时，我强调中共党员在日常的工作和生活中不忘初心、牢记使命，他们的身上，还有值得我们学习的爱国主义精神、劳动精神、奋斗精神，体现了中华民族精神！他们践行了爱国、敬业的社会主义核心价值观，是我们要学习的榜样！在不知不觉中，我把弘扬中华民族精神、践行社会主义核心价值观的种子洒进了学生的心田，把《文化生活》“中华文化和民族精神”“社会主义核心价值观”的知识和劳动教育有机地融合在一起。

再如，《文化生活》中“文化创新的途径”一课的教学中，学生通过讨论事例得出社会实践是文化创新的源泉和动力，我把《生活与哲学》的实践的概念渗透其中，告诉学生最基本的实践活动是改造自然的生产实践活动，也就是日常生产劳动。要想文化创新源源不断、没有枯竭，“问渠那得清如许，为有源头活水来”。活水就是社会实践，所以要积极参与社会实践，积极参加日常劳动。

又如，《生活与哲学》中“价值的创造与实现”一课的教学中，学生能够更加明确地学习到要在劳动和奉献中实现人生价值，要热爱劳动、乐于奉献，从而实现自己的人生价值。《生活与哲学》群众观的知识教学中，我也抓住劳动教育的契机。我教育学生要热爱人民群众，因为他们是劳动的主力军，为我们创造了物质和精神财富。我们自己也是群众的一分子，要热爱劳动，努力为社会做贡献。

（2）开展第二课堂活动 带领学生劳动实践

《意见》指出，中学可适当走向社会、参与集中劳动。要搭建活动平台，共同支持学生深入城乡社区、福利院和公共场所等参加志愿服务，开展公益劳动，参与社区治理。

笔者的南海区小课题“以第二课堂为载体，基于培养高一学生政治学科核心素养的研究”正在进行研究。引导高一学生践行公共参与，培养学生集体主义精神、劳动精神，乐于为人民服务，既是政治学科核心素养的内容之一，也蕴含了劳动教育的内涵。

笔者结合政治学科特点，以第二课堂为载体，强调实践活动、价值引领，引导高一学生在体验社会生活及自身的思维活动中增强政治认同、法治意识，培养科学精神，在培育正确价值观的过程中逐渐形成行动自觉、积极践行公共参与、践行劳动精神。我强化以学生发展为中心的社会实践活动设计，通过整合社会资源，带领学生“走出校园”“走进企业”，亲历劳动，带领学生参观校园附近的服装企业，让学生亲自体验服装厂工人的劳动；通过联系社区居委会，让学生当小小志愿者，帮助整理社区居民的日常资料、给留守儿童辅导作业、帮助社区打扫卫生；通过带领学生实地劳动实践，给路人发放社会调查问卷、实地采访群众，指导学生撰写社会调查报告和政治小论文等，把劳动教育寓于学生的社会实践活动的主题之中。

（3）有效整合家校力量 督促学生居家劳动

劳动教育是社会性非常强的教育课题，必须贯穿家庭、学校和社会三方面，加强劳动教育，不能止于课堂。劳动教育不只是传授动手能力，更重要的是价值观的导入和习惯的养成，这离不开家庭和社会的协同。

“童孙未解供耕织，也傍桑阴学种瓜”，家庭潜移默化的影响尤其重要。我利用微信、QQ、电话等手段，加强与家长的沟通，有效整合家校力量，让家长在周末期间，督促学生居家劳动，并通过家长日常生活的言传身教，在孩子心中种下劳动光荣的种子，让他们养成从小爱劳动的好习惯。

我时常利用群发信息的方式，温馨提醒家长要利用周末时间放手让孩子做事，把家庭劳动教育日常化，让孩子掌握洗衣做饭等必要的家务劳动技能。在小到整理书桌房间，大到参加家务劳动中，从小培养孩子的劳动意识，使孩子在长期家务劳动中养成劳动习惯。

我还结合抗疫形势，在线上网课教学期间融入劳动教育，大力弘扬广大医务工作者、科研工作者、社区志愿者等劳动者的专业精神和奉献精神，倡导学生要向广大的劳动者学习，热爱劳动，尊重普通劳动者，培养勤俭、奋斗、创新、奉献的劳动精神。倡导学生居家学习的同时，要经常参与居家劳动，帮助父母做力所能及的家务，例如扫地、拖地、倒垃圾、擦桌子、擦窗户、叠被子、叠衣服、洗衣、做饭等等，培养满足生存发展需要的基本劳动能力，形成良好的劳动习惯。

生活靠劳动创造，美好人生也靠劳动创造。期待劳动教育在校园、在家庭、在全社会蔚然成风，在学生心中生根、发芽、枝繁叶茂。期待学生们动手实践、出力流汗、接受锻炼、磨炼意志，用双手成就美好未来。

渠道拓展：中学劳动教育实践场所的结构性建设①

当前中学校的劳动实践场所少之又少，影响学生的劳动教育，我们必须进行多渠道拓展，才能跟上新时代的步伐。我们要将学校、家庭和社会多方面相结合，探寻和拓展多种渠道，创造条件，为中学生创建丰富多样的实践场所，以保证他们有足够的劳动锻炼，养成正确的劳动价值观和良好的劳动习惯，成为德智体美劳全面发展的社会主义建设者和接班人。

中学要开设劳动课，每周不少于1课时。到哪里劳动呢？校园就是这么小，学生又那么多。除了扫扫地，搞搞卫生，还能干什么？

中共中央国务院《关于全面加强新时代大中小学劳动教育的意见》第四点第十二条指出②：

多渠道拓展实践场所。大力拓展实践场所，满足各级各类学校多样化劳动实践需求。充分利用现有综合实践基地、青少年校外活动场所、职业院校和普通高等学校劳动实践场所，建立健全开放共享机制。农村地区可安排相应土地、山林、草场等作为学农实践基地，城镇地区可确认一批企事业单位和社会机构，作为学生参加生产劳动、服务性劳动的实践场所。建立以县为主、政府统筹规划配置中小学（含中等职业学校）劳动教育资源的机制。进一步完善学校建设标准，学校逐步建好配齐劳动实践教室、实训基地。高等学校要充分发挥自身专业优势和服务社会功能，建立相对稳定的实习和劳动实践基地。

那么，作为学生人数最多的中学，怎样多渠道拓展实践场所呢？

---

① 作者简介：谢沃初，佛山市南海区丹灶镇中心小学中级教师。

② 中共中央国务院关于全面加强新时代大中小学劳动教育的意见［EB/OL］. http：//cpc. people. com. cn/n1/2020/0326/c419242-31649875. html，2020-3-26.

1. 扩大学校劳动实践的主战场

办学单位应根据学校的实际情况，因地制宜，建造或者改造合适的劳动实践场所。

改造并完善植物园。许多中小学本来就建造了植物园，但是规模一般都比较小，植物种类也不多，管理方式也比较陈旧单一。有的学校干脆就把园地分成小块让老师种种菜，或者任它杂草丛生，甚至改作他用，使植物园徒有虚名，没有起到应有的作用。有鉴于此，我们可以安排学生参与到改造植物园的劳动实践中。怎样改造？效果图如何？怎样管理？……整个过程，我们都可以让学生参与其中，充分调动和发挥他们的聪明才智，以求征集到最佳方案。在正式改造的时候，我们可以安排学生动手干活：挖土、搬运、播种、栽培……在改造完成之后，整个植物园一系列的管理和维护工作也一样可以安排学生去做：浇水、施肥、除虫、除草……分期分批、轮流替换，高年级的学生可以安排强度高一点、难度大一点的工作，中低年级可以安排相对轻松和容易一点的工作。总之，力求个个都动起来，让植物园留下他们的汗水，留住他们的脚步，留下他们的笑声。

新建扩建植物园。如果学校腾不出空地怎么办？特别是城区里的中学，用地非常紧张。我们可以考虑在楼顶开辟植物园。前期的工程当然由专业施工队负责，后期的管理维护就是学生在老师的指导下有序展开。这样的空中植物园既美化了校园，夏天还可以降低顶楼的温度，又给学生提供学习和锻炼的机会，可谓一举多得。

加大投入力度，建设小型的大棚种植试验场。大棚种植主要有普通大棚、温室大棚和智能大棚三种。普通大棚成本低，结构简单，设备少；温室大棚成本稍高，结构复杂，设备多；智能大棚成本很高，结构复杂，设备齐全。各学校和办学单位可以根据实际情况选建，其中，温室大棚是较好的选择。温室大棚建好后，学生们在科学老师的指导下，在专业的种植人士或有经验的家长的协助下，各级各班轮流到大棚里开展喜闻乐见和丰富多彩的劳动，主要种植蔬菜和花卉。种出的蔬菜可以提供给学校饭堂，改善师生伙食，鲜花可以美化校园各个场室。栽培的器具可以是学生从家里找来的各种塑料盒子、泡沫箱子、瓶子或者是学生自己设计裁剪的花盆。栽培的种子、幼苗、泥土和肥料等可以是学生自己带回来的，也可以是学校统一采购的。栽培器具上贴上标签，上面写有班别、姓名、植物的名称、栽种的时间等等。这样的劳动场所对学生非常有意义：在学校就可以亲近农事，在趣味与好奇中爱上劳动，学以致用，把课本知识应用到实践活动中，学会观察与思考，增强动手能力，培养责任心、恒心、细心以及探究精神，提高综合能力，不做“四体不勤，五谷不分”“衣来伸手，饭来张口”的寄生虫。学校还可以通过竞赛的方式，每学期进行一次“种植小能手”之类的评奖活动，比一比谁种的瓜果大，谁栽的花朵美，进一步激发学生的劳动积极性和创造力，让学生感受到劳动的光荣与自豪；顺便还可以进行优秀劳动观察日记的评奖，提高学生的观察思考和写作能力；也可以组织学生举行收获分享会，分享劳动果实，增强劳动成功感和幸福感。劳动是成功的必由之路、创造价值的源泉。劳动教育是中国特色社会主义教育制度的重要内容，直接决定社会主义建设者和接班人的劳动精神面貌、劳动价值取向和劳动技能水平。习近平总书记强调，‘在学生中弘扬劳动精神，教育引导学生崇尚劳动、尊重劳动，懂得劳动最光荣、劳动最崇高、劳动最伟大、劳动最美丽的道理，长大后能够辛勤劳动、诚实劳动、创造性劳动。’”①

进一步强化学生的自理能力。班主任或者综合实践老师等利用课堂有针对性地培养和提高学生的生活自理能力，尤其是低年级的学生，从着装到学习用品的摆放等，从个人卫生到班级卫生的维护都要进行规范化的训练，让每一个学生都能自己动手，防止包办代替、坐享其成。尽量把班级的值日清洁工作量化细化到每一个学生身上，并且建立公平合理的评价制度，未达标者不能评为优秀学生。班级和学校还可以开展生活技能竞赛活动，力求丰富多彩，进一步提高学生的自理能力。例如，折叠被子、穿戴服装、烹饪煮食等等，有个人的，也有小组合作的。

有条件的中学还可以开垦小型种植园，或者建立小小创意园，鼓励学生开展创造性劳动。

2. 巩固家务劳动的根据地

现在，随着生活水平的提高、生活节奏的加快以及人工智能的应用，越来越多的家庭选择智能家居，越来越多的人变得“懒惰”起来，连打扫卫生也靠

---

① 人民时评：在学生中弘扬劳动精神［EB/OL］. http：//theory. people. com. cn/n1/2020/0402/c40531-31658340. html，2020-4-2.

智能清洁机器人，加上过分依赖第三方服务（如家政服务），动手动脑能力有退化之忧。特别是现在不少的年轻人，长期宅在家里，一部手机，吃喝全靠外卖送餐上门，长此以往，弊大于利。有鉴于此，有孩子的家庭，应该尽可能地让孩子多干家务活，锻炼他们的毅力，培养责任心，让他们学会感恩，提高生活技能，不要让孩子从小就过于安逸，以致日后吃不得半点苦，经受不起一点风吹雨打，遇到小小挫折就寻死觅活。劳动，特别是体力劳动是要挨苦的，挨得苦的人心理是强大的。一直以来，也有很多家长过分看重孩子的学业成绩，全部家务都由父母或者长辈包揽，巴不得孩子分分秒秒都在读书，以求在考试中胜人一筹。白天在学校上完课，晚上和周末还要参加补习和各种各样的兴趣辅导班。其余时间，也大多被网络游戏、手机、电视、游玩等占领，很多男孩子长期生活在这样的环境下，变得过于阴柔而阳刚不足。社会上也产生了一种不健康的审美倾向，竟然以什么“小鲜肉”“伪娘”为美。这样蔓延下去，那将是一个怎样的畸形社会？少年又怎能“雄于地球”？怎能应对风云变幻的社会形势？

“使举国之少年而果为少年也，则吾中国为未来之国，其进步未可量也。使举国之少年而亦为老大也，则吾中国为过去之国，其澌亡可翘足而待也。故今日之责任，不在他人，而全在我少年。少年智则国智，少年富则国富；少年强则国强，少年独立则国独立；少年自由则国自由，少年进步则国进步；少年胜于欧洲，则国胜于欧洲；少年雄于地球，则国雄于地球。”① 梁启超的疾呼至今仍然振聋发聩，我们不能只是停留在空喊口号，而要付诸行动。家务劳动就是锻炼和提高孩子劳动本领和生存技能的第一战场。

给孩子自理的空间。什么穿衣、系鞋带，整理床铺、书包等等个人事务，家长尤其是长辈不要包办代替，让孩子自己动手，大人只是在旁边指点一下就行，不急不骂多鼓励。

给孩子服务大家的机会。做饭、洗碗、晾衣、打扫卫生等等家务活，能让孩子做的就尽量给孩子做，不会就教。切莫培养那些只会索取，不会付出的“巨婴”。

给孩子创设热爱劳动的氛围。“当前，社会上还存在着轻视劳动，特别是看

---

① 梁启超著．鄢晓霞选编．中国散文百家：梁启超散文［M］．上海：上海科学技术文献出版社，2013：32.

不起普通劳动者的不良倾向。从根本上讲，劳动教育就是要在全社会创造浓厚的劳动文化，激发青少年学生热爱劳动的内生动力，教育引导他们学会劳动、学会勤俭、学会感恩、学会助人，立志成长为德智体美劳全面发展的社会主义建设者和接班人。"① 有人可能觉得家里没什么活可以给孩子干的，例如住在小区的家庭，特别是那些请了家政服务的或者请了工人的。其实，家长可以根据家居的实际情况，因地制宜、创造条件，与孩子一起在阳台或楼顶搞一些小种养，即使是一个小阳台，也可以搞立体种植。家里如果是从事种养业的、从事服务业的，又或者搞企业的，都可以让孩子适当参与其中的劳动，为日后接班打下基础。现在，有好些"富二三代"接不了班，令父母忧心忡忡，这恐怕都是家长的溺爱导致的，他们觉得自己吃过的苦已经够多了，不希望孩子也吃苦，于是没有给孩子足够的劳动锻炼机会。作为有见识的家长，都会为孩子作长远的打算，而不是让孩子只会享受、不劳而获，甚至成为二世祖、败家子。与其留给孩子百万家财，不如教给孩子一项劳动本领。只有自己挣的钱，才会珍惜。要想打破"富不过三代"的魔咒，最有效的办法就是从小就让孩子热爱劳动，懂得守业，更要学会创业。现在，"啃老"一族有越来越壮大的趋势，一个个"长大不成人"，成了家庭和社会的负担，这种尴尬局面主要是谁造成的呢？值得家长们深思。另外，周末或者寒暑假，家长还可以带孩子到附近的生态农业园里参观学习，亲近自然，增长见识，开阔视野。有条件的家庭更加可以到"开心农场"之类的地方租种一小片菜地，与孩子一起做好规划：种什么？怎样种？怎样管理？……让孩子快乐地参与整个过程，使他们既动脑又动手，流自己的汗，吃自己的果。这样，孩子就会切身体会到劳动的艰辛和幸福，比起枯燥的说教或者只是网上的虚拟游戏不知要强多少倍。许多孩子平时动起嘴巴比父母还厉害，可是真要动手干的时候却溜之大吉，这就是日常缺乏劳动的结果。"劳动是财富的源泉，也是幸福的源泉。人世间的美好梦想，只有通过诚实劳动才能实现；发展中的各种难题，只有通过诚实劳动才能破解；生命里的一切辉煌，只有通过诚实劳动才能铸就。……在一些青少年中存在不珍惜劳动成果、不想劳动、不会劳动的现象，劳动的独特育人价值在一定程度上被忽视，劳动教育被淡化、弱化。培养担当民族复兴大任的时代新人，必须着力提升学生综

① 教育部部长：抓好新时代劳动教育紧迫感责任感［EB/OL］. http://yuqing.people.com.cn/n1/2020/0330/c209043-31652931.html，2020-3-30.

合素质，促进学生德智体美劳全面发展、身心健康成长。”①

带孩子积极参与社区的志愿者工作。家长以身作则，言传身教。在这样的环境中，孩子的综合能力就会得到提升，特别有助于孩子学会交际，养成积极乐观的人生态度，做一个受人欢迎的人，让以后的人生道路走得更宽更顺。

与其他家庭定期组织开展亲子劳动实践。活动内容与形式尽量丰富多彩，改变那种家长忙得满头大汗、孩子玩得满身泥沙的模式。最好由孩子做好计划：怎样分组？怎样分工合作？准备什么材料？怎样布置场地？结束后怎样打扫卫生？这一系列工作，让孩子全程参与其中。比如烧烤野炊，家长只要做好安全防范，其他工作主要由孩子们合作完成。家长就负责品尝，做评委，评个一、二、三等奖，发点奖品，孩子们自然干得热火朝天、乐在其中。

3. 开辟与社会合作的劳动实践副战场

现在的中学，普遍缺乏社会劳动实践场所，城镇地区的中学尤为严重。如何解决这一难题呢？

各地政府应该与教育部门密切配合，积极帮助和支持中学在校外开辟社会劳动实践基地，增强学生的劳动观念，树立正确的劳动价值观，磨炼学生的坚强意志，培养学生的创新能力，以适应复杂多变的社会形势。

巩固和加强传统的社会劳动实践基地。例如，中学附近的养老院、文化广场、公园等，除了一般的打扫卫生之外，还要积极开展形式多样的富有创造性的劳动。

为农村中学配备适当的林地、草场、菜地、果园、苗圃等实践基地。城乡接合部的学校附近的生态农业种植场或者观光农业基地，特别适合安排学生进行劳动实践，一个场地可以跟几间学校挂钩，设置专门的种植指导人员，使每间学校各得其所，让学生互相交流劳动技能和经验。我们还可以定期举办劳动成果交流活动，让学生进一步提高劳动能力。以佛山南海区为例，里水的万顷洋园艺世界、西樵的渔耕粤韵桑基鱼塘、丹灶翰林湖生态农业园、狮山的佛山植物园等等，除了观光之外，都是很适合中学生进行劳动实践的地方。

为城区中学配置适当的企事业单位作为劳动实践基地，相关企业可以为中

---

① 新知新觉：积极开展新时代劳动教育［EB/OL］. http：//theory. people. com. cn/n1/2020/0430/c40531-16938392. html，2020-04-30.

学生安排一些安全的、简单的工序。例如：分拣、洗涤、标贴、打包等等。

利用网络和网课，让非遗传承人传授技艺，既可以减轻传承人的劳累，又可以让学生在网课上边看边学。例如佛山的剪纸、竹编、彩灯、陶艺等等，都可以走进学生的劳动课堂。

劳动模范进校园。劳动模范以自己的亲身经历，向广大中学生讲述劳动的意义、劳动的价值、劳动的光荣；劳模还可以通过手把手的方式，教会学生劳动。这样言传身教，以达到健全学生人格、陶冶学生情操的目的。

4. 结语

综上所述，事在人为，只要我们足够重视，创造条件，中学的实践场所是会变得越来越多和越来越完善的。只要学校、家庭和社会相结合，就可以多渠道拓展中学生的劳动实践场所，为培养“德智体美劳”全面发展的社会主义接班人打下坚固的基础，为战胜前进路上的千难万险做好充分的准备，为中华民族伟大复兴付出实实在在的劳动。